Gerhard Lohfink
Gottes Volksbegehren

Gerhard Lohfink

Gottes Volksbegehren

Biblische Herausforderungen

Verlag Neue Stadt
München · Zürich · Wien

Die Deutsche Bibliothek – CIP-Einheitsaufnahme

Lohfink, Gerhard:
Gottes Volksbegehren : biblische Herausforderungen /
Gerhard Lohfink. – 1. Aufl. –
München ; Zürich ; Wien : 1998
(Theologie und Glaube)
ISBN 3-87996-392-4

1998, 1. Auflage

Umschlaggestaltung und Satz: Neue-Stadt-Graphik
Druck: Freiburger Graphische Betriebe, Freiburg i. Br.
ISBN 3-87996-392-4

Günther Krasnitzky
zum Gedächtnis

Inhalt

Vorwort

Den ganzen Tag strecke ich meine Hände aus
nach einem abtrünnigen und widerspenstigen Volk,
das seinen eigenen Plänen nachläuft,
auf einem Weg, der nicht gut ist (Jes 65,2).

Die Aufregung, für die das „Kirchenvolksbegehren" gesorgt hat, ist fast schon wieder vorbei. Doch es wird neue Aufregungen geben. Denn die Sache selbst ist nicht erledigt. Das Kirchenvolksbegehren und die Kirchenkritik, die es artikuliert, weisen auf eine anschwellende Unzufriedenheit mit dem Zustand der Kirche hin.

Aber muß unsere Kritik an der Kirche nicht tiefer ansetzen? Muß sie nicht dort beginnen, wo es um die Umkehr geht, von der Jesus sagt, daß man dabei sein altes Leben verliert, aber ein neues Leben findet, und zwar schon heute? Dieser Ruf zur Umkehr meint bei Jesus wie bei den alttestamentlichen Propheten die Umkehr zu dem Volk, um das sich Gott seit der Berufung Abrahams müht und nach dem er unablässig seine Hände ausstreckt. Gott begehrt in der Welt ein Volk, das seinem Namen unter den Völkern die Ehre gibt. In diesem Sinn ist das Wort vom „Volksbegehren" biblisch.

Wenn es aber *unser* Begehren meint? Vom Begehren des Gottesvolkes redet die Bibel geradezu entlarvend. In den Wüstengeschichten wird exemplarisch geschildert, was das Volk wirklich will – und was wir alle wollen: zurück nach

Ägypten und so leben wie die anderen Völker. Selbst am Sinai, unmittelbar nachdem Gott seinen Bund mit ihm geschlossen hat, begehrt das Volk auf und begehrt von Aaron, er solle ihm neue Götter machen. Und dann tanzt es um das goldene Kalb.

Die folgenden Auslegungen haben ihren Angelpunkt in der Frage: Warum begehrt Gott in der Welt nach einem Volk, und wie soll dieses Volk beschaffen sein? Von einer Ausnahme abgesehen – nämlich der Rede über das Priestertum am Ende des Buches – gehen alle Texte auf Predigten zurück. Sie durchwandern das Kirchenjahr, sind also nach ihrem liturgischen Ort aneinandergereiht. Protestantische Leser, die eine andere Leseordnung gewohnt sind, können das Schriftstellenverzeichnis am Ende des Buches zu Rate ziehen.

Ein großer Teil der hier gesammelten Predigten wurde in den beiden Pfarreien St. Ulrich in Walchensee und St. Ambrosius in Hergensweiler gehalten, die der „Gemeinschaft der Priester im Dienst an Katholischen Integrierten Gemeinden" vom Bischof von Augsburg anvertraut sind. Ihr gehöre ich seit 1986 an. Oft konnte ich auf Gedanken zurückgreifen, die andere Priester und Theologen der Gemeinde formuliert haben. Viel verdanke ich dabei Günther Krasnitzky †, Bernhard Koch, Rudolf Pesch, Arnold Stötzel und Ludwig Weimer.

Ich widme dieses Buch in großer Dankbarkeit Günther Krasnitzky, unserem allzu früh verstorbenen Pfarrer in Walchensee.

Gerhard Lohfink

Eine neue Welt ist im Kommen

In jener Zeit sprach Jesus zu seinen Jüngern: „Es werden Zeichen erscheinen an Sonne, Mond und Sternen, und auf der Erde werden die Völker bestürzt und ratlos sein über das Toben und Donnern des Meeres. Die Menschen werden vor Angst vergehen in der Erwartung der Dinge, die über die Erde kommen; denn die Kräfte des Himmels werden erschüttert werden. Dann wird man den Menschensohn mit großer Macht und Herrlichkeit auf einer Wolke kommen sehen.

Wenn all das beginnt, dann richtet euch auf und erhebt eure Häupter: denn eure Erlösung ist nahe. Nehmt euch in acht, daß Rausch und Trunkenheit und die Sorgen des Alltags euch nicht verwirren und daß jener Tag euch nicht plötzlich überrascht, so, wie man in eine Falle gerät; denn er wird über alle Bewohner der ganzen Erde hereinbrechen. Wacht und betet allezeit, damit ihr allem, was geschehen wird, entrinnen und vor den Menschensohn hintreten könnt."

(Lk 21,25-28.34-36; 1. Adventssonntag/Lesejahr C)

Das Evangelium des 1. Adventssonntags schildert die Katastrophe des Weltendes: schreckliche Veränderungen an Sonne, Mond und Sternen; apokalyptische Zeichen auf der Erde; Toben und Donnern des Meeres; Auflösung der Kräfte, die den Kosmos zusammenhalten; namenlose Angst unter den Völkern.

Man kann mit einem solchen Text sehr verschieden umgehen. Die einen sehen in den Schreckensbildern des Textes reale Katastrophen, die auf die Menschheit zukommen: Klimakatastrophen, Umweltkatastrophen, Atomkatastrophen. Andere sagen, diese Schreckensbilder gehörten zur Apokalyptik, und die Apokalyptik gehöre zu einem Weltbild, das regelmäßig in Krisenzeiten aufbreche. Wir seien aber nicht an ein Weltbild gebunden, das aus reiner Krisenerfahrung geboren sei. Andere deuten das Katastrophenszenario unseres Textes allein auf innere Geschehnisse, die sich in der Seele des Menschen abspielen.

Was soll man zu solchen Positionen sagen? Sie greifen zu kurz. Wir haben die Schreckensbilder der Bibel ernst zu nehmen. Sie sind sehr alt und setzen schon längst vor der sogenannten „Apokalyptik“ ein. Allerdings müssen wir auch zusehen, was sie uns wirklich sagen wollen. Es geht bei diesen Bildern nicht um *irgendwelche* Katastrophen, sondern um die Grundkatastrophe der Welt: den Unglauben.

Und da sagt die Bibel von ihrer ersten bis zu ihrer letzten Seite: Der Unglaube ist niemals etwas, das sich nur im Innern des Menschen abspielt. Er entsteht zwar im innersten Herzen. Aber er bleibt nicht dort. Er dringt nach außen. Er inkarniert sich. Er zersetzt ein Stück Welt. Er verbreitet Unheil und schafft – sichtbar und greifbar – unsägliches Leid. Das Mißtrauen des Unglaubens zerstört Welt, die Paradies sein könnte. Der ungeheure Stolz, zu dem der Mensch fähig ist, der ihn blind macht und ihn jede Gottesfurcht vergessen läßt, schafft die Katastrophen der Welt. Man kann sich fast ausrechnen, daß sich diese Katastrophen noch zuspitzen werden, je mehr technische Möglichkeiten dem Menschen in Zukunft zur Verfügung stehen. Die serielle Ermordung von sechs Millionen Juden durch Hitler und seine Helfershelfer wurde auch mit Hilfe moderner Technik und Logistik ermöglicht.

Das ist das erste, was uns die apokalyptischen Schrekkensbilder der Bibel sagen wollen. Der Unglaube ist *die* Grundkatastrophe der Welt. Er bleibt nicht im Herzen. Er richtet entsetzliches Unheil an. Er hat kosmische Dimensionen.

Das alles ist freilich mehr die Voraussetzung als die eigentliche Aussage des Textes. Denn in seinem Zentrum steht ja das Kommen des Menschensohnes in Herrlichkeit und Macht. Und da ist es nun so, daß die Erschütterung der Welt durch das Kommen des Menschensohnes selbst ausgelöst wird. Die alte Welt mit ihrem Stolz und ihrem Unglauben wird durch Christus aus ihren Fugen gerissen. Sie kann angesichts der Wahrheit, die er ist, nicht bestehen bleiben. Sie geht unter, und eine neue Welt ist im Kommen.

Wir dürfen und müssen sagen: Diese neue Welt Gottes ist schon seit den Tagen Jesu im Kommen. Mit den Augen des Glaubens ist sie sogar schon zu sehen – mitten in unseren alten Verhältnissen. Immer wieder zeigt sich die Wahrheit des Evangeliums, geschieht das Wunder des Glaubens, lassen sich Menschen in das Miteinander der Nachfolge rufen und stellen so die Götter der Gesellschaft in Frage.

Harmlos ist dieser Einbruch der neuen Welt in die alte freilich nicht. Das Kommen der Gottesherrschaft ist keine Spielerei. Deshalb hat das Evangelium recht, wenn es dieses Kommen als eine Erschütterung der Welt, als ein kosmisches Drama beschreibt. Wenn wir Christus in unsere Welt einlassen, droht Umwälzung – nicht nur im Herzen, sondern weit über unsere Innerlichkeit hinaus. Wir wollen ja nicht, daß er Herr wird über unser Leben, und die Gesellschaft um uns herum will es erst recht nicht. Die Leitbilder der Gesellschaft und ihre selbstgemachten Götter sind so mächtig, daß ihr Sturz einer tiefen Erschütterung gleichkommt. Da fallen wirklich die Sterne vom Himmel, und es packt die Menschen eine letzte Angst.

Das Evangelium sagt uns aber: Ihr braucht keine Angst zu haben. Ihr braucht nicht bedrückt und zusammengekrümmt zu leben. Ihr dürft euch aufrichten lassen und Mut fassen.

Wenn all das beginnt,
dann richtet euch auf
und erhebt eure Häupter:
Eure Erlösung ist nahe.

Denn wer es wagt, auf die Sache Gottes zu setzen und sich zum Menschensohn bekennt, kann nichts verlieren. Er wird unversehrt durch das Feuer gehen. Er wird alles gewinnen. Er wird das Wort Christi hören:

Herbei, ihr Gesegneten meines Vaters,
nehmt zum Erbe das Reich,
das euch bereitet ist seit Urbeginn der Welt (Mt 25,34).

Gott greift in die Geschichte ein, aber nur über unsere Freiheit

Tröstet, tröstet mein Volk,
spricht euer Gott.
Redet Jerusalem zu Herzen
und verkündet der Stadt,
daß ihr Frondienst zu Ende geht,
daß ihre Schuld beglichen ist;
denn sie hat die volle Strafe erlitten
von der Hand des Herrn
für all ihre Sünden.

Eine Stimme ruft:
Bahnt für den Herrn einen Weg durch die Wüste!
Baut in der Steppe eine ebene Straße für unseren Gott!
Jedes Tal soll sich heben,
jeder Berg und Hügel sich senken.
Was krumm ist, soll gerade werden,
und was hüglig ist, werde eben.
Dann offenbart sich die Herrlichkeit des Herrn;
alle Sterblichen werden sie sehen.
Ja, der Mund des Herrn hat gesprochen.

Steig auf einen hohen Berg,
Zion, du Botin der Freude!
Erheb deine Stimme mit Macht,
Jerusalem, du Botin der Freude!

Erheb deine Stimme, fürchte dich nicht!
Sag den Städten in Juda:
Seht, da ist euer Gott.
Seht, Gott, der Herr, kommt mit Macht;
er herrscht mit starkem Arm.
Seht, er bringt seinen Siegespreis mit:
Alle, die er gewonnen hat, gehen vor ihm her.
Wie ein Hirt führt er seine Herde zur Weide;
er sammelt sie mit starker Hand.
Die Lämmer trägt er auf dem Arm,
die Mutterschafe führt er behutsam.

(Jes 40,1-5.9-11; 2. Adventssonntag/Lesejahr B)

Es gibt eine Frage, die vielen Menschen im Kopf sitzt. Selbst wenn sie unausgesprochen bleibt, ist sie da: Wenn es Gott wirklich gibt – weshalb läßt er das himmelschreiende Unrecht in der Welt zu? Weshalb greift er nicht ein? Er könnte es doch, wenn er wirklich allmächtig ist. Was brauchten wir Soldaten, was brauchten wir die UNO, diese hilflose Weltpolizistin? Könnte Gott nicht einfach zuschlagen? Auf die Rücksichtslosen, auf die Vergewaltiger, auf die Kriegstreiber. Weshalb nur tut er es nicht?

Eine erste Antwort finden wir in Mk 13,34. Dort heißt es in dem Gleichnis von dem Mann, der auf Reisen ging: „Er übertrug alle Verantwortung seinen Dienern." Damit sind wir gemeint, die Christen, die Getauften. Wir haben die Verantwortung. Gott greift ja durchaus in die Welt ein, aber so, daß die Freiheit des Menschen nicht verloren geht. Er will in die Welt eingreifen durch unseren Glauben, durch unsere Wachsamkeit, durch unsere Bereitschaft, sein Werk zu tun.

Man braucht sich nur einmal vorzustellen, alle Getauften würden sich ernsthaft fragen, was der Wille Gottes in der Welt sei. Und alle Christen würden das Evangelium Jesu miteinander leben. Die Welt wäre nicht mehr wiederzuerkennen. Wir haben also nicht das Recht, Gott dafür anzuklagen, daß er nicht eingreift. Wir können uns nur selbst anklagen, daß wir durch unseren Unglauben Gott so wenig Möglichkeit geben, an der Welt zu handeln.

In der alttestamentlichen Lesung des 2. Adventssonntags wird das alles noch vertieft. Dort heißt es:

Seht, da ist euer Gott.
Seht, Gott, der Herr, kommt mit Macht;
er herrscht mit starkem Arm.

Aber wie kommt Gott? Wie zeigt er seine Macht? Wo zeigt sich sein starker Arm? Der Text selbst gibt die Antwort. Denn kurz vorher hatte es geheißen:

Bahnt für den Herrn einen Weg durch die Wüste!
Baut in der Steppe eine ebene Straße für unseren Gott!
Jedes Tal soll sich heben,
jeder Berg und Hügel sich senken.
Was krumm ist, soll gerade werden,
und was hüglig ist, werde eben.
Dann offenbart sich die Herrlichkeit des Herrn;
alle Sterblichen werden sie sehen.

Das bedeutet doch: Gott selbst kommt, und Gott selbst greift ein, aber er kommt gerade dadurch, daß *wir* ihm eine Straße bauen, daß *wir* ihm den Weg bereiten, daß *wir* vor ihm

Gemeinde sind, die offen und durchlässig ist für seinen Plan. Dann ändert sich, hier bei uns, ein Stück Welt, und die Herrlichkeit Gottes zeigt sich.

Es gibt eine bedenkenswerte Geschichte von einem jüdischen Rabbi. Er legte seinen Freunden eines Tages die Frage vor: „Wo wohnt Gott?" Da wunderten sich alle über die seltsame Frage, weil die Antwort für sie doch klar war. Und einer sprach es aus: „Wie kannst du fragen: Wo wohnt Gott? Ist doch die ganze Welt seiner Herrlichkeit voll. Er wohnt überall." Der Rabbi aber entgegnete ihnen: „Nein, Gott wohnt, wo man ihn einläßt."

Es reizt mich, die Geschichte noch ein wenig zu verlängern. Man könnte ja auch fragen: „Wann kommt Gott?" Das wäre dann noch deutlicher eine adventliche Frage. Wann kommt Gott? Wann greift er endlich ein? Wann verändert er alles? Die Antwort würde dann entsprechend lauten: Gott kommt, sobald wir ihn einlassen. Einlassen freilich nicht nur ins eigene Herz, sondern einlassen in unsere Pläne, in unser Leben, in unsere Gemeinden, in unsere Welt. Dann kommt Gott. Dann kommt er noch heute.

Das Heil, das Gott schafft, kann übersehen werden

Es trat ein Mensch auf, der von Gott gesandt war; sein Name war Johannes. Er kam als Zeuge, um Zeugnis abzulegen für das Licht, damit alle durch ihn zum Glauben kommen. Er war nicht selbst das Licht, er sollte nur Zeugnis ablegen für das Licht.

Dies ist das Zeugnis des Johannes: Als die Juden von Jerusalem aus Priester und Leviten zu ihm sandten mit der Frage: „Wer bist du?", bekannte er und leugnete nicht; er bekannte: „Ich bin nicht der Messias." Sie fragten ihn: „Was bist du dann? Bist du Elija?" Und er sagte: „Ich bin es nicht." „Bist du der Prophet?" Er antwortete: „Nein."

Da fragten sie ihn: „Wer bist du? Wir müssen denen, die uns gesandt haben, Auskunft geben. Was sagst du über dich selbst?" Er antwortete: „Ich bin die Stimme, die in der Wüste ruft: Ebnet den Weg für den Herrn!, wie der Prophet Jesaja gesagt hat."

Unter den Abgesandten waren auch Pharisäer. Sie fragten Johannes: „Warum taufst du dann, wenn du nicht der Messias bist, nicht Elija und nicht der Prophet?" Er antwortete ihnen: „Ich taufe mit Wasser. Mitten unter euch steht einer, den ihr nicht kennt und der nach mir kommt; ich bin es nicht wert, ihm die Schuhe aufzuschnüren."

Dies geschah in Betanien, auf der anderen Seite des Jordan, wo Johannes taufte.

(Joh 1,6-8.19-28; 3. Adventssonntag/Lesejahr B)

Jesaja hatte dem Gottesvolk die Heimkehr aus der Gefangenschaft angekündigt. Der Prophet sah die Macht Gottes am Werk. Gott selbst werde sich als herrlich erweisen und sein Volk wie in einem Triumphzug in die Heimat zurückführen.

Eines Tages war es dann soweit. Israel kehrte aus dem Exil zurück. Aber nicht im Triumphzug, nicht in festlicher Prozession, nicht auf neu hergerichteten Straßen. Gott war nicht zu sehen, sondern nur müde Heimkehrer im Sand der Wüste.

Sie kamen aus Babylon, von dort, wo heute Saddam Hussein regiert. Sie kamen aus dem fetten Land zwischen Euphrat und Tigris, das von unzähligen Kanälen bewässert wurde. Sie kamen aus dem Land der Gärten und Palmenhaine.

Und dann sehen sie: Die alte Heimat, das Land ihrer ganzen Sehnsucht, ist karg und steinig, und Jerusalem, die Stadt Gottes, ist eine in Trümmern liegende, fast ausgestorbene Provinzstadt. Das Heil, das Jesaja angekündigt hatte, ist eine Baustelle, und das Heil erfahren bedeutet: Schutt wegräumen, Steine behauen, die Stadtmauern ausbessern, ein Gemeinwesen aufbauen, einen notdürftigen Tempel errichten. Sieht so das Heil Gottes aus? Hat da Gott wirklich gehandelt?

Und doch: Genau so ist es mit dem Handeln Gottes in unserer Mitte. Wo es sich ereignet, kann es leicht übersehen werden. Ein Zug von Heimkehrern mit ihren Habseligkeiten – wer ahnt schon, daß es eben doch ein Triumphzug Gottes ist, weil diejenigen, die da unterwegs sind, auf die Verheißung Gottes setzen? – So und nicht anders ist es mit dem Heil. Als 500 Jahre später Jesus von Nazaret auftritt, muß Johannes der Täufer den Pharisäern sagen:

Mitten unter euch steht einer, den ihr nicht kennt.

Jesus kann übersehen werden. So unscheinbar, wie er begann, zeigte sich wenig später auch die junge Kirche. Die wenigsten erkannten, daß in diesen kleinen, über die Länder am Mittelmeer zerstreuten Gemeinden Gottes stille Revolution am Werk war. Es ereigneten sich ja keine sensationellen Dinge. Die Gläubigen trugen keinen Heiligenschein, und es waren auch keine Engelchöre zu hören. Das einzige Wunder, das ab und zu geschah, bestand darin, daß einer ins Herz getroffen wurde, daß ihm die Augen aufgingen und er tat, was er eigentlich gar nicht wollte: einem fremden Willen folgen – dem Willen Gottes.

Der Auferstandene sucht und sammelt seine Jünger nun seit 2000 Jahren. Und die Kirche ist immer noch eine Baustelle – mit all der Zugluft, die zu einer Baustelle gehört. Aber immer wieder ist es dem Bauhandwerker aus Nazaret gelungen, den glimmenden Docht seiner Kirche nicht verlöschen zu lassen. Die Stadt Gottes ist nie ganz zu Babylon geworden. In jedem Jahrhundert und in jedem Jahrzehnt hat Christus Menschen gefunden, die sich von seiner Botschaft sammeln und anzünden ließen und dabei entdeckten, daß Gottes Verheißungen wahr sind.

Weil der Auferstandene immer wieder Menschen bewegen kann, daß sie aufbrechen zu der Neuen Stadt, zu der Stadt der Verheißung, dürfen wir nach wie vor auf den alten Mauern der Kirche die Herrlichkeit Gottes erhoffen – trotz der Glaubensnot, die wir in diesen Jahrzehnten erleben, und trotz unserer eigenen Glaubensschwäche. Das Heil Gottes ist so mächtig, weil es die einzige Sache in der Welt ist, von der wirkliche Freude ausgeht.

Mitten unter euch steht einer, den ihr nicht kennt,

sagte Johannes der Täufer. Das Heil Gottes kam ganz anders, als es die Frommen damals erwartet hatten. Und es kommt auch heute ganz anders. Aber es kommt wirklich, und zwar immer dann, wenn uns die Augen aufgehen, wenn es uns ins Herz trifft und wenn wir uns treffen lassen. Dann geschieht all das, was der Prophet Jesaja sagt (vgl. Jes 61,10-11):

Gott kleidet uns in Gewänder des Heils, er hüllt uns ein in Gerechtigkeit. Es ist, wie wenn ein Bräutigam sich festlich schmückt, wie wenn eine Braut ihr Geschmeide anlegt. Denn wie die Erde Saaten wachsen läßt und der Garten Pflanzen hervorbringt, so bringt Gott, der Herr, seine Gerechtigkeit hervor und seine Herrlichkeit vor allen Völkern.

Auf diese Verheißung setzen und sich ihr ganz hingeben ist die Freude des Advent.

Die Liedermacher hatten recht mit ihren Weihnachtsliedern

In jenen Tagen erließ Kaiser Augustus den Befehl, alle Bewohner des Reiches in Steuerlisten einzutragen. Dies geschah zum erstenmal; damals war Quirinius Statthalter von Syrien. Da ging jeder in seine Stadt, um sich eintragen zu lassen.

So zog auch Josef von der Stadt Nazaret in Galiläa hinauf nach Judäa in die Stadt Davids, die Betlehem heißt; denn er war aus dem Haus und Geschlecht Davids. Er wollte sich eintragen lassen mit Maria, seiner Verlobten, die ein Kind erwartete.

Als sie dort waren, kam für Maria die Zeit ihrer Niederkunft, und sie gebar ihren Sohn, den Erstgeborenen. Sie wickelte ihn in Windeln und legte ihn in eine Krippe, weil in der Herberge kein Platz für sie war.

In jener Gegend lagerten Hirten auf freiem Feld und hielten Nachtwache bei ihrer Herde. Da trat der Engel des Herrn zu ihnen, und der Glanz des Herrn umstrahlte sie. Sie fürchteten sich sehr, der Engel aber sagte zu ihnen: „Fürchtet euch nicht, denn ich verkünde euch eine große Freude, die dem ganzen Volk zuteil werden soll: Heute ist euch in der Stadt Davids der Retter geboren; er ist der Messias, der Herr. Und das soll euch als Zeichen dienen: Ihr werdet ein Kind finden, das, in Windeln gewickelt, in einer Krippe liegt."

Und plötzlich war bei dem Engel ein großes himmlisches Heer, das Gott lobte und sprach: „Verherrlicht ist Gott in der Höhe, und auf Erden ist Friede bei den Menschen seiner Gnade."
(Lk 2,1-14; Weihnachten/In der Heiligen Nacht)

Nahe bei Betlehem hatte eine jüdische Frau, die mit ihrem Mann unterwegs war, ein Kind geboren. Die Herberge war überfüllt gewesen; deshalb hatte ihr Mann eine private Unterkunft besorgt – halb Stall, halb Wohnhöhle, wie es sie überall in Palästina gab. Sie hatten das Neugeborene in Windeln gewickelt und in einen Futtertrog gelegt. Später waren Hirten gekommen, hatten eine Zeitlang mit den Eltern geredet und das Kind bewundert. Alles in allem nichts Besonderes.

In der Nacht der Geburt dieses Kindes wurden in Palästina noch viele andere Kinder geboren. Im gesamten Römischen Reich wird die Zahl der Neugeborenen weit über tausend gelegen haben. Nimmt man die Länder außerhalb des *imperium romanum* hinzu, dürfte man auf Zehntausende von Neugeborenen kommen. Wieso feiern wir heute nacht gerade die Geburt jenes *einen* Kindes aus Betlehem?

Es ist doch alles andere als selbstverständlich: Wir haben uns hier versammelt, und Millionen von Menschen in der ganzen Welt haben sich versammelt, um die Geburt eines Kindes zu feiern, das in einer Zeit geboren wurde, die uns völlig fern liegt, und das nur eines von Tausenden von Kindern war, die zur selben Stunde auf die Welt kamen. Die Namen all dieser Kinder sind vom Winde verweht. Für die Geschichte sind sie tot. Kein Mensch kümmert sich mehr um sie. Nur der Name des *einen* Kindes, das seine Eltern Jeschua nannten, ist unvergessen. Dieser Name wird noch heute geliebt und verehrt, verhöhnt und gehaßt – je nachdem. Woher kommt die Macht dieses Kindes, woher die Kraft dieses Jesus, daß er es fertigbringt, uns heute nacht hier zusammenzuholen, um seine Geburt zu feiern?

Ich könnte jetzt natürlich antworten: Dieses Kind war Gottes Sohn, wahrer Mensch und wahrer Gott – und die

Antwort wäre richtig. Aber sie bliebe zunächst einmal ein reiner Glaubenssatz – und bloße Glaubenssätze führen nachts um 22 Uhr keine Menschen zusammen. Es bleibt also die Frage: Woher die Anziehungskraft dieses Jesus?

Hängt sie etwa damit zusammen, daß er uns Hoffnung auf ewiges Leben gebracht hat – Hoffnung auf ein besseres Leben nach dem Tod, Hoffnung auf Unsterblichkeit, die Hoffnung, daß kein Tod die Flamme unseres Lebens auslöschen wird?

Das kann es nicht sein, denn diese Hoffnung gab es in der Welt längst vor Jesus. In Ägypten zelebrierte man schon seit vielen Jahrhunderten einen ausschweifenden Gräberkult – aus der Zuversicht, daß so der Tod überlistet werde. Die Griechen hofften, daß ihre Toten auf den „Inseln der Seligen" ein glücklicheres Leben fänden, und in den weit verbreiteten Mysterienkulten der Antike ging es um nichts anderes, als sich ewiges Leben zu sichern.

Aber was war es dann, was Jesus in die Welt gebracht hat? War es eine neue Innerlichkeit, eine neue Geistigkeit? Auf dieser Welle wird uns Jesus seit Jahren angepriesen. Er habe die Menschen gelehrt, sich selbst zu finden, endlich ja zu sagen zum eigenen Ich, Frieden zu machen mit allem und jedem und in den eigenen Träumen eine Welt zu entdecken.

Doch auch dazu hätte es keinen Jesus gebraucht. Es gab schon seit Jahrhunderten Erforscher der Seele, Lehrer der Innerlichkeit, Religionsvirtuosen, Selbsterfahrer, Esoteriker, Schamanen, Spezialisten für Lebenshilfe. Mit all diesen Meistern hat Jesus nicht das geringste zu tun. Er lehrte nicht: „Nimm dich an, wie du bist!", sondern: „Kehre um!" Und er predigte nicht: „In deinem Innersten liegt ein Königreich verborgen!", sondern: „Von Gott her, von ihm geschenkt, von ihm erträumt, beginnt jetzt in der Welt etwas Neues, unendlich größer als alle menschlichen Träume, viel irdischer, viel nüchterner und viel kostbarer!"

Dieses Neue hatte sich in Israel seit Jahrhunderten angebahnt. In Jesus kam es endgültig in die Welt und zeigte sich denen, die sehen konnten. Jesus lebte dieses Neue mit seiner ganzen Existenz. Mit zwölf Jüngern hat er angefangen. Der gemeinsame Tisch war ihre Mitte. Er hat sie gelehrt, das eigene Leben mit dem der anderen zu verknüpfen, sich gegenseitig siebenundsiebzigmal am Tag zu verzeihen, sich nicht mehr um die Zukunft zu sorgen, sondern ganz im Heute zu leben und jeden Tag neu nach dem Plan Gottes zu fragen.

Weil dieses neue Leben so unerhört und so anstößig war, wurde Jesus schon nach kurzer Zeit umgebracht. Weil es aber das Werk Gottes war und eine tiefe Faszination von ihm ausging, blühte es durch seinen Tod erst recht auf und ist seitdem die stille Hoffnung und die heimliche Sehnsucht der Welt. Und deshalb ist auch die Kirche, in der dieses neue Leben seinen bleibenden Ort hat, bis heute nicht untergegangen.

Niemals würden wir uns hier in der Nacht versammeln, wo wir doch spannendere Dinge tun oder zumindest gut schlafen könnten, wenn nicht mit Jesus die Hoffnung in die Welt gekommen wäre, daß sich unser Leben schon jetzt ändern könnte. Daß es sich ändern könnte zu dem, was die Hirten in der Nacht hörten: zu einem Leben, das Gott die Ehre gibt und der Welt Frieden schenkt, weil Menschen nicht mehr wie Tiere aufeinander losgehen, sondern einmütig zusammenleben.

Diese Hoffnung ist seit Jesus unzerstörbar in der Welt. Sie verändert ständig das Leben. Sie kehrt das Unterste zuoberst. Sie führt Menschen zusammen, die sonst nie etwas miteinander zu tun hätten. Sie stiftet die Gemeinschaft der Kirche. Sie macht immer wieder alles neu. Sie ist so groß, daß sie selbst die Angst vor dem Tod vernichtet. Wer in dieser Hoffnung lebt und ihre Früchte am eigenen Leben erfährt, der weiß, daß sie nicht aus menschlichen Wurzeln stammt. Denn die Welt gibt keinerlei Grund zur Hoffnung. Sie gibt vielmehr allen Grund, zu verzweifeln oder zum Zyniker zu werden. Sie ist hoffnungslos.

Weil demgegenüber von dem Kind in der Krippe der Glanz unzerstörbarer und sich jetzt schon erfüllender Hoffnung ausgeht, haben die frühen Christen zu Recht gesagt: In diesem Menschen hat sich der Himmel geöffnet. In ihm ist Gott selbst offenbar geworden. Wer ihn sieht, sieht den „Vater". Und die frommen Liedermacher hatten recht, wenn sie die schönsten Lieder, die wir überhaupt besitzen, über dieses Kind in der Krippe gedichtet haben. Sie hatten recht, wenn sie sangen:

Das Blümelein so kleine,
das duftet uns so süß;
mit seinem hellen Scheine
vertreibt's die Finsternis,
wahr' Mensch und wahrer Gott,
hilft uns aus allem Leide,
rettet von Sünd und Tod.

Die Vernunft Gottes ist Fleisch geworden

Im Anfang war das Wort,
und das Wort war bei Gott,
und das Wort war Gott.
Schon im Anfang war es bei Gott.

Alles ist durch das Wort geworden,
und ohne das Wort wurde nichts,
was geworden ist.
In ihm war das Leben,
und das Leben war das Licht der Menschen.
Und das Licht leuchtet in der Finsternis,
und die Finsternis hat es nicht erfaßt.

Das wahre Licht, das jeden Menschen erleuchtet,
kam in die Welt.
Er war in der Welt,
und die Welt ist durch ihn geworden,
aber die Welt erkannte ihn nicht.
Er kam in sein Eigentum,
aber die Seinen nahmen ihn nicht auf.

Allen aber, die ihn aufnahmen,
gab er Macht, Kinder Gottes zu werden,
allen, die an seinen Namen glauben,
die nicht aus dem Blut,

nicht aus dem Willen des Fleisches,
nicht aus dem Willen des Mannes,
sondern aus Gott geboren sind.

Und das Wort ist Fleisch geworden
und hat unter uns Wohnung genommen,
und wir haben seine Herrlichkeit gesehen,
die Herrlichkeit des einzigen Sohnes vom Vater,
voll Gnade und Wahrheit.

(Joh 1,1-5.9-14; Weihnachten/Am Tag)

Wie der Schöpfungsbericht der Genesis holt auch der Beginn des Johannesevangeliums weit aus. Was da so umfassend und feierlich beginnt, ist nicht *irgendein* Text. Es ist ursprünglich ein Lied, das die frühen Gemeinden in ihren Gottesdiensten gesungen haben. Dieses Lied spricht von Christus als dem WORT, das schon vor aller Zeit bei Gott war, das zum Schöpfungswort wurde, durch das Gott den ganzen Kosmos geschaffen hat, das dann in der Welt wie ein Licht leuchtete, aber von der Welt nicht begriffen und nicht aufgenommen wurde. Die Welt erkannte das Heimatrecht des Wortes Gottes nicht an.

Wenn das Lied an dieser Stelle endete, wäre es ein trauriges Lied mit einem schlimmen Schluß. Aber es ist noch nicht am Ende. Es läuft weiter. Es war von Anfang an zugelaufen auf die Aussage:

Und das Wort ist Fleisch geworden
und hat unter uns Wohnung genommen.

Gott hatte zwar schon seit langem gesprochen. Sein Wort war in der Schöpfung, sein Wort war in Israel. Aber schließlich hat er sein Wort endgültig gesprochen, als sein letztes Wort. In ihm hat er sich ganz ausgesagt – und dieses Wort ist Jesus Christus gewesen. Das Wort Gottes, das schon immer in der Welt und von Ewigkeit her am Herzen des Vaters war, ist in ihm Fleisch geworden.

Es ist einer der größten theologischen Texte, den die Kirche besitzt. Leider haben wir uns an dieses urchristliche Lied so gewöhnt, daß wir es in seiner Tiefe kaum wahrnehmen. Ich verdeutliche das nur an einem einzigen Punkt. Ich habe bisher – entsprechend unseren Übersetzungen – immer von dem WORT gesprochen. Im griechischen Urtext steht aber für „Wort" LOGOS.

Und Logos bedeutet im Griechischen nicht nur „Wort". Logos hat darüber hinaus die Bedeutung: „Zusammenhang", „Ordnung", „Sinn", „Vernunft". Wir kennen diese Bedeutung von Logos auch im Deutschen, wenn wir von „Logik" reden oder wenn wir sagen: Das ist doch „logisch". Wir wollen damit ausdrücken: Das ist doch klar, das ist selbstverständlich, das ist folgerichtig, das gibt Sinn.

Machen wir ein Experiment! Wir gehen das alte Lied noch einmal von neuem durch und übersetzen statt mit „Wort" mit „Vernunft". Dann will dieser urchristliche Text sagen: Im Anfang waren die Vernunft, der Sinn, die göttliche Ordnung – aber nicht als abstrakte Logik, sondern als ewiges DU in dem dreieinigen Gott, und Gott hat diese Vernunft in seine Schöpfung hineingegeben. Deshalb besitzt die Schöpfung eine innere Ordnung, eine tiefe Logik, und sie ruft geradezu danach, in ihrer Logik gelebt zu werden.

Aber diese Schöpfungsvernunft, die eigentlich jeder Mensch hätte erkennen sollen, wollte vielen nicht einleuchten. Allzu viele Menschen haben sie verachtet und gegen den Sinn der Schöpfung gelebt. Sie haben die Weisheit der Schöpfung auf den Kopf gestellt und immer wieder gegen ihre Ordnung, gegen ihr inneres Gesetz gehandelt, so daß die Welt ihre Identität nicht gewinnen konnte. Sie haben die Schöpfung nicht geachtet, sondern pervertiert.

Da ist die VERNUNFT GOTTES Fleisch geworden. In dem Menschen Jesus aus Nazaret ist die Logik der Schöpfung aufgeleuchtet. Das, was die ganze Schöpfung sagen will und was durch den finsteren Nebel in unseren Köpfen so schwer erkennbar ist, ist nun in einem Menschen anschaubar geworden, so daß es eigentlich jeder sehen könnte.

Das Lied ist nicht nur schön, es ist auch wahr. Es ist umstürzend wahr. Jesus ist eben kein Phantast gewesen. Er hat wenigstens fünfzehn Jahre lang als Bauhandwerker gearbeitet. Jeder Maurer hat einen Blick für das, was im Lot ist, und für das, was nicht im Lot ist. Jeder Schreiner muß sehen, was gerade ist, und sehen, was krumm ist. Eben das zeigte sich bei Jesus: Er sah, was der Bauplan, was die Logik der Schöpfung erforderte. Seine Bergpredigt ist das Vernünftigste, was es gibt. Ich möchte das an zwei Beispielen zeigen.

Jesus fordert von seinen Jüngern – das heißt von uns – die unbedingte Versöhnung (Mt 5,23-24). Er verlangt, daß wir Feindschaften beenden. Er sagt: Es ist sinnlos, daß ihr feierliche Gottesdienste abhaltet, wenn ihr nicht vorher eure Zerwürfnisse ausräumt.

Ich behaupte: Das ist das Vernünftigste, was es gibt. Feindschaften, Rivalitäten, Zerwürfnisse kosten nicht nur viel Zeit, sie kosten auch unsäglich viel Kraft. Feindschaft zerfrißt die

Seele. Wer ständig in Haß und Angst lebt, wird krank. Denken wir nur an Verheiratete, die nicht mehr miteinander reden, die stumm nebeneinander herleben, die am Abend voll Wut aufeinander einschlafen. Das zerfrißt ihnen nicht nur die Seele, es zerstört ihnen den Leib. Und es wird sich als bleibendes Unheil auf ihre Kinder legen.

Umgekehrt: Was für ein Segen, wenn wir einander verzeihen und wenn Friede unter uns einkehrt! Was für ein Glück, wenn man am Abend versöhnt schlafen gehen und am Morgen in Eintracht aufwachen kann! Die ständige Vergebung, die Jesus von seinen Jüngern fordert, ist zwar schwer. Sie ist so schwer, daß wir die anderen aus der Gemeinde als Hilfe brauchen, damit sie überhaupt möglich wird. Aber sie ist das Vernünftigste der Welt.

Genauso ist es mit dem Vertrauen. Jesus fordert in der Bergpredigt von seinen Jüngern ein grenzenloses Vertrauen zu Gott und damit auch untereinander (Mt 6,25-34). Das ist alles andere als eine Selbstverständlichkeit.

Unsere Gesellschaft ist von Mißtrauen durchsetzt. Wir tragen seltsam geformte Metallteile in unseren Taschen, mit denen wir unsere Türen zuschließen. Wir bezahlen mit unseren Steuern eine kostspielige Polizei – einfach weil wir einander nicht vertrauen können. Wir fragen uns bei allem, was uns ein anderer sagt, ob er es auch wirklich so gemeint hat.

Die Kosten für dieses Mißtrauen sind immens. Daß wir eine riesige Bürokratie ertragen müssen mit einer Unzahl von Gesetzen, Verordnungen und Ausführungsbestimmungen, die wie ein Bleigewicht auf der Gesellschaft liegt, hängt eben damit zusammen, daß diese Gesellschaft mißtrauisch sein muß. Sie kann gar nicht anders. „Vertrauen ist gut, Kontrolle ist besser", sagte nicht nur Lenin. Wir sagen es genauso.

Wir brauchten es aber wenigstens als christliche Gemeinde nicht zu sagen. Wir dürfen als Glaubende anders leben. Wir sind durch die Taufe in den Stand gesetzt, anders miteinander umzugehen. Dort, wo die jesuanische Form des Zusammenlebens entsteht, wo Menschen nach der Logik Gottes leben, ändert sich Welt. Menschen, die als Jünger Jesu einander vertrauen, einander helfen, sich aufeinander verlassen können, ersparen sich viele Krankheiten und gewinnen Zeit und Geld für viel Wichtigeres: für ihre Aufgabe, Zeugen zu sein. Wenn uns Jesus dazu aufruft, einander zu vertrauen, so ist das grundvernünftig, das Vernünftigste, was es überhaupt gibt.

Und was hat das alles mit Weihnachten zu tun? Ich meine, sehr viel. Das Kind in der Krippe ist eben nicht eine Idylle, nicht nur etwas Liebenswert-Anheimelndes, sondern die VERNUNFT GOTTES, die schon immer in der Welt war, die aber nun anschaubar geworden ist und die sich – das ist das Entscheidende – unter uns, den Glaubenden, weiter verleiblichen will.

Und die Vernunft Gottes ist Fleisch geworden
und hat unter uns Wohnung genommen,
und wir haben ihre Herrlichkeit gesehen,

nämlich den Glanz und die Schönheit, die unter uns aufstrahlen, wenn wir tatsächlich in der gemeinsamen Nachfolge Jesu, und das heißt eben nach der Vernunft Gottes leben.

Gott erfüllt nicht unsere Wünsche, sondern seine Verheißungen

In jener Zeit eilten die Hirten nach Betlehem und fanden Maria und Josef und das Kind, das in der Krippe lag. Als sie es sahen, erzählten sie, was ihnen über dieses Kind gesagt worden war. Und alle, die es hörten, staunten über die Worte der Hirten. Maria aber bewahrte alle diese Geschehnisse und bewegte sie in ihrem Herzen. Die Hirten kehrten zurück, rühmten Gott und priesen ihn für das, was sie gehört und gesehen hatten; denn alles war so gewesen, wie es ihnen gesagt worden war.

Als acht Tage vorüber waren und das Kind beschnitten werden sollte, gab man ihm den Namen Jesus, den der Engel genannt hatte, noch ehe das Kind im Schoß seiner Mutter empfangen wurde.

(Lk 2,16-21; Neujahr)

Ich sah dieser Tage einen Cartoon, der gut zum 1. Januar paßt. Da sitzt ein Mann – frontal gezeichnet – mit schniekem Anzug in einem Chefsessel hinter dem Schreibtisch. Augen halb zu, offenbar müde. Es könnte am frühen Neujahrsmorgen sein, denn er hält lustlos ein Glas Sekt in der Hand. Er philosophiert vor sich hin:

Erste Denkblase: „Wenn ich heute nochmal ganz von vorn anfangen könnte, würde ich wahrscheinlich alles ganz anders machen.“

Daneben genau das gleiche Bild, nur mit einer neuen Denkblase: „Gottseidank ist das unmöglich."

Denken wir nicht alle ähnlich? „Eigentlich müßte in meinem Leben vieles anders werden. Eine Menge müßte sich ändern. Ich würde so gern ein anderer sein. Man müßte noch einmal neu anfangen können." Und es geistern uns alle möglichen Wünsche, Ideen und Träume durch den Kopf.

Und dann – weil wir solche Träume ja schon oft geträumt haben: „Es wird alles beim alten bleiben. Nichts wird sich ändern. Ich will auch gar nicht, daß sich etwas ändert. Ich habe mich eingerichtet."

Dieses Ritual wiederholt sich an jedem 1. Januar und bei jedem Geburtstag, besonders bei den runden Geburtstagen, und endet kläglich einige Tage oder oft sogar schon einige Stunden später. „Ich kann mich ja gar nicht ändern. Gottseidank ist das unmöglich!"

Es ist ein törichtes Ritual und ein schlechtes Spiel. Denn dieses ganze Spiel ist falsch. Es ist schon von seinem Ansatz her verkehrt. Es ist verkehrt, weil ich den ersehnten Neuanfang stets an *meinen* Träumen, *meinen* Wünschen und *meinen* Vorstellungen messe. Von Maria heißt es im Evangelium:

Sie aber bewahrte alle diese Geschehnisse
und bewegte sie in ihrem Herzen.

Das heißt: Sie nimmt nicht Maß an ihren eigenen Wünschen und Vorstellungen, sondern an dem, was Gott tun will und was er schon getan hat. Sie versteht sich als Magd und Dienerin der Pläne Gottes und nicht der eigenen Wünsche. Die entscheidende Frage beim Jahreswechsel ist also nicht: „Wird mich das neue Jahr der Erfüllung meiner Pläne näherbringen?", sondern: „Wird es mich dem Plan Gottes näherbringen?" Es geht nicht um meine Wünsche, sondern allein um das, was ER im Sinn hat.

Gott erfüllt nicht unsere Wünsche, sondern seine Verheißungen. Darüber sollten wir uns freuen. Wenn er unsere Wünsche erfüllen würde, wäre es zumeist eine Katastrophe.

Ich wünsche Ihnen und mir, daß wir in dem Jahr, das vor uns liegt, in dieser Erkenntnis wachsen. Gott will mit uns einen Weg gehen, er will uns zusammenführen, damit die Menschen um uns herum eine glaubwürdige Kirche sehen. In diesem Auftrag, der uns allen anvertraut ist, werden dann auch unsere persönlichen Sorgen und Nöte aufgehoben sein. So dürfen wir es verstehen und so dürfen wir es uns wünschen: ein gutes, gesegnetes neues Jahr!

An ein „höheres Wesen“ glaubt es sich leicht

Und das Wort ist Fleisch geworden
und hat unter uns Wohnung genommen,
und wir haben seine Herrlichkeit gesehen,
die Herrlichkeit des einzigen Sohnes vom Vater,
voll Gnade und Wahrheit.

(Joh 1,14; 2. Sonntag nach Weihnachten)

Eine der unseligsten Hinterlassenschaften des 18. Jahrhunderts ist der Glaube an ein „höheres Wesen“, das der Mensch ahnt und schweigend verehrt. Was zuerst nur die Philosophen der Aufklärungszeit dachten, hat inzwischen Kreise gezogen und viele Christen erreicht. Mit dem Gott der Bibel hat dieses „höhere Wesen“ kaum etwas zu tun. Denn es ist ja fern von uns – unnahbar, unerreichbar und ganz und gar gesichtslos.

Das Alte Testament spricht anders von Gott. Es spricht menschlich von ihm, weil es seine Zuwendung zur Welt anders gar nicht aussagen kann: Gott formt den Menschen aus dem Ackerboden. Er geht in der Abendkühle des Paradiesgartens spazieren. Er ist zornig über das Unrecht, das Menschen verüben. Es reut ihn, daß er den Menschen erschaffen hat. Er ringt mit Jakob. Er diskutiert mit Mose. Er schließt am Sinai mit den Israeliten einen Vertrag. Er liebt sein Volk, wie eine Mutter ihr Kind liebt.

So könnte man lange fortfahren. Das gesamte Alte Testament redet in einer geradezu erschreckend anthropomorphen Weise von Gott. Es spricht von Gott so, als hätte er menschliche Gestalt, als denke er, fühle er und rede er wie ein Mensch. Wenn man das Weihnachtsgeheimnis betrachtet, begreift man auch, weshalb das Alte Testament von Gott so reden mußte. Denn mit Weihnachten erreicht diese Redeweise ihr Ziel. Nun hat Gott wirklich menschliche Gestalt. Nun ist er mitten unter uns. Sein Logos ist Fleisch geworden.

Die Liebe Gottes ist nicht unverbindliches Wohlwollen aus der Ferne geblieben, sondern ist in Jesus unter uns erschienen – und ist damit ganz und gar verletzlich geworden, der Freiheit und dem Mutwillen der Menschen ausgeliefert. Man kann die Liebe Gottes nun wirklich übersehen, man kann sie verhöhnen, und man kann sie kreuzigen.

Daß in Jesus der ewige Logos Gottes Mensch wurde, war schon immer ein Ärgernis. Von dem Gnostiker Markion, der sich im 2. Jahrhundert von der katholischen Kirche trennte und eine eigene Kirche gründete, ist das Wort überliefert:

Schafft endlich die Krippe fort
und die eines Gottes unwürdigen Windeln!

Wer an ein „höheres Wesen" glaubt, das es irgendwie und irgendwo gibt, ist von Markion nicht weit entfernt. Es war eine der praktischsten Erfindungen, als man den Gott der Bibel mit einem „höheren Wesen" vertauschte. Ein „höheres Wesen" kann man wunderbar verehren – angesichts des gestirnten Himmels und vor der Schönheit eines Kunstwerks. Es ist immer in der richtigen Entfernung. Man schuldet ihm nichts, denn wie sollte es Interesse haben an mir und meinen Kavaliersdelikten. Es ist ja viel größer und weitherziger als der kleinliche Christengott, der aufpaßt, wer sonntags in die Kirche geht.

Es ist bequem, an ein „höheres Wesen" zu glauben, denn dieser „Glaube" weiß von keinem Zweifel und verlangt keine Umkehr, er kennt keine Schuld und fordert keine Nachfolge. Er ist völlig unverbindlich, aber sehr wohl geeignet, dem Leben metaphysische Weihe zu geben.

Der wahre und wirkliche Gott läßt sich jedoch nicht ins Jenseits verbannen. Er ist mitten unter uns erschienen. Sein Wort ist Fleisch geworden. Das ist nicht nur ein Glaubenssatz, den wir im Credo beten und im Johannesevangelium hören, sondern bedeutet, daß ER heute in unserer Versammlung mitten unter uns ist. Wir Christen glauben nicht an ein „höheres Wesen", sondern daran, daß wir Gott und seinem Messias in dem armseligen und schwachen Gebilde unserer Pfarrgemeinde begegnen.

Allen, die ihn aufnahmen, gab er Macht, Söhne und Töchter Gottes zu werden. Und das Wort ist Fleisch geworden, und hat unter uns Wohnung genommen und wohnt noch immer mitten unter uns. Und wir können seine Herrlichkeit sehen, wenn wir glauben – nicht an ein „höheres Wesen", sondern an den Gott Abrahams, Isaaks und Jakobs, an den Gott Jesu Christi, dessen Freude es ist, bei den Menschen zu sein. Dieser lebendige Gott hat auch mit uns eine Geschichte begonnen. Und er wünscht sich nichts mehr, als daß sie in diesem neuen Jahr weitergeht.

Die Welt darf nicht nur interpretiert, sie muß verändert werden

Auf, werde licht, Jerusalem,
denn es kommt dein Licht,
und die Herrlichkeit des Herrn geht strahlend auf über dir.
Denn siehe, Finsternis bedeckt die Erde
und Dunkel die Völker.
Doch über dir geht leuchtend der Herr auf,
und seine Herrlichkeit erscheint über dir.
Völker wandern zu deinem Licht,
und Könige zu deinem strahlenden Glanz.

(Jes 60,1-3; Erscheinung des Herrn)

In den „Elf Thesen über Feuerbach", die Friedrich Engels nach dem Tod von Karl Marx aus dessen Notizbüchern herausgeschrieben hat, heißt die 11. These:

> *Die Philosophen haben die Welt nur verschieden interpretiert.*
> *Es kommt aber darauf an, sie zu verändern.*

Das geht gegen Hegel. Hegel hat – Karl Marx zufolge – nur große Worte gemacht und ein riesiges Denksystem entworfen. Aber geändert habe er am Zustand der Welt nicht das geringste. Mir ist diese 11. These gegen Feuerbach wieder in den Sinn gekommen, als ich den Text aus Jesaja 60 las:

Auf, werde licht, Jerusalem,
denn es kommt dein Licht,
und die Herrlichkeit des Herrn geht strahlend auf über dir.

Die Gesellschaftsanalyse dieses Textes sagt auf knappstem Raum alles, was man überhaupt sagen kann. Die Weltgesellschaft lebt in Chaos und Friedlosigkeit; ein Konflikt folgt auf den anderen. Jesaja braucht das nicht lange auszuführen. Er sagt es mit einem einzigen Bild:

Siehe, Finsternis bedeckt die Erde und Dunkel die Völker.

Aber er beläßt es nicht, wie es die Kulturkritiker zu tun pflegen, bei diesem dunklen Bild. Er entwirft ein Gegenbild und verkündet mit einer Sicherheit ohnegleichen: Israel wird zum Licht der Welt werden. Seine Sozialordung ist das einzige Heilmittel für das Chaos der Völker. Das Licht seiner Gesellschaftsordnung leuchtet auf über den Horizonten der Welt.

Deshalb werden sich die Völker aus allen Himmelsrichtungen aufmachen zum Zion. Sie wollen selbst sehen und selbst erfahren, wie es möglich ist, daß Menschen in Frieden und Gerechtigkeit zusammenleben – denn das ist mit dem Glanz gemeint, der vom Zion ausgeht. Die Menschen, die von überall her zum Zion kommen, sehen, was dort geschieht, und

verkünden die Ruhmestaten des Herrn (Jes 60,6).

Das heißt: Sie begreifen, daß da Gott am Werk ist, und sie sehen, was der Plan Gottes mit der Welt ist – sie können es plötzlich handgreiflich am Leben des Gottesvolkes erkennen – und das macht sie zum Lobpreis Gottes fähig und zum Weitererzählen dessen, was sie gesehen haben.

Aber was ist das nun, was diese Lesung aus Jesaja schildert? Ist es ein schöner Traum? Ein Märchen aus der Zeit, da das Wünschen noch geholfen hat? Eine Utopie, die sich der Mensch am Abend erträumt, die aber nie wahr wird? Oder, um noch einmal mit Karl Marx zu sprechen: Gehört dieser Text auch in die Dimension der bloßen Worte, der Kopfgeburten, der Gedankensysteme, die nichts in der Welt geändert haben?

Die Urkirche dachte da anders. Sie war überzeugt: Die Erfüllung dieser ungeheuerlichen Verheißung hat schon begonnen. Sie hat begonnen in den Gemeinden, die an Christus, das Licht der Welt, glauben und aus seiner Kraft in einer neuen Lebensordnung, in Frieden und im Glanz der Wahrheit zusammenleben. Sie hat schon begonnen bei den Heiden, die überall rund um das Mittelmeer Einlaß begehren in die Kirche, weil sie angezogen werden von dem neuen Leben der Christen, das sich so deutlich vom Leben der Heiden unterscheidet. So dachte die frühe Kirche. Und sie sah in den Sternkundigen aus dem Osten, die das Kind suchten und nicht ruhten, bis sie es gefunden hatten, den realen Anfang der Völkerwallfahrt aus Jesaja.

Der Text aus Jesaja könnte ein helles Licht auf unser Leben werfen. Als Christen brauchen wir uns keine Illusionen zu machen. Gerade weil wir etwas von dem Licht Gottes gesehen haben, kennen wir die Finsternis, die über der Welt liegt, und das Dunkel, das die Völker bedeckt. Der Mensch ist böse, und wir sind alle sehr schwach. Trotzdem können wir von der leuchtenden Vision Jesajas her leben. Die Vision des Jesaja schwebt ja nicht über den Wolken. Der Glanz, der die Völker fasziniert und anlockt, ist schon längst in der Welt.

Dabei brauchen wir selbst die Gesellschaft gar nicht zu verändern. Das eben war der Grundirrtum von Karl Marx, daß er meinte, man könne Gesellschaft einfach verändern. Man kann sie höchstens zum Bösen hin verändern. Wir glauben daran, daß Gott handelt und die Welt verändert, und zwar schon heute. Diesem Handeln Gottes dürfen wir uns zur Verfügung stellen. Wir können uns gemeinsam auf seinen Willen hin verändern lassen. Nur auf diese Weise kann Gesellschaft verändert werden.

So meinte es auch Jesaja. Der Glanz über Israel ist nicht des Gottesvolkes eigener Glanz. Er entspringt nicht menschlicher Anstrengung und Leistung. Die Sozialordnung wird Israel geschenkt – vom Sinai beziehungsweise vom Zion her.

Über dir erstrahlt der Herr,
und seine Herrlichkeit erscheint über dir,

sagt der Text. Gott allein die Ehre zu geben, zu sagen: Er allein hat es gemacht, nimmt uns die Freude nicht weg. Das größte Glück, in dem ein Mensch leben kann, ist, die Werke Gottes zu schauen und sich an ihnen zu freuen.

Ohne Exodus gibt es keine Erlösung

In jener Zeit kam Jesus von Galiläa an den Jordan zu Johannes, um sich von ihm taufen zu lassen. Johannes aber wollte es nicht zulassen und sagte zu ihm: „Ich müßte von dir getauft werden, und du kommst zu mir?" Jesus antwortete ihm: „Laß es jetzt geschehen! Denn nur so können wir die Gerechtigkeit, die Gott fordert, ganz erfüllen." Da ließ Johannes ihn zu.

Kaum war Jesus getauft und aus dem Wasser gestiegen, da öffnete sich der Himmel, und er sah den Geist Gottes wie eine Taube auf sich herabkommen. Und eine Stimme aus dem Himmel sprach: „Das ist mein geliebter Sohn, an dem ich Gefallen gefunden habe."

(Mt 3,13-17; Taufe des Herrn/Lesejahr A)

Von Nazaret, wo Jesus aufgewachsen war, bis zu der Stelle, wo Johannes an einem Jordanübergang taufte, läuft man zwei bis drei Tage. Jesus mußte also einen weiten Weg zurücklegen, bis er zum Täufer an den Jordan kam, und genauso ging es vielen anderen, die sich von Johannes taufen ließen.

Weshalb läßt der Täufer die Menschen zu sich an den Jordan kommen – an eine ganz bestimmte Stelle gegenüber von Jericho, ziemlich genau dorthin, wo sich heute die Allenby-Brücke befindet? Er hätte ja auch von Dorf zu Dorf ziehen können, als Wanderprediger und Wandertäufer. Aber genau das tut er nicht. Die Menschen müssen ihre Dörfer verlassen und zu ihm herauskommen in die Jordan-Steppe, in unbesiedeltes Land. Warum?

Es hängt zusammen mit der Umkehr, die er predigt. Sie meint mehr als eine unverbindliche Absichtserklärung, mehr als einen Sack voll guter Vorsätze. Der Täufer sagt dem Gottesvolk: „Wenn ihr euer Leben nicht von Grund auf ändert, werdet ihr der Katastrophe nicht entkommen."

Eine Veränderung des Lebens, die bis in die Wurzeln reicht, ist aber zu Hause sehr schwer. Daheim umgeben den Menschen ständig dieselben vier Wände, dieselben Gewohnheiten, dieselben Rituale. Man muß den Ort wechseln, man muß den Exodus aus dem Alten wagen, um neu anfangen zu können. Deshalb läßt der Täufer die Menschen zu sich in die Steppe kommen. Dort bekennen sie öffentlich ihre Sünden und finden die Kraft, ihr Leben neu zu sehen. Zu Hause wäre das viel schwerer gewesen.

Zur Johannestaufe gehört also die radikale Umkehr, und zur Umkehr gehört der Exodus. Zur Johannestaufe gehört aber auch die völlige Untertauchung in die Wasser des Jordan. Noch einmal müssen wir fragen: Weshalb tauft Johannes gerade im Jordan? Frisches Quellwasser hätte es an vielen Stellen des Landes gegeben, und genügend tiefes Wasser auch im See Gennesaret. Warum tauft er im Jordan – und zwar an einer ganz bestimmten Stelle, die wir heute noch lokalisieren können?

Die Antwort ist verblüffend. Johannes tauft genau an der Stelle, an der Jahrhunderte vorher Josua die Israeliten durch den Jordan in das Gelobte Land geführt hatte. Umkehr und Exodus sind also bei Johannes kein Selbstzweck. Sie sind nur der Anfang zu etwas viel Größerem.

Der Täufer ist überzeugt: Wenn das Gottesvolk seine falschen Sicherheiten aufgibt, wenn es auszieht aus dem Bisherigen, wenn es umkehrt und sich seine Schuld von Gott vergeben läßt, dann geschieht von neuem der Einzug in das Gelobte Land, dann führt Gott sein Volk endgültig in das Land der Verheißung. Auch Jesus läßt sich von Johannes in das Jordan-Wasser hinabtauchen, damit er wie die vielen anderen an die Schwelle zum Land der Verheißung gelangt – dorthin, wo sich das neue Leben unter der Herrschaft Gottes auftut.

Daß Jesus zu Johannes in die Wüste zog und sich genau wie alle anderen im Jordan taufen ließ, hat schon den frühen Gemeinden außerordentliche Schwierigkeiten bereitet. Wie konnte er, der doch viel größer als Johannes war, zum Täufer gehen und sich dessen Erneuerungsbewegung anschließen? Wie konnte sich der Sohn Gottes in die Schar derer einreihen, die öffentlich bekannten, daß sie umkehren wollten? Wie konnte der Sündenlose sich mit einer Taufe zur Vergebung der Sünden taufen lassen? Wie groß diese Schwierigkeit war, sieht man daran, daß Matthäus in die Taufszene einen kleinen Dialog eingeschoben hat, in dem sich Johannes zunächst einmal weigert, Jesus überhaupt zur Taufe zuzulassen.

Wie konnte sich der Sohn Gottes taufen lassen? Früher wurde oft als Antwort auf diese Schwierigkeit gesagt, Jesus habe seine Demut zeigen und dem Volk ein gutes Beispiel geben wollen. Doch solch betuliche Aussagen greifen zu kurz. Jesus hat seine Eltern und seinen Heimatort verlassen und ist zum Täufer gegangen, weil er weiß: Durch den Täufer handelt Gott. Israel tritt jetzt in die entscheidende Stunde seiner Geschichte ein.

Das aber bedeutet für ihn: Er muß dort sein, wo sich das Schicksal des Gottesvolkes entscheidet. Er muß an dem Ort sein, wo Gott jetzt an Israel handelt. Er muß genau dort sein, wo Gott heute seine Verheißungen erfüllt und wo das Volk an der Schwelle zum Gelobten Land steht. Die moralische Frage: Fühlte er sich als Sünder? trifft den eigentlichen Sachverhalt noch gar nicht. Es geht Jesus um den Willen, um den Plan Gottes. Mit seiner Taufe gibt er sich ganz diesem Plan hin.

Als Jesus aus dem Jordan heraufsteigt, öffnet sich der Himmel. Das heißt: Himmel und Erde sind wieder verbunden. Die Schwelle zum Gelobten Land ist überschritten. Die sich von Jesus sammeln lassen und seiner Spur folgen, können seitdem unter dem geöffneten Himmel leben.

Wir sind es gewohnt, uns beim Eintreten in die Kirche mit Weihwasser zu bezeichnen. In jeder katholischen Kirche gibt es am Eingang ein Weihwasserbecken. Ich weiß nicht, ob noch jedem von uns bewußt ist, daß uns dieses Wasser am Eingang der Kirche an das Wasser der Taufe erinnern soll. Es ist ein sehr tiefes Symbol: Wir sollen das Haus Gottes nicht gedankenlos betreten. Wir dürfen uns immer von neuem den Tag vor Augen halten, an dem wir durch das Wasser der Taufe hineingenommen wurden in den Raum des Heils: in die Kirche.

Wir dürfen im Licht der Johannestaufe und der Taufe Jesu unsere eigene Taufe aber noch tiefer sehen: Taufe nicht nur als formale Eingliederung in die Kirche, sondern als ein Zurücklassen des „alten Menschen“ und als ein Sich-Aufmachen dorthin, wo Gott handelt; wo er sein Volk sammelt, damit das Land der Verheißung mitten in der Welt sichtbar wird.

Wenn wir das alles bedenken, ist das Weihwasser-Nehmen am Eingang der Kirche nicht mehr ganz so harmlos, wie es im ersten Augenblick aussieht. Es holt ja dann in unsere Gegenwart, was damals verlangt war, als Israel zum Jordan ging: den Exodus aus unseren alten Verhältnissen, die Absicht zu ernsthafter Umkehr, den festen Willen, dort zu sein, wo Gott sein Volk erneuert und in das Gelobte Land führt.

Umkehr meint mehr als gute Vorsätze am Aschermittwoch

So spricht der Herr:
Kehrt um zu mir von ganzem Herzen,
mit Fasten, Weinen und Klagen.
Zerreißt eure Herzen, nicht eure Kleider,
und kehrt um zum Herrn, eurem Gott!
Denn er ist gnädig und barmherzig,
langmütig und reich an Güte,
und es reut ihn, daß er das Unheil verhängt hat.
Vielleicht kehrt er um, und es reut ihn,
und er läßt Segen zurück,
so daß ihr Speise- und Trankopfer darbringen könnt
für den Herrn, euren Gott.

Auf dem Zion stoßt in das Horn,
ordnet ein heiliges Fasten an,
ruft einen Gottesdienst aus!
Versammelt das Volk,
heiligt die Gemeinde!
Versammelt die Alten,
holt die Kinder zusammen, auch die Säuglinge!
Der Bräutigam verlasse seine Kammer
und die Braut ihr Gemach.
Zwischen Vorhalle und Altar sollen die Priester klagen,
die Diener des Herrn sollen sprechen:
Hab Mitleid, Herr, mit deinem Volk,

und überlaß dein Erbe nicht der Schande,
damit die Völker nicht über uns spotten.
Warum soll man bei den Völkern sagen:
Wo ist denn ihr Gott?

Da erwachte im Herrn die Leidenschaft für sein Land,
und er hatte Erbarmen mit seinem Volk.

(Joel 2,12-18; Aschermittwoch)

Mit dem Aschermittwoch beginnen die vierzig Tage der großen kirchlichen Bußzeit, die bis Ostern dauert. Man kann es auf dem Kalender abzählen: Vom Aschermittwoch bis Ostern sind es genau vierzig Tage. Die Sonntage darf man dabei allerdings nicht mitrechnen. Sie sind ausgenommen aus der vierzigtägigen Bußzeit. An Sonntagen wird nicht gefastet und erst recht keine Buße getan.

Vierzig Tage lang Buße, aber sonntags nie – sobald man das sagt, merkt man, wie seltsam es ist, genau markierte Abschnitte des Jahres zur Bußzeit zu erklären. Läßt sich denn Umkehr nach dem Kalender verteilen? Läßt sie sich verordnen? Läßt sie sich auf vierzig Tage begrenzen? Vor allem aber: Kann man die Umkehr in einen Jahresrhythmus einpassen?

Wir leben zwar vom Rhythmus des Jahres: Frühling, Sommer, Herbst, Winter. Wir sind froh, daß nicht das ganze Jahr Sommer ist und nicht zwölf Monate lang Winter. Wir lassen uns den Wechsel der Jahreszeiten schmecken. Aber dieser Rhythmus hat noch nichts mit dem Glauben zu tun.

Genauso genießen wir es, daß nach der Faschingszeit mit ihrem gewollten Chaos eine gewisse Pause eintritt, in der man seine Eßgewohnheiten ein wenig ändern kann, bis dann wieder die Osterhasen kommen. Ewiger Fasching wäre so wenig zu ertragen wie ständige Weihnacht. Aber auch dieser Rhythmus hat mit dem Glauben noch nichts zu tun.

Wenn die Fastenzeit nichts anderes ist als ein Stück Jahresrhythmus, kann man sie sogar religiös aufputzen, kann man sagen, sie sei eine Zeit des Verzichts und der Einschränkung um der anderen willen – und trotzdem hätte sie dann mit Glaube und Umkehr immer noch sehr wenig zu tun.

Weshalb ist es so schwierig, die christliche Umkehr in einen Jahresrhythmus einzupassen? Weil Buße und Umkehr immer Antwort sein müßten auf eine ganz bestimmte, konkrete, in dieser Form nie mehr wiederkehrende geschichtliche Situation. Die Lesung aus dem Propheten Joel zeigt das in aller Deutlichkeit. Auch dort ist von einer Fastenzeit die Rede, sie wird sogar öffentlich angeordnet. Aber gerade nicht, weil der Jahresrhythmus es verlangt, sondern weil Israel eines Tages in tiefe Not geraten ist. Diese Not ist so offenkundig, daß die Heiden anfangen, über das Gottesvolk und seinen Gott zu spotten. Allein um der aktuellen Not Israels willen wird also eine Fastenzeit ausgerufen.

Ihr Höhepunkt ist ein Bußgottesdienst, zu dem sich die ganze Gemeinde Israels versammelt: die Alten und die Jungen, die Unverheirateten und die Verheirateten. Selbst die frisch Verheirateten, die im Gottesvolk stets einen Sonderstatus hatten, müssen ihre Kammer verlassen. Israel soll zusammenkommen aus allen Lebenslagen, es soll zur Versammlung werden, und es soll in diese Versammlung alles einbringen – seine Not, sein ganzes Elend.

Das aber ist sehr schwer. Leicht wäre es, Trauerkleider zu tragen, leicht wäre es, sich zerknirscht zu geben, leicht, sich Asche ins Gesicht zu schmieren und sein Gewand zu zerreißen – alles Bußpraktiken der damaligen Zeit. Die Gläubigen in Israel sollen aber nicht ihre Kleider zerreißen, sondern ihr Herz. Das heißt, ihre Umkehr muß in die Tiefe gehen, dorthin, wo der Wille Gottes erstickt wurde, weil dort die eigenen Wünsche und Träume wucherten, die schuld sind an der Not. Und das bloßzulegen tut sehr weh.

Wenn dann Israel sein Herz zerrissen hat, sollen die Priester zwischen Vorhalle und Altar die Klage anstimmen. Worin besteht diese Klage? Sie besteht erstens darin, daß der wahre Zustand des Gottesvolkes ausgesprochen wird. Die Dinge werden beim Namen genannt. Das Elend wird nicht verschleiert.

Zur Klage gehört zweitens – das zeigen viele Klagelieder Israels – ein schonungsloser Rückblick in die Vergangenheit, damit aufgedeckt wird, wie es zu dem jetzigen Zustand des Volkes gekommen ist. Auch der Rückblick in die eigene Vergangenheit ist schwer. Auch er tut weh. Es war eine der großen Gaben Israels, daß es immer wieder kritisch und argwöhnisch seine Vergangenheit betrachtet und aus seiner Schuld gelernt hat.

Als sich die sowjetischen Truppen 1989 aus Afghanistan zurückziehen mußten, meinten sie, es nicht ohne Zeremoniell tun zu können: Der Oberkommandierende sämtlicher sowjetischen Truppen in Afghanistan, Boris Gromow, sollte das Land als letzter Soldat verlassen. Am 15. Februar betrat er morgens um 10 Uhr die Grenzbrücke über den Amu-Darja und ging dann langsam – laut Protokoll „ohne zurückzublicken" – über die Brücke.

So ist der Mensch, so sind wir alle: Über die Brücke gehen, ohne zurückzublicken auf das Elend, das wir hinter uns zurücklassen. Israel hat in seinen Klageliedern immer wieder zurückgeblickt und die selbstverschuldete Not beim Namen genannt.

Zur Klage des Gottesvolkes gehört drittens, daß die Priester im Namen der versammelten Gemeinde Gott um Hilfe anflehen. In der Lesung aus dem Buch Joel ist der Anfang eines derartigen Bittgebets mitgeteilt:

Hab Mitleid, Herr, mit deinem Volk,
und überlaß dein Erbe nicht der Schande,
damit die Völker nicht über uns spotten.
Warum soll man bei den Völkern sagen:
Wo ist denn ihr Gott?

Solches Bitten setzt voraus, daß sich die versammelte Gemeinde bewußt ist: Sie selbst kann ihren Zustand nicht ändern. Sie kann nicht aus eigener Kraft umkehren. Die Umkehr muß ihr von Gott geschenkt werden. Gott und seine Sache als das Wichtigste im Leben zu betrachten ist dem Menschen unmöglich. Indem er sich aber diese Wahrheit eingesteht und Gott um Hilfe bittet, tut er bereits das Unmögliche: Er kehrt um.

Umkehr ist also nicht beliebig produzierbar. Sie hat mit wohlfeilen Vorsätzen nach dem Muster „In der Fastenzeit werde ich endlich weniger essen“ nichts zu tun. Umkehr setzt eine konkrete geschichtliche Situation voraus. Umkehr entsteht aus der Not des Gottesvolkes. Diese Not muß ausgesprochen werden. Und sie muß zurückverfolgt werden in ihrer Entstehungsgeschichte. Und sie muß vor Gott hingetragen werden von Menschen, die wissen, daß sie aus eigener Kraft nicht umkehren können, es im Grunde nicht einmal wollen. In der christlichen Umkehr geht es immer um den gotteslästerlichen Zustand des Gottesvolkes, der die Heiden in ihrem

Unglauben bestätigt und sie über Gott und seine Sache spotten läßt. Deshalb geht es bei aller Umkehr letzten Endes um die Ehre Gottes.

Von daher wird erst recht deutlich, daß wir die Umkehr des Gottesvolkes nicht aus eigener Kraft bewerkstelligen können. Nur Gott kann es. Von ihm heißt es bei Joel, unmittelbar nachdem Israel seinen Zustand in dem großen Klagegebet schonungslos ausgesprochen hat:

Da erwachte im Herrn die Leidenschaft für sein Land,
und er hatte Erbarmen mit seinem Volk.

An diesem letzten Text wird nun freilich auch deutlich, daß die Umkehr, die Gott uns schenkt, mit der Freude zu tun hat. Die Umkehr blickt nicht nur zurück auf das Elend, das wir angerichtet haben, sondern sie schaut mit derselben Intensität auch auf die Taten, die Gott an seinem Volk trotz dessen Schuld tut.

Deshalb dürfen wir, wenn wir fasten, unser Haupt salben. Deshalb sind die Sonntage der Fastenzeit von der Buße ausgenommen. Deshalb gibt es mitten in der Fastenzeit den Sonntag *Laetare* = „Freue dich". Und deshalb ist die gesamte Fastenzeit schon zart und behutsam von österlicher Freude durchsetzt. Kann es denn eine größere Freude geben, als mit derselben Leidenschaft, mit der Gott seinem Volk zugewandt ist, zum Gottesvolk, zur Kirche umzukehren?

Nur wenn wir das alles bedacht haben, dürfen wir uns das Aschenkreuz auflegen lassen. Es ist die Anerkenntnis, daß wir Staub sind. Aber nun gerade nicht in dem allgemeinen Sinn der Vergänglichkeit alles Menschlichen, die von vielen Dichtern beschworen wird. Gerade nicht im Sinn etwa des Rilke-Textes:

Wir alle fallen,
diese Hand da fällt.
Und sieh dir andre an,
es ist in allen.

Um uns das einzugestehen, brauchten wir kein Aschenkreuz. Diese Art von Vergänglichkeit haben alle Religionen gekannt, und unzählige Dichter haben sie wehmütig beschworen. Die christliche Anerkenntnis, Staub zu sein, meint etwas anderes.

Sie meint: Wir sind Staub, weil wir Gott die Ehre verweigert und unsere eigene Ehre gesucht haben. Wir sind Staub, weil wir nicht nach dem Plan Gottes gefragt haben, sondern immer nur nach unseren eigenen Wünschen. Wir sind Staub, weil wir das schönste Werk Gottes, die Kirche, nicht mitaufgebaut haben, sondern ihren Aufbau durch unsere Eigensucht unablässig gestört haben. Wir sind Staub, weil die Kirche zu dem Mord an ihren jüdischen Glaubensbrüdern und -schwestern geschwiegen hat. Auschwitz hätte für die Kirche in Deutschland der Anfang einer Bußzeit und einer Umkehr sein müssen, wie es sie nie zuvor gegeben hat. Was ist daraus geworden?

Solche Dinge sind gemeint, wenn wir uns das Aschenkreuz auflegen lassen und dabei die alten Worte hören, die geprägt sind von der unbeirrbaren Nüchternheit Israels:

Gedenke, o Mensch, du bist Staub,
und zum Staube kehrst du zurück.

Wir dürfen freilich auch darauf vertrauen: Gott kann uns aus dem Staub erheben, er kann sich selbst aus Steinen ein erneuertes Volk schaffen und dabei die Asche unserer Nichtigkeit zum Stoff des Himmels machen.

Ein jüdischer Rabbi sagte einmal: Jeder Jude trägt in jeder seiner Hosentaschen einen Zettel. Auf dem Zettel in der linken Hosentasche steht: „Du bist Staub." Auf dem Zettel in der rechten Hosentasche steht: „Deinetwegen wurde die Welt geschaffen."

Isaak lernt von seinem Vater den Glauben

In jenen Tagen stellte Gott Abraham auf die Probe. Er sprach zu ihm: „Abraham!“ Der antwortete: „Hier bin ich.“ Gott sprach: „Nimm deinen Sohn, deinen einzigen, den du liebst, den Isaak, geh in das Land Morija, und bring ihn dort auf einem der Berge, den ich dir nenne, als Brandopfer dar.“

Als sie an den Ort kamen, den ihm Gott genannt hatte, baute Abraham den Altar und schichtete das Holz auf. Schon streckte Abraham seine Hand aus und nahm das Messer, um seinen Sohn zu schlachten. Da rief ihm der Engel des Herrn vom Himmel her zu: „Abraham, Abraham!“ Er antwortete: „Hier bin ich.“ Jener sprach: „Streck deine Hand nicht gegen den Knaben aus, und tu ihm nichts zuleide! Denn jetzt weiß ich, daß du Gott fürchtest; du hast mir deinen einzigen Sohn nicht vorenthalten.“ Als Abraham aufschaute, sah er: Ein Widder hatte sich hinter ihm mit seinen Hörnern im Gestrüpp verfangen. Abraham ging hin, nahm den Widder und brachte ihn statt seines Sohnes als Brandopfer dar.

Der Engel des Herrn rief Abraham zum zweitenmal vom Himmel her zu und sprach: „Ich habe bei mir geschworen – Spruch des Herrn: Weil du das getan hast und deinen einzigen Sohn mir nicht vorenthalten hast, will ich dir Segen schenken in Fülle und deine Nachkommen zahlreich machen wie die Sterne am Himmel und den Sand am Meeresstrand. Deine Nachkommen sollen das Tor ihrer Feinde einnehmen. In deinen Nachkommen sollen sich Segen holen alle Völker der Erde, weil du auf meine Stimme gehört hast.“

(Gen 22,1-2. 9a.10-13.15-18; 2. Fastensonntag/Lesejahr B)

Gott befiehlt Abraham, den eigenen Sohn zu schlachten. Darf man sich derartiges heute überhaupt noch anhören? Wird hier nicht eben doch deutlich, wie fragwürdig das Alte Testament ist? Hat nicht das Neue Testament das Alte überholt? Genügt uns nicht das Neue Testament?

Es genügt nicht. Das Neue Testament vollendet zwar das Alte, aber das Alte Testament bleibt dabei die Grundlage des Neuen. Ohne das Alte Testament ist das Neue nicht zu verstehen. Das Alte Testament ist für die Christen genauso Heilige Schrift wie das Neue.

Das Evangelium von der Verklärung Jesu (vgl. Mk 9,2-10) liefert für diesen Sachverhalt ein anschauliches Bild: Wer Jesus ist, woher er kommt und welchen Weg er gehen muß, haben die Jünger nur verstanden, weil auch Mose und Elija da waren und mit Jesus redeten. Das heißt: Jesus ist nicht zu begreifen und sein Geheimnis ist gar nicht zu erkennen, wenn man ihn nicht in Einheit sieht mit dem Alten Testament – mit Mose und Elija, mit dem Gesetz und den Propheten.

Wir können nur zu Jesus kommen, wenn wir glauben wie Abraham, wenn wir den gleichen Weg gehen, den schon Mose und die Propheten gegangen sind. Wie aber sieht dieser Glaubensweg aus? Was können wir aus der Erzählung von der Opferung Isaaks, die auf den ersten Blick unzumutbar erscheint, über den Weg des Glaubens lernen?

Beachten wir folgendes: Es geht in diesem Text nicht nur um Abraham, sondern genauso um seinen Sohn Isaak. Es geht also nicht nur um den Glauben Abrahams. Es geht auch darum, ob Isaak in diesen Glauben eintritt. Lernte Isaak den Glauben nicht, könnte sich die Verheißung Gottes an Abraham nicht erfüllen, und die Geschichte, die Gott mit Abraham gerade erst begonnen hat, wäre schon an ihr Ende gekommen.

Wir stehen heute in einer vergleichbaren Situation: Wird die Geschichte Gottes in unserer Zeit weitergehen? Wird die nächste Generation den Glauben ihrer Väter und Mütter übernehmen? Werden unsere Kinder den Glauben lernen? Sorgen wir uns überhaupt um den Glauben unserer Kinder?

Wir sind zwar in vielem um unsere Kinder besorgt: Daß sie richtig essen, daß sie passabel angezogen sind, daß sie in der Schule Erfolg haben, nicht zu viel fernsehen, guten Umgang haben, beruflich weiterkommen – man könnte noch vieles nennen. Und zu all dem hätten wir gern, daß unsere Kinder auch noch etwas glauben.

Aber dann werden aus den Kindern Jugendliche, und irgendwann stellen wir erschrocken fest, daß sie unseren Glauben gar nicht übernehmen. Es läuft ganz und gar nicht so, wie wir es uns gedacht hatten. Eines Tages kommt der Sohn und sagt: „Ich gehe nicht mehr zur Kirche." Eines Tages kommt die Tochter und läßt uns wissen: „Ich brauche den Sonntagmorgen zum Ausschlafen."

Was ist da geschehen? Wie konnte es dazu kommen? Im Grunde ist es ganz einfach zu erklären: Kinder und Jugendliche beobachten sehr genau. Man kann ihnen nichts vormachen. Sie registrieren aufs sorgfältigste, was uns, den Erwachsenen, Gott wert ist. Sie sehen, was uns wirklich interessiert, wo unsere vitalen Interessen liegen und wofür wir uns Zeit nehmen.

Da gibt es vieles, was uns interessiert, und da ist dann irgendwo auch noch, an einer bestimmten Stelle unseres Lebens, als ein Teil unserer Interessen, Gott. Die Kinder sehen: Meinem Vater und meiner Mutter ist vieles wichtig und – zusätzlich zu dem vielen anderen – auch noch Gott. Und sie schließen aus dem, was sie Tag für Tag beobachten: Gott ist bei meinen Eltern etwas neben dem anderen. Neben-Sachen aber kann man vergessen.

So kommt es, daß viele Jugendliche ihren Glauben verlieren. Sie sehen bei uns, den Erwachsenen, nicht das, was sie unbedingt sehen müßten, damit ihr Glaube wachsen kann: Sie müßten sehen, daß Gott in unserem Leben das Wichtigste ist. Sie müßten sehen, daß Gott in unserem Leben der absolute Herr ist. Sie müßten sehen, daß Gott unsere ganze Freude ist.

Genau das hat Isaak an seinem Vater gesehen. Er hat gesehen, daß sein Vater aufbrach, weil Gott ihn rief. Er hat gesehen, daß sein Vater bereit war, das Liebste und Kostbarste, das er hatte, herzugeben um Gottes willen. Der Text sagt:

Abraham hat Gott seinen einzigen Sohn nicht vorenthalten.

Das heißt: Er nahm ihn aus seiner Liebe zu Gott nicht heraus. Abraham sagte nicht: „Herr, ich will dir ja glauben und deinen Willen tun, aber an bestimmte Dinge laß ich mir nicht rühren. Ich will dich ja als meinen Gott anerkennen, aber es gibt in meinem Leben einiges, das ich mir auf keinen Fall nehmen lasse." So sprach Abraham gerade nicht. Er gab sich Gott preis. Er gab seine eigenen Vorstellungen und Pläne auf und gab sich ganz in den Willen Gottes hinein, obwohl er diesen

Willen Gottes zunächst gar nicht verstehen konnte. Er ließ sich von Gott führen. Er glaubte.

So erlebt Isaak seinen Vater. Und so lernt er von seinem Vater, was glauben heißt. Und deshalb kann auch er glauben. Deshalb kann er selbst wieder den Glauben weitergeben an seinen eigenen Sohn, an Jakob. Und so ist der Glaube Abrahams weitergegangen von Generation zu Generation. Wir alle leben von seinem Glauben. Abraham ist für Unzählige zum Segen geworden.

Der Glaube Abrahams ist aber auch ihm selbst zum Segen geworden. Abraham war bereit, seinen Sohn nicht als sein Eigentum zu beanspruchen. Deshalb erhält er ihn von Gott zurück. Er erhält ihn sogar doppelt zurück: Den natürlichen Sohn erhält er wohlbehalten zurück und zugleich einen Sohn, der den Glauben des Vaters gesehen hat und so selbst zum Glaubenden geworden ist.

Vielleicht spüren wir: Die Geschichte Abrahams ist nicht eine ferne und abstruse Geschichte. Sie betrifft uns unmittelbar. Sie betrifft unser eigenes Leben. Wir können gar nicht glauben, wenn uns nicht das Bild des glaubenden Abraham vor Augen steht. Er hat Gott rückhaltlos vertraut. Und deshalb ist er für die Vielen zum Segen geworden. Wie gut, wenn auch wir zum Segen würden: unseren Kindern und vielen anderen.

Das Wichtigste an den Zehn Geboten ist ihre Einleitung

In jenen Tagen sprach Gott auf dem Berg Sinai alle diese Worte:

„Ich bin JHWH, dein Gott, der dich aus Ägypten geführt hat, aus dem Sklavenhaus.

Du sollst neben mir keine anderen Götter haben. Du sollst dir kein Gottesbild machen und keine Darstellung von irgend etwas am Himmel droben, auf der Erde unten oder im Wasser unter der Erde. Du sollst dich nicht vor anderen Göttern niederwerfen und dich nicht verpflichten, ihnen zu dienen. Denn ich, der Herr, dein Gott, bin ein eifersüchtiger Gott: Bei denen, die mir feind sind, verfolge ich die Schuld der Väter an den Söhnen an der dritten und vierten Generation; bei denen, die mich lieben und auf meine Gebote achten, erweise ich Tausenden meine Huld.

Du sollst den Namen des Herrn, deines Gottes, nicht mißbrauchen; denn der Herr läßt den nicht ungestraft, der seinen Namen mißbraucht.

Gedenke des Sabbats: Halte ihn heilig! Sechs Tage darfst du schaffen und jede Arbeit tun. Der siebte Tag ist ein Ruhetag, dem Herrn, deinem Gott, geweiht. An ihm darfst du keine Arbeit tun: du, dein Sohn und deine Tochter, dein Sklave und deine Sklavin, dein Vieh und der Fremde, der in deinen Stadtbereichen Wohnrecht hat. Denn in sechs Tagen hat der Herr Himmel, Erde und Meer gemacht und alles, was dazugehört; am siebten Tag ruhte er. Darum hat der Herr den Sabbattag gesegnet und ihn für heilig erklärt.

Ehre deinen Vater und deine Mutter, damit du lange lebst in dem Land, das der Herr, dein Gott, dir gibt.

Du sollst nicht morden.

Du sollst nicht die Ehe brechen.

Du sollst nicht stehlen.

Du sollst nicht falsch gegen deinen Nächsten aussagen.

Du sollst nicht nach dem Haus deines Nächsten verlangen.

Du sollst nicht nach der Frau deines Nächsten verlangen, nach seinem Sklaven oder seiner Sklavin, seinem Rind oder seinem Esel oder nach irgend etwas, das deinem Nächsten gehört."

(Ex 20,1-17; 3. Fastensonntag/Lesejahr B)

Diese Lesung listet die Zehn Gebote auf. Genaugenommen sind es nur zwei Gebote: „Gedenke des Sabbats: Halte ihn heilig!" und „Ehre deinen Vater und deine Mutter!" Der Rest der zehn Gebote sind *Verbote*. Gegen Verbote aber haben viele Menschen eine Allergie. Sie mögen sie nicht. Sie mögen nicht von Vorschriften umgeben sein. Sie mögen nicht, daß ständig auf sie eingehämmert wird: Rauchen verboten! Radfahren verboten! Halten verboten! Baden verboten! Verboten! Verboten! Verboten!

Es gibt unglaublich viel, was man in unserer Gesellschaft nicht tun darf. Immer mehr wird behördlich reguliert. Der Berg der Vorschriften wächst – offenbar unaufhaltsam. Was nicht vorgeschrieben ist, muß genehmigt werden, und was nicht genehmigt wird, ist verboten. Jeder, der ein Haus baut oder einen Betrieb führt, weiß ein Lied davon zu singen.

Deshalb möchten viele wenigstens im persönlichen Bereich ihre Freiheit haben. Sie sagen: „In mein Privatleben laß ich mir von der Kirche nicht hineinreden." Eigentlich müßten sie sagen: „... laß ich mir von *Gott* nicht hineinreden." Die Gebote Gottes und der Kirche werden als Einschränkung der persönlichen Freiheit betrachtet, und die Vorstellung, daß es einen Gott geben könnte, als unerträgliche Verengung des Lebens.

Es lohnt sich, die Zehn Gebote vor dem Hintergrund dieser Vorurteile etwas genauer ins Auge zu fassen. Schon allein ihre Einleitung zeigt ein völlig anderes Bild. Die Fassung der Zehn Gebote, die ich als Kind aus dem Katechismus lernte, begann mit dem Satz:

Ich bin der Herr, dein Gott.

Dann ging es sofort weiter: „Du sollst keine fremden Götter neben mir haben." Leider war dabei der originale Text fast bis zur Unkenntlichkeit verkürzt. In der Bibel selbst ist nicht nur das erste Gebot, sondern auch die Einleitung der Zehn Gebote länger. Die ungekürzte Einleitung lautet:

Ich bin JHWH, dein Gott,
der dich aus Ägypten geführt hat,
aus dem Sklavenhaus.

Gerade hier ist die vollständige Fassung entscheidend. Denn an ihr wird deutlich, daß die Gebote, die dem Gottesvolk gegeben werden, gar nicht das Erste sind. Noch bevor irgendein Gebot ausgesprochen wird, hat Gott schon gehandelt: Er hat sein Volk aus einem elenden Sklavendasein in die Freiheit geführt. Er hat es aus der Zwangsarbeit in Ägypten herausgeholt, nicht um es in neue Knechtschaft zu führen, sondern um ihm am Sinai eine Gesellschaftsform zu schenken, in der ER allein Herr ist. Nur dann hat es ein Ende, daß sich Menschen als Herren über andere aufspielen.

Die Gebote Gottes wollen also Leben und Freiheit schenken, und sie sind Teil eines viel größeren Geschehens, in welchem Gott aus der Unfreiheit herausführt. Was für Israel galt, gilt auch für uns. Auch an uns hat Gott schon gehandelt – längst bevor wir von den Zehn Geboten etwas gehört haben.

Er hat uns das Leben geschenkt. Es ist ein unfaßbares Glück, daß wir überhaupt leben. Wir könnten ja genau so gut *nicht sein*. Wir könnten im Dunkel des Nichts geblieben sein. Es mag zwar Augenblicke geben, wo ein Mensch sagt: „Ich wollte, ich wäre nie geboren. Ich wollte, es gäbe mich nicht." Aber in den meisten Fällen klammert sich auch ein solcher Mensch mit allen Fasern an das Leben. Allein die Tatsache, daß wir leben und atmen, ist alles andere als eine Selbstverständlichkeit.

Aber mehr noch: Gott hat uns durch die Taufe hineingenommen in sein Volk. Wir sind nicht mehr allein. Wir haben – wenn wir nur wollen – viele Brüder und Schwestern, die mit uns zusammen glauben und unsere Lasten mittragen – wenn wir es wollen.

Weiterhin: Wir können im Gottesvolk frei atmen. Wir brauchen nicht mehr den Leitbildern der Gesellschaft zu folgen, die uns in Wahrheit unfrei machen – viel unfreier als die Götter der alten Völker ihre Verehrer gemacht haben. So viele Götterstatuen konnte nicht einmal Athen aufweisen, wie in zehn Minuten Werbefernsehen Götter aufgerichtet werden. Viele verfallen ihnen, ohne es überhaupt zu merken.

Weiterhin: Wenn wir unser Leben öffnen für den wahren Gott und den Plan, den er mit der Welt hat, bekommt unser

Leben einen Sinn und ein Ziel. Nichts braucht dann mehr vergebens zu sein. Im Volk Gottes dürfen wir zu Mitarbeitern Gottes werden. Besseres kann es nicht geben. Viele Menschen um uns herum leiden darunter, daß sie gar nicht wissen, wofür sie leben. Sie leben ohne Hoffnung.

Uns ist alles angeboten: Leben, Freiheit, Hoffnung. Gott will uns herausführen aus den Zwängen der alten Gesellschaft in ein neues Land, wo alle in Freiheit und Vertrauen miteinander leben können. Diese neue Existenz, die Gott uns in seinem Volk schenken will, hat dann auch Gesetze – so wie alles Lebendige seine Gesetze hat. Aber es sind keine Gesetze, die das Leben einengen und zerstören, sondern die Leben ermöglichen und Freiheit schenken.

Welche Freiheit gewährt zum Beispiel das dritte Gebot! Unsere Zeit läuft nicht monoton und gleichförmig dahin, sondern ist gegliedert: Jeder siebte Tag ist ein hervorgehobener Tag. Was für eine Vernünftigkeit allein schon in diesem Rhythmus der sieben Tage! Jeden siebten Tag dürfen wir ausruhen und aufatmen, dürfen wir zurückblicken auf das, was wir getan haben, dürfen wir Gott preisen für seine Taten in unserer Mitte, dürfen wir fröhlich sein vor Gott. Das Sabbat- beziehungsweise das Sonntagsgebot ist keine Last, keine Einengung unseres Lebens und unserer Freiheit, sondern ist ein Glück für jeden Menschen.

Und ähnlich ist es mit allen Geboten. Sie ordnen das Leben des Gottesvolkes und wehren dem Chaos, das der Mensch sich selbst bereitet, wenn er sich als den Herrn seines Lebens ansieht. Israel hat deshalb die Gebote nicht als Last empfunden. Es hat Gott immer wieder für die Gabe der Tora gedankt. Es hat gesagt: Deine Gebote sind kostbarer als alle Schätze der Welt. Sie sind wie ein Wunder. Sie sind unsere ganze Freude.

Sie sind unsere Lust. Sie sind unsere Berater. Sie sind es wert, daß wir sie täglich betrachten. Wir wollen sie bewahren, solange wir leben.

Der verlorene Sohn
hat einen verlorenen Bruder

In jener Zeit kamen alle Zöllner und Sünder zu Jesus, um ihn zu hören. Die Pharisäer und die Schriftgelehrten empörten sich darüber und sagten: „Er gibt sich mit Sündern ab und ißt sogar mit ihnen.“ Da erzählte er ihnen ein Gleichnis und sagte:

„Ein Mann hatte zwei Söhne. Der jüngere von ihnen sagte zu seinem Vater: ‚Vater, gib mir das Erbteil, das mir zusteht.‘ Da teilte der Vater das Vermögen auf. Nach wenigen Tagen packte der jüngere Sohn alles zusammen und zog in ein fernes Land.

Dort führte er ein zügelloses Leben und verschleuderte sein Vermögen. Als er alles durchgebracht hatte, kam eine große Hungersnot über das Land, und es ging ihm sehr schlecht. Da wandte er sich an einen Bürger des Landes und drängte sich ihm auf; der schickte ihn aufs Feld zum Schweinehüten. Er hätte gern seinen Hunger mit den Futterschoten gestillt, die die Schweine fraßen; aber niemand gab ihm davon.

Da ging er in sich und sagte: ‚Wie viele Taglöhner meines Vaters haben mehr als genug zu essen, und ich komme hier vor Hunger um. Ich will aufbrechen und zu meinem Vater gehen und zu ihm sagen: Vater, ich habe mich gegen den Himmel und gegen dich versündigt. Ich bin nicht mehr wert, dein Sohn zu sein; mach mich zu einem deiner Tagelöhner.‘

Dann brach er auf und ging zu seinem Vater. Der Vater sah ihn schon von weitem kommen, und er hatte Mitleid mit ihm. Er lief dem Sohn entgegen, fiel ihm um den Hals und küßte ihn. Da sagte der Sohn: ‚Vater, ich habe mich gegen den Himmel und gegen dich versündigt; ich bin nicht mehr wert, dein Sohn zu sein.' Der Vater aber sagte zu seinen Knechten: ‚Holt schnell das beste Gewand und zieht es ihm an, steckt ihm einen Ring an die Hand, und zieht ihm Schuhe an. Bringt das Mastkalb her, und schlachtet es; wir wollen essen und fröhlich sein. Denn mein Sohn war tot und lebt wieder; er war verloren und ist wiedergefunden worden.' Und sie begannen, ein fröhliches Fest zu feiern.

Sein älterer Sohn war unterdessen auf dem Feld. Als er heimging und in die Nähe des Hauses kam, hörte er Musik und Tanz. Er rief einen der Knechte und fragte, was das bedeuten solle. Der Knecht antwortete: ‚Dein Bruder ist gekommen, und dein Vater hat das Mastkalb schlachten lassen, weil er ihn heil und gesund wiederbekommen hat.'

Da wurde er zornig und wollte nicht hineingehen. Sein Vater aber kam heraus und redete ihm gut zu. Doch er erwiderte dem Vater: ‚So viele Jahre schon diene ich dir, und nie habe ich gegen deinen Willen gehandelt; mir aber hast du nie auch nur einen Ziegenbock geschenkt, damit ich mit meinen Freunden ein Fest feiern konnte. Kaum aber ist der hier gekommen, dein Sohn, der dein Vermögen mit Dirnen durchgebracht hat, da hast du für ihn das Mastkalb geschlachtet.'

Der Vater antwortete ihm: ‚Mein Kind, du bist immer bei mir, und alles, was mein ist, ist auch dein. Aber jetzt müssen wir uns doch freuen und ein Fest feiern; denn dein Bruder war tot und lebt wieder; er war verloren und ist wiedergefunden worden.' "

(Lk 15,1-3.11-32; 4. Fastensonntag/Lesejahr C)

„Gleichnis vom verlorenen Sohn" – so nennt man diese Erzählung seit Jahrhunderten. Eigentlich müßte sie aber heißen: „Gleichnis von den verlorenen Söhnen". Denn der ältere

Sohn, der beim Vater blieb, ist genauso verloren gegangen wie der jüngere. Man muß sogar sagen: Um ihn steht es schlimmer, als es um den jüngeren stand.

Der jüngere Sohn ist zwar völlig heruntergekommen. Er hat nicht nur sein Vermögen bei den Dirnen, er hat auch seinen Glauben verloren. Denn er wendet sich während der Hungersnot an einen Heiden. Bei einem Heiden aber ist ihm ein Leben nach seinem jüdischen Glauben unmöglich. Bei einem Heiden gibt es kein koscheres Essen, keinen Sabbat, keine Einhaltung des Gesetzes. Damit ist für die damaligen Hörer des Gleichnisses klar: Der Mann hält nichts mehr von den Geboten, und er hält nichts mehr von Gott. Er ist wirklich gescheitert: menschlich, moralisch, religiös.

Und der ältere Sohn? Um ihn steht es noch schlimmer: Er kann sich nicht freuen über die Rückkehr des Bruders. Er, der ordentliche und gehorsame Sohn, der zu Hause geblieben ist, der immer korrekt nach dem 4. Gebot gelebt hat, strahlt plötzlich Kälte aus. Seine Worte werden nicht nur bitter, sondern bitterböse. Er will offenbar, daß es der Bruder gründlich gezeigt bekommt. Wenn er im Haus bestimmen dürfte, gäbe es für den Bruder kein Fest. Wenn der Vater nicht wäre – der ältere Sohn würde die Umkehr seines Bruders mit Sicherheit untergraben.

Denn diese Umkehr ist ja keine Selbstverständlichkeit, und sie fängt gerade erst an. Sie ist, wie jede Regung des Glaubens, zart und empfindlich und äußerst gefährdet. Mit seiner Unbarmherzigkeit stellt sich der ältere Sohn der Umkehr seines Bruders in den Weg. Deshalb ist er genauso verloren, wie sein Bruder es war. Er müßte umkehren, wie sein Bruder umgekehrt ist. Aber für ihn ist das viel schwieriger als für seinen Bruder. Denn der erfuhr die eigene Not handgreiflich. Der ältere Bruder hingegen merkt gar nicht, in welcher Not er lebt. Er könnte sein Elend nur begreifen, wenn er voll Aufmerksamkeit auf den Vater schaute. Denn dieser Vater ist ein Wunder. Er sieht seinen Sohn schon von weitem kommen. Allein über diesen kleinen Satz des Gleichnisses müßte man lange nachdenken. Er sieht ihn schon von weitem kommen und eilt ihm entgegen.

Man muß sich das anschaulich vorstellen, wie der ältere Mann seinem Sohn entgegenläuft. Damit handelt er für orientalische Begriffe geradezu würdelos. Kein Orientale rennt in einer solchen Situation. Dieser Vater aber vergißt sich selbst. Er weiß nur noch: Mein Sohn ist wieder da. Es ist für ihn ein so maßloses Glück, daß er den Sohn, der doch ein großes Stück Familienbesitz verschleudert hat, wieder in seine vollen Sohnesrechte einsetzt. Und dann wird ein Fest gefeiert, ein orientalisches Fest mit bestem Essen, Gesang und Tanz, mehrere Tage lang.

Ob der ältere Sohn den Vater schließlich begriffen hat? Ob er bei dem Fest am Ende doch noch mitgefeiert hat? Dann hätte seine Bekehrung angefangen. Und ob der jüngere Sohn nach dem Fest sein Leben wirklich geändert hat? Ob er mit neuer Verantwortung arbeitete? Dann wäre seine Bekehrung weitergegangen, und zwischen allen im Haus wäre Neues aufgeblüht, das es dort vorher nicht gab: eine veränderte Atmosphäre, ein neues Miteinander, ein tieferes Glück.

Versöhnung verändert die Welt. Paulus nennt in 2 Kor 5,17-21 die durch Versöhnung verwandelte Welt eine „neue Schöpfung“. Er sagt: Gott hat in Christus die Welt mit sich versöhnt, indem er den Menschen ihre Verfehlungen nicht anrechnete. Dadurch ist neue Schöpfung entstanden. Das Alte ist vergangen, Neues ist geworden.

Sowohl 2 Kor 5,17-21 als auch das Gleichnis von den verlorenen Söhnen sprechen, wenn man genauer zusieht, von der Kirche. Wir alle sind verlorene Söhne und Töchter. Wir alle leben im Elend: entweder so wie der jüngere oder so wie der ältere Sohn. Aber mitten unter uns wartet als unfaßliche Möglichkeit die neue Schöpfung Gottes, die Kirche. In ihr entsteht ständig aus dem Elend der Schuld neue Schöpfung. In ihr geschieht unablässig das Glück der Vergebung. Ihre Feste erwachsen aus der Umkehr und sind stets Feste der Versöhnung.

Eigentlich müßte die Gemeinschaft der Glaubenden so festlich sein, daß sie ihre verlorenen Kinder wie von selbst aus der Ferne herbeizieht. Eigentlich müßten die Menschen sagen: In der Kirche ist mehr Leben, mehr Glück als da, wo ich es die ganze Zeit gesucht habe. Ich komme hier vor Hunger um, und dort haben sie zu essen im Überfluß. Ich will mich aufmachen und zurückkehren in mein Vaterhaus.

Lazarus steigt auch heute aus dem Grab

In jener Zeit sandten die Schwestern des Lazarus Jesus die Nachricht: „Herr, dein Freund ist krank." Als Jesus das hörte, sagte er: „Diese Krankheit wird nicht zum Tod führen, sondern dient der Verherrlichung Gottes: Durch sie soll der Sohn Gottes verherrlicht werden." Denn Jesus liebte Marta, ihre Schwester und Lazarus. Als er hörte, daß Lazarus krank war, blieb er noch zwei Tage an dem Ort, wo er sich aufhielt.

Danach sagte er zu den Jüngern: „Laßt uns wieder nach Judäa gehen."

Als Jesus in Betanien ankam, fand er Lazarus schon vier Tage im Grab liegen. Als Marta hörte, daß Jesus komme, ging sie ihm entgegen, Maria aber blieb im Haus. Marta sagte zu Jesus: „Herr, wärst du hier gewesen, dann wäre mein Bruder nicht gestorben. Aber auch jetzt weiß ich: Alles, worum du Gott bittest, wird Gott dir geben." Jesus sagte zu ihr: „Dein Bruder wird auferstehen." Marta sagte zu ihm: „Ich weiß, daß er auferstehen wird bei der Auferstehung am Letzten Tag." Jesus erwiderte ihr: „Ich bin die Auferstehung und das Leben. Wer an mich glaubt, wird leben, auch wenn er stirbt, und jeder, der lebt und an mich glaubt, wird auf ewig nicht sterben. Glaubst du das?" Marta antwortete ihm: „Ja, Herr, ich glaube, daß du der Messias bist, der Sohn Gottes, der in die Welt kommen soll."

Als Jesus sah, wie Maria weinte und wie auch die Juden weinten, die mit ihr gekommen waren, war Jesus im Innersten erregt und erschüttert. Er sagte: „Wo habt ihr Lazarus bestattet?"

Sie antworteten ihm: „Herr, komm und sieh!" Da weinte Jesus. Die Juden sagten: „Seht, wie lieb er ihn hatte!" Einige aber sagten: „Wenn er dem Blinden die Augen geöffnet hat, hätte er dann nicht auch verhindern können, daß dieser hier starb?"

Da wurde Jesus wiederum innerlich erregt, und er ging zum Grab. Es war eine Höhle, die mit einem Stein verschlossen war. Jesus sagte: „Nehmt den Stein weg!" Marta, die Schwester des Verstorbenen, entgegnete ihm: „Herr, er riecht aber schon, denn es ist bereits der vierte Tag." Jesus sagte zu ihr: „Habe ich dir nicht gesagt: Wenn du glaubst, wirst du die Herrlichkeit Gottes sehen?" Da nahmen sie den Stein weg. Jesus aber erhob seine Augen und sprach: „Vater, ich danke dir, daß du mich erhört hast. Ich wußte, daß du mich immer erhörst; aber wegen der Menge, die um mich herum steht, habe ich es gesagt; denn sie sollen glauben, daß du mich gesandt hast." Nachdem er dies gesagt hatte, rief er mit lauter Stimme: „Lazarus, komm heraus!" Da kam der Verstorbene heraus; seine Füße und Hände waren mit Binden umwickelt, und sein Gesicht war mit einem Schweißtuch verhüllt. Jesus sagte zu ihnen: „Löst ihm die Binden, und laßt ihn weggehen!"

Viele der Juden, die zu Maria gekommen waren und gesehen hatten, was Jesus getan hatte, kamen zum Glauben an ihn.

(Joh 11,3-7,17.20-27.33b-45; 5. Fastensonntag/Lesejahr A)

Will man wissen, wie die Menschen der Antike über den Tod gedacht haben, muß man ihre Grabinschriften lesen. Diese sind oft die reine Hoffnungslosigkeit. So steht auf einem römischen Grabstein aus dem 1. Jahrhundert nach Christus:

> *Schon in meinem Leben war ich nichts,*
> *und jetzt bin ich nur noch Asche.*

Mit dir, der du an meinem Grab vorbeigehst,
wird es genauso sein.

Auf einem anderen Grabstein heißt es:

Mach dir ein angenehmes Leben, Kamerad!
Iß, trink und spiele! Warum?
Nach dem Tod gibt es kein Lachen mehr.
Da ist nur noch das Nichts.

Andere Grabinschriften sind optimistischer. Sie erzählen, daß die Seele des Verstorbenen nach dem Tod hinaufflog zum Firmament und dort zu einem Stern wurde, den man nun in der Nacht sehen kann. Diese Vorstellung setzt voraus, die Seele sei leichter als Luft, steige deshalb nach oben und beginne am Himmel zu leuchten. Der Sternenhimmel sei nichts anderes als die riesige Zahl nach oben gestiegener Seelen.

Man muß solche Grabinschriften gelesen haben, um den abgrundtiefen Unterschied zum Glauben Israels zu begreifen. In Israel gibt es nicht die Hoffnungslosigkeit der Heiden. Der Mensch des Alten Testaments weiß, daß er von Gott geschaffen und geliebt ist. Er weiß, daß er als Glied des Gottesvolkes berufen ist, von seinem Schöpfer Zeugnis zu geben. Damit hat das Leben einen unzerstörbaren Sinn. Nichts ist mehr umsonst. Das gesamte Leben ist eingebunden in den Plan Gottes mit der Welt. Es soll mitten in der Welt ein Volk geben, das zur „Verherrlichung Gottes" lebt und Tag und für Tag bezeugt, daß ER allein das Leben schenkt. Deshalb hat für die Menschen in Israel die Frage, was nach dem Tod kommt, nicht das schrecklich lastende Gewicht, das sie für die Heiden hat.

Der biblische Glaube hätte auch niemals gesagt, daß die Unsterblichkeit wie eine Naturanlage im Menschen sitze und nur noch freigesetzt werden müsse durch den Tod. Wo man in Israel an die Auferstehung der Toten glaubte, betrachtete man sie als reines Geschenk, das Gott denen gibt, die in der Welt seine Zeugen gewesen sind und dem Leben des Gottesvolkes gedient haben.

Israel korrigiert also den Pessimismus und die Hoffnungslosigkeit der Heiden. Es korrigiert aber auch jeden oberflächlichen Jenseitsglauben, der meint, das ewige Leben stecke schon in der Physis des Menschen. Diese Korrekturen verdichten sich noch einmal im Evangelium von der Auferwekkung des Lazarus. Denn dessen Spitzensatz ist das Wort Jesu:

Ich bin die Auferstehung und das Leben.
Wer an mich glaubt, wird leben, auch wenn er stirbt.

Das ewige Leben ist also nicht etwas, das der Mensch aus sich selbst hat. Ewiges Leben kommt aus der Geschichte – aus der Geschichte Jesu, der ganz für Gott lebte und der dafür starb, „daß die versprengten Kinder Gottes wieder zur Einheit gesammelt würden" (Joh 11,52). Wer Jesus begegnet und an ihn glaubt, erhält Anteil an dieser Geschichte. Er wird herausgerufen aus seinen alten Verhältnissen und hineingeführt in das Neue, das Jesus in die Welt gebracht hat. Dieses Herauskommen aus dem alten Leben ist freilich keine billige Sache. Es ist ein Sterben.

Von hier aus dürfen wir das Evangelium von der Auferwekkung des Lazarus noch einmal neu hören. Es ist keine phantastische Geschichte – erzählt wie viele Episoden des antiken Romans zum Ergötzen und Erschaudern der Leser, auf jeden Fall aber zu ihrer Unterhaltung. Dieses Evangelium redet von der Grundfrage unserer Existenz. Und es redet – wie alle biblischen Erzählungen – nicht nur von dem, was „in jener Zeit" geschah. Es spricht auch und noch mehr von unserem Heute.

Lazarus im Grab – das sind wir selbst. An uns ergeht der Ruf Jesu: „Lazarus, komm heraus!" Komm heraus aus dem Grab deines alten Lebens. Komm heraus aus der immer enger werdenden Welt deiner privaten Wünsche und Begierden, wo deine Füße und Hände wie bei Lazarus gebunden sind, wo dein Gesicht verhüllt ist und wo dich schon der Verwesungshauch des Todes umgibt. Komm heraus und laß dich befreien zu dem neuen Leben, zu der Geschichte der Freiheit und der Auferstehung, die seit Jesus in der Welt ist und die in seinen Gemeinden weitergeht.

Diese Geschichte begann für uns mit der Taufe, und sie hat Ewigkeit.

Die Osternacht holt alle Geschichte ein

Dies ist die Nacht, die unsere Väter, die Söhne Israels, aus Ägypten befreit und auf trockenem Pfad durch die Fluten des Roten Meeres geführt hat. Dies ist die Nacht, in der die leuchtende Säule das Dunkel der Sünde vertrieben hat. Dies ist die Nacht, die auf der ganzen Erde alle, die an Christus glauben, scheidet von den Lastern der Welt, dem Elend der Sünde entreißt, ins Reich der Gnade heimführt und einfügt in die heilige Kirche. Dies ist die selige Nacht, in der Christus die Ketten des Todes zerbrach und aus der Tiefe als Sieger emporstieg. Wahrhaftig, umsonst wären wir geboren, hätte uns nicht der Erlöser gerettet.

(Aus dem Exsultet der Osternacht)

Gott ist nicht ein Stück Welt. Er ist der Herr der Welt und hat alles erschaffen. Deshalb geht der jüdisch-christliche Glaube auf Gott, den Schöpfer des Himmels und der Erde – und hat zugleich das Ganze der Welt im Blick. Er will alle Verhältnisse einbeziehen, alle Lebensbereiche, den gesamten Stoff der Welt. Das Wort „katholisch“ weist in dieselbe Richtung. Es heißt wörtlich übersetzt: „auf das Ganze bezogen“. Katholizität verträgt sich nicht mit bloßer Innerlichkeit oder mit der Beschränkung auf Teilbereiche des Lebens.

Wo der Glaube biblisch und wo er katholisch ist, holt er deshalb auch die gesamte Geschichte in sein Blickfeld. Der Glaube erinnert sich. Er vergegenwärtigt, was war. Er blickt in die Vergangenheit, um für das Heute zu lernen. Mehr noch: Er betrachtet die vergangene Geschichte im Licht des Glaubens und sieht sie dabei mit neuen Augen. Das alles verdichtet sich in der Feier der Osternacht.

Nie im Kirchenjahr wird so deutlich wie in dieser einen Nacht, daß der Glaube die gesamte Geschichte und die ganze Wirklichkeit der Welt im Blick hat. Denn in der langen Nacht der Ostervigil erzählt sich die Kirche in so vielen Geschichten wie nirgendwann sonst die *eine* Geschichte der Führung des Volkes Gottes aus dem Dunkel des Anfangs bis in das Licht des Ostermorgens.

Bis zu Abraham, ja bis zu den Wurzeln der Menschheit blickt die Kirche dabei zurück. Den ganzen Weg der Geschichte geht sie noch einmal nach: die Erschaffung des Menschen, die Berufung Abrahams, die Opferung Isaaks, den Durchzug durch das Schilfmeer, die Errettung vor dem Pharao und seiner Streitmacht, den Zug durch die Wüste, die Gabe der Gebote, die Gabe des Landes, die Heimführung aus dem Exil und schließlich die Auferwekkung ihres Messias aus dem Dunkel des Grabes. Und die Kirche scheut sich nicht zu sagen: Das alles war nicht nur in grauer Vorzeit. Das alles ist nicht nur vergangene Geschichte. Das alles ist heute.

Diese Nacht ist die Nacht des Auszugs und der Befreiung von der Macht des Pharao. Dieses Wasser der Taufe ist dasselbe Wasser, durch das unsere Väter aus der Gewalt der Ägypter errettet wurden, und es ist zugleich das Wasser, über dem schon am Anfang der Geist Gottes schwebte.

Die Kirche entzündet wie am ersten Schöpfungstag das Licht und weiß: Das wahre Licht der Welt ist Christus, und der Tag seiner Auferstehung ist nach dem Sieben-Tage-Werk Gottes sozusagen der achte Tag – der achte Tag als der Tag der neuen Schöpfung. Das heißt aber: Die Neuschöpfung der Welt hat schon begonnen.

Bei all dem überspringt die Kirche souverän das Lebensgefühl nicht nur der meisten Zeitgenossen, sondern auch der Mehrzahl der Christen und wertet die Fakten vollständig um, indem sie die Revision aller Dinge ausruft als die Logik ihrer Erinnerung. In der großen Liturgie der Osternacht versetzt die Kirche ihre Gläubigen in den Augenblick Gottes. Sie schaut mit seinen Augen die Weltgeschichte an und erkennt dabei, was nur im Vertrautsein mit seinen Gedanken und aus der ständigen Erfahrung seines Handelns offenbar ist und was niemand außer ihr einleuchtet. Ihr aber leuchtet es auf in dieser Nacht. Deshalb wagt sie zu sagen: Diese Nacht ist hell wie der Tag. Diese Nacht entreißt das Volk Gottes dem Dunkel der Sünde. In ihr sind Himmel und Erde verbunden, in ihr wird das Niedergeworfene aufgerichtet, das Altgewordene wird neu, und die gebrochene Welt wird in ihrer ursprünglichen Schönheit wiederhergestellt.

Die Osternacht, die unmittelbar hineinführt in den Glanz des Ostertages, ist das größte Fest der vielen Feste, welche die Kirche feiert. In allen ihren Festen wird sie zum Schnittpunkt zweier Welten: der alten und der neuen. Die Kirche ist der Übergang, das Schwellenland, wo sich das Alte und das Neue begegnen, wo die Kräfte der neuen Welt schon am Werk sind und die Schönheit der neuen Schöpfung bereits sichtbar wird. Das Geschehen aber, in dem sich diese Neuschöpfung der Welt ereignet, ist die Taufe.

Entgegen der Überzeugung vieler, die resigniert haben und behaupten, die Welt sei nicht zu ändern, der Mensch sei nicht zu ändern und der Banalität der Welt sei nicht zu entkommen, weiß die Kirche, daß es einen wirklichen Neuanfang gibt, die

Wiedergeburt in ein neues Leben, das unter der Herrschaft Gottes steht. So kleidet sie in der Osternacht ihre Neugetauften in das weiße Gewand des neuen Lebens, und die übrigen Gläubigen erneuern ihr Taufversprechen und widersagen zusammen mit den Täuflingen dem Bösen und seinem Gepränge. Die Osternacht ist aber nicht nur für den einzelnen ein Sterben und Auferstehen. Sie meint auch die Auferstehung der Kirche.

Das Ezechielbuch schildert in seinem 37. Kapitel, wie die toten Gebeine des Gottesvolkes durch die Schöpfermacht Gottes zum Leben kommen – nicht am Jüngsten Tag, sondern jetzt, in dieser Geschichte. Gott holt sein Volk, dessen Gebein verdorrt und dessen Hoffnung gestorben ist, heraus aus seinen Gräbern und führt es wieder heim in sein Land.

Das „Land" einer wiederauferstehenden Kirche aber sind konkrete Gemeinden, die man als den Leib des Auferstandenen erkennen kann, die als Orte der Erlösung und des Friedens wie Sterne in der Welt leuchten. So durchzieht der Gedanke der Neuschöpfung die Liturgie der gesamten Osternacht. In ihr beginnt, was Gott in der Offenbarung des Johannes verheißt (21,5):

Seht, ich mache alles neu.

Deshalb kann auch nicht ein Osterfest wie das andere sein. Wenn Ostern ein Fest der Geschichte ist, wenn an diesem Fest der Auszug Israels aus Ägypten und die Auferstehung Jesu aus dem Grab zum Heute der Kirche werden, dann muß jedes Osterfest zeigen, daß die Führungsgeschichte zwischen Gott und seinem Volk weitergegangen ist. Gott schafft unablässig Neues, und zumindest an Ostern muß es an seinen Gemeinden ins Licht treten.

Mit der Auferstehung Jesu beginnt eine stille Revolution

Wir feiern an Ostern kein Frühlingsfest, sondern daß Jesus auferstanden ist. Wir freuen uns darüber, daß unser Leben verändert wurde durch den, der in seinem Tod den Tod besiegt hat. Aber ist unser Leben wirklich anders geworden? Hat der Tod Jesu, hat seine Auferstehung die Welt verändert?

Vor mir liegt der Leitartikel einer Zeitung mit der Überschrift: „Was ist besser geworden durch Ostern?“ Zumindest die Überschrift ist gut. Sie trifft genau den Punkt. Die Antwort, die der Leitartikel dann gibt, ist nicht mehr ganz so gut. Sie lautet nämlich: Durch Ostern hat sich einerseits fast nichts geändert. Andererseits alles. In der Geschichte hat sich fast nichts geändert. Es hat zwar eine christliche Kultur gegeben. Aber der Mensch ist in den 2000 Jahren Christentumsgeschichte nicht besser geworden. Er ist immer noch das grausamste aller Lebewesen. Und doch hat sich alles geändert. Unser Leben hat durch die Auferstehung Jesu über den Tod hinaus einen Sinn erhalten. Seit Jesus auferstand, wissen wir, wer Gott ist. Seit Jesus auferstand, gibt es für uns ein ewiges Leben. Und damit ist alles anders geworden.

Das klingt zunächst gut. Der Verfasser des Leitartikels ist offenbar ein Christ. Man muß inzwischen ja schon froh sein, wenn die Medien an den großen Festen den christlichen Glauben nicht verhöhnen, sondern sich bemühen, dem Sinn des betreffenden Festes gerecht zu werden. Trotzdem ist dieser Leitartikel ärgerlich. Er ist getragen von einer tiefen Skepsis, daß der Glaube die Geschichte verändern könnte. Deshalb ist er letztlich ungläubig. Vielleicht ist er sogar noch gefährlicher als ein Leitartikel, der das Christentum verächtlich macht. Denn er verschiebt die Gewichte ins Jenseits. Dort wird sich alles ändern. Hier aber, in dieser Geschichte, ändert sich (fast) nichts. Nur das Wissen von Gott und die Hoffnung auf das Jenseits seien durch die Auferstehung Jesu fest begründet worden, und insofern habe sich in der Welt tatsächlich etwas geändert.

Das aber ist gerade nicht der Sinn, den das Neue Testament der Auferstehung Jesu gibt. Man muß sich einmal sämtliche Ostererzählungen des Neuen Testaments der Reihe nach vornehmen. Es existiert keine einzige Erzählung, die den Blick auf den Himmel oder auf das Jenseits hinlenkt. Wohl aber gipfeln alle Ostertexte in der Aussendung der Jünger durch den Auferstandenen. In jedem der vier Evangelien werden die Jünger am Ende ausgesandt, die Frohe Botschaft zu verkünden und Gemeinden zu sammeln, die aus der österlichen Vergebung leben und so ein lebendiges Zeugnis sind für die Macht Gottes schon in dieser Welt.

Genau daran – an die Macht Gottes schon in dieser Welt – glauben aber heute viele Christen nicht mehr. Sie glauben höchstens noch, daß Gott im Jenseits mächtig ist, aber nicht mehr daran, daß er es hier, in unserer Mitte, ist. Oder sie glauben an vergangene Taten Gottes, nicht aber an Taten Gottes heute. Und so kommt es zu einer tiefen Resignation gegenüber der Kirche und ihrem Auftrag, die Welt zu verändern.

Woher kommt dieser Unglaube? Er hat viele Gründe. Einer dieser Gründe ist mit Sicherheit der tiefsitzende Minderwertigkeitskomplex der Christen, denen seit der Aufklärung (also seit über 200 Jahren) unablässig eingehämmert wird, das Christentum habe die Welt nicht verändert. Diese Parole der Neuzeit ist eine der vielen Lügen, die uns ständig eingeredet werden – so lange, bis sie allmählich unser Hirn zersetzt und wir nicht mehr in der Lage sind, die einfachsten Dinge zu sehen. Das Christentum soll in der Welt nichts zum Besseren verändert haben?

Die Tatsache, daß die Bergpredigt formuliert wurde, soll die Welt nicht verändert haben?

Die frühchristlichen Gemeinden, die sich weigerten, den römischen Kaiser als Gott zu verehren, und durch ihre Verweigerung die Anmaßung jedes sich als Gott gebärdenden Staates entlarvten, sollen die Welt nicht verändert haben?

Die vielen christlichen Märtyrer vom 1. Jahrhundert bis heute, die lieber starben, als die Wahrheit ihres Glaubens aufzugeben, und die auf diese Weise zeigten, daß die Wahrheit stärker ist als die Gewalt, sollen die Welt nicht verändert haben?

All die Heiligen, von den unbekannten mitten unter uns bis zu Franz von Assisi oder Teresa von Avila, sollen mit ihrer Freude, den Willen Gottes zu tun, die Welt nicht verändert haben?

All die Klöster, die unser Land seit dem frühen Mittelalter wie Sterne am Himmel überzogen – mit ihren Schulen, ihren Apotheken, ihren Werkstätten, ihren Schreibstuben, mit ihrer Baukunst und ihrer Landwirtschaft –, sie sollen die Welt nicht verändert haben?

All die Mütter, die Abend für Abend am Bett ihrer Kinder saßen, mit ihnen das Abendgebet sprachen und den vergangenen Tag noch einmal mit den Augen des Glaubens betrachteten, sollen die Welt nicht verändert haben?

All die Eheleute, die dem Trend der Zeit nicht nachgaben, sich nicht scheiden ließen, sondern in Treue beieinander blieben und sich immer wieder miteinander versöhnten, sollen die Welt nicht verändert haben?

All die Ordensschwestern, die an den Betten der Sterbenden Nachtwache hielten, die Schwerkranken wuschen und die Trauernden trösteten, sollen die Welt nicht verändert haben?

Man könnte noch lange weitermachen. Wir wissen ja gar nicht, wie die Welt heute aussähe, wenn es den christlichen Glauben nicht gegeben hätte. Jeder von uns hat schon einmal mit einer Waage gearbeitet, die man noch mit der Hand austarieren mußte, indem man ein Laufgewicht hin- und herschob. Es gab bei diesen Waagen *eine* Stelle, an der das Gleichgewicht hergestellt war. Verfehlte man diese Stelle auch nur um ein weniges, so kippte der Waagebalken auf einer Seite sehr schnell und mit Wucht nach unten.

Vielleicht ist die Weltgesellschaft mit ihren Aggressionen und ihrer Zerstörungswut ständig am Abkippen – und nur die Glaubenden mit ihrer Tapferkeit, ihrer Geduld und ihrem unablässigen Angehen gegen das Chaos halten sie im Gleichgewicht. In unserem schönsten und ältesten Osterlied, dem „Christ ist erstanden“ heißt es:

Wär er nicht erstanden,
so wär die Welt vergangen.

Ich bin überzeugt, daß in diesem Satz mehr Wahrheit steckt, als wir ahnen. Wäre Jesus nicht von den Toten erstanden und hätte seine Auferstehung nicht eine stille, aber unablässige Revolution ausgelöst, sähe die Welt heute anders aus, ja, wäre sie vielleicht schon längst zerstört.

Aber nehmen wir einmal an, das Christentum hätte in der Welt nichts verändert, durch Ostern wäre in der Welt bis zu diesem Tag nichts besser geworden, der christliche Glaube wäre bis heute in der Welt kein Gegengewicht, kein Sauerteig, kein Salz, sondern völlig folgenlos gewesen. Dürften wir dann resignieren? Müßten wir uns dann nicht sagen:

Die Kirche ist ja noch nicht einmal 2000 Jahre alt – angesichts der langsamen Evolution des Menschen aus dem Tierreich ein winziger Augenblick! Menschen gibt es auf der Erde seit 2-3 Millionen Jahren, Christen erst seit 2000 Jahren, also seit rund 70 Generationen. Das heißt doch: Das Christentum ist gerade erst seinen Kinderschuhen entwachsen. Wir fangen vielleicht gerade erst an, wirklich zu begreifen, was uns die Botschaft Jesu und die Botschaft von Ostern sagen wollen. Wir dürfen – richtig verstanden – sogar einmal alles vergessen, was bisher gewesen ist, und uns sagen lassen:

Heute fängt es erst an.

Und zwar bei uns. Wir selbst entscheiden, ob Ostern die Welt verändert hat oder nicht – und zwar mit unserem Leben. Wenn wir uns der Gesellschaft anpassen, ihren Moden, ihren Trends, ihren Göttern, ihrem Unglauben, ihrem Ungeist, wenn uns unsere Gemütlichkeit, unser privates Wohl, unsere persönlichen Erfolge das Wichtigste im Leben sind, dann tragen wir dazu bei, daß Ostern heute nicht mehr stattfindet und von niemandem mehr begriffen wird.

Wenn wir hingegen glauben, daß der Heilige Geist, der Geist des auferstandenen Jesus, die Welt verändern kann und ständig verändert, wenn wir den alten Sauerteig der Sünde hinwegschaffen lassen aus unserem Leben, wenn wir nicht mehr fragen: Was vergrößert unser Ansehen?, sondern: Was vergrößert das Ansehen Gottes?, wenn wir nicht mehr unser kleines, privates Glück suchen, sondern mithelfen bei dem Neuen, das Gott durch seine Kirche in unserer Welt schaffen will, dann tragen wir dazu bei, daß Ostern auch heute geschieht, weil wir Gott die Möglichkeit einräumen, daß er die Macht der Auferstehung Jesu mitten in unserer Welt sichtbar machen kann.

Die Osterfreude hat Gründe und übersteigt doch alle Begründungen

Zum ersten Mal nach den vierzig Tagen der Fastenzeit haben wir heute wieder das Halleluja gesungen. Es gehört zum Osterfest. Ostern ist ohne den Jubel des Hallelujas gar nicht zu denken.

Das Wort kommt aus dem Hebräischen. Ich könnte es ins Deutsche übersetzen. Doch das ist überflüssig. Das Wort ist für uns einfach Ausdruck einer tiefen Freude geworden. Daß die Kirche dieses Wort in seiner Ursprache beibehalten hat, obwohl es die Kirchenbesucher gar nicht mehr verstehen, zeigt, daß den ganz großen Freuden etwas innewohnt, was die Vernunft übersteigt. Das Oster-Halleluja drückt die überströmende Freude aus, die nur Gott schenken kann und sein Heiliger Geist.

Wir leben heute in einer Welt, in der man alles kaufen kann, vom Fertigmenü bis zum Abenteuerurlaub – alles wohlverpackt und von einer riesigen Reklame-Industrie vollmundig angepriesen. Es ist gut, daß man die Osterfreude nicht kaufen kann. Sie ist nicht machbar. Sie muß uns geschenkt werden. Sie hat Gründe und übersteigt doch alle Begründungen.

Blickt man auf die Gründe, so hängt die Osterfreude damit zusammen, daß der Plan Gottes mit der Welt gelungen ist: Gott hat den *einen* Menschen gefunden, der ganz verstand, was Gott will; der Gott in keiner Weise mehr ausgewichen ist; der nichts für sich wollte, sondern nur noch dem Plan Gottes diente, selbst wenn es ihn das Leben kostete.

Das also ist der erste Grund unserer Osterfreude: daß es diesen einen Menschen gegeben hat, dessen Leben und Sterben zur Brücke geworden ist über den Abgrund, der auch den frömmsten Menschen von Gott trennt.

Wir brauchen uns ja nur einmal vorzustellen, Jesus hätte eines Tages nicht mehr die Sache Gottes, sondern sich selbst gesucht. Er hätte begonnen, sein Leben für sich selbst zu planen. Er hätte angefangen, über andere zu herrschen. Er hätte an seiner eigenen Ehre gearbeitet. Er hätte sich feiern lassen. Am 1. Fastensonntag wurde uns geschildert, wie diese Versuchung an Jesus herantrat: die Versuchung, für sich selbst dazusein. Wenn er ihr auch nur ein wenig nachgegeben hätte – ganz sublim, ganz verdeckt –, dann wäre der Plan Gottes durch ihn nicht gelungen, dann könnten die Evangelien nicht mehr sagen: „Wer ihn sieht, sieht den Vater." Gott hätte weiter warten müssen.

Es ist ein unfaßliches Wunder, daß es Jesus gab, daß sein Leben reiner Gehorsam und zugleich reine Freiheit war. Erst im Augenblick seines Todes konnte man das sagen. Denn bis zu seinem Tod kann der Mensch noch immer zum Verräter der Sache Gottes werden. Daß Jesu Leben gelungen ist, daß er keine Sekunde lang seiner Sendung untreu wurde, ist der erste Grund unserer Osterfreude.

Doch nun kommt das Entscheidende: Selbst daß es diesen einen Menschen endlich gab, hätte der Welt noch nichts geholfen, wenn er keine Jünger gefunden hätte, die sein lebendiger Leib in der Welt geworden wären, so daß sein Leben und seine Botschaft für immer in der Welt aufgerichtet wurden. Man braucht sich nur einmal vorstellen, die Frauen wären nicht zum Grab gegangen, die Jünger wären in ihr altes Leben zurückgekehrt und hätten gesagt: Es ist alles vorbei, es ist nichts zu machen, das Böse ist mächtiger als das Gute. Das alles lag doch so nahe und ist genau unsere Einstellung: Man kann ja letztlich doch nichts machen gegen das Böse in der Welt.

Genauso groß wie das Wunder, daß es diesen Jesus mit der absoluten Klarheit und Entschiedenheit seines Lebens gab – genauso groß ist deshalb das Wunder, daß seine Jünger sich wieder sammeln, zur ersten Gemeinde werden, ihr Leben miteinander teilen, vor nichts mehr Angst haben und mit ihrer ganzen Existenz seine Zeugen sind. Daß dies geschah, ist der zweite Grund unserer Osterfreude.

Und der dritte Grund? Er liegt darin, daß diese österliche Geschichte bis heute weitergeht. Die Kirche ist trotz aller Bedrängnisse, trotz all ihrer Versuchungen zur Untreue und zum Verrat an Jesus nicht untergegangen, sondern lebt als der Leib Christi in der Welt. Wir alle dürfen Glieder dieses Leibes sein und in einer Osterfreude leben, die man nicht machen und nicht kaufen kann, sondern die uns geschenkt wird durch unseren Anteil an der Geschichte seines Leibes.

Muß ein Christ an Erscheinungen glauben?

Am ersten Tag der Woche waren zwei von den Jüngern Jesu auf dem Weg in ein Dorf namens Emmaus, das sechzig Stadien von Jerusalem entfernt ist. Sie sprachen miteinander über all das, was sich ereignet hatte. Während sie redeten und ihre Gedanken austauschten, kam Jesus hinzu und ging mit ihnen. Doch sie waren wie mit Blindheit geschlagen, so daß sie ihn nicht erkannten.

Er fragte sie: „Was sind das für Dinge, über die ihr auf eurem Weg miteinander redet?" Da blieben sie traurig stehen, und der eine von ihnen – er hieß Kleopas – antwortete ihm: „Bist du so fremd in Jerusalem, daß du als einziger nicht weißt, was in diesen Tagen dort geschehen ist?" Er fragte sie: „Was denn?"

Sie antworteten ihm: „Das mit Jesus aus Nazaret. Er war ein Prophet, mächtig in Wort und Tat vor Gott und dem ganzen Volk. Doch unsere Hohenpriester und Führer haben ihn zum Tod verurteilen und ans Kreuz schlagen lassen. Wir aber hatten gehofft, daß er der sei, der Israel erlösen werde. Und dazu ist heute schon der dritte Tag, seitdem das alles geschehen ist. Aber nicht nur das: Auch einige Frauen aus unserem Kreis haben uns in große Aufregung versetzt. Sie waren in der Frühe beim Grab, fanden aber seinen Leichnam nicht. Als sie zurückkamen, erzählten sie, es seien ihnen Engel erschienen und hätten gesagt, er lebe. Einige von uns gingen dann zum Grab und fanden alles so, wie die Frauen gesagt hatten; ihn selbst aber sahen sie nicht."

Da sagte er ihnen: „Begreift ihr denn nicht? Wie schwer fällt es euch, alles zu glauben, was die Propheten gesagt haben. Mußte nicht der Messias all das erleiden, um so in seine Herrlichkeit zu gelangen?" Und er legte ihnen dar, ausgehend von Mose und allen Propheten, was in der gesamten Schrift über ihn geschrieben steht.

So erreichten sie das Dorf, zu dem sie unterwegs waren. Jesus tat, als wolle er weitergehen, aber sie drängten ihn und sagten: „Bleibe bei uns; denn es will Abend werden, und der Tag hat sich schon geneigt." Da ging er mit hinein, um bei ihnen zu bleiben. Und als er mit ihnen bei Tisch war, nahm er das Brot, sprach den Lobpreis, brach das Brot und gab es ihnen. Da gingen ihnen die Augen auf, und sie erkannten ihn; er aber entschwand ihren Blicken. Und sie sagten zueinander: „Brannte uns nicht das Herz in der Brust, als er unterwegs mit uns redete und uns den Sinn der Schrift erschloß?"

Noch in derselben Stunde brachen sie auf und kehrten nach Jerusalem zurück, und sie fanden die Elf und die anderen Jünger versammelt. Diese sagten: „Der Herr ist wahrhaft auferstanden und ist dem Simon erschienen." Da erzählten auch sie, was sie unterwegs erlebt und wie sie ihn erkannt hatten, als er das Brot brach.

(Lk 24,13-35; Ostermontag)

Das Evangelium von den Emmausjüngern leuchtet uns unmittelbar ein, denn ähnliches haben wir alle schon erfahren: Daß wir wie mit Blindheit geschlagen waren und uns plötzlich die Augen aufgingen; daß wir ohne Hoffnung waren und dann doch wieder auf Gott vertrauen konnten; daß unser Herz gebrannt hat; daß wir gesagt haben: „Herr, bleibe bei uns. Ohne dich vermögen wir nichts." Die Erzählung von den Emmausjüngern ist jedem Glaubenden plausibel.

Wie ist es aber mit denen, die nicht glauben können? Wie ist es mit denen, die ratlos vor solchen Erscheinungsgeschichten stehen? Die sich sagen: Das haben sich die Sympathisanten Jesu damals alles nur eingebildet; Tagträume waren das, Gebilde einer überhitzten religiösen Phantasie, Projektionen des Unbewußten? Redet Paulus nicht klar von einer Massensuggestion, wenn er behauptet, der Auferstandene sei mehr als 500 Gemeindemitgliedern auf einmal erschienen?

Die Jünger – so sagen die, die nicht glauben können – waren durch die Hinrichtung ihres Meisters zutiefst enttäuscht und fühlten sich zugleich schuldig, weil sie weggelaufen waren. Die Enttäuschung und das Schuldgefühl produzierten aus der Tiefe ihrer Seelen das Bild eines Jesus, der nicht im Tod geblieben war – der nicht im Tod geblieben sein konnte, damit sie selbst entlastet wurden.

Gehören all diese Erscheinungen, Visionen und Gesichte nicht tatsächlich in einen äußerst zwielichtigen Bereich, von dem ein aufgeklärter Mensch besser die Finger läßt? Da weint seit Wochen im Garten eines braven Elektrikers in der italienischen Stadt Civitavecchia eine Madonna blutige Tränen. Die Massen strömen zusammen, schon kurze Zeit später gibt es in Italien eine ganze Serie Blut weinender Madonnen, die kirchlichen Behörden bleiben auf Distanz, die Medien haben endlich wieder eine Sensation, sie berichten halb amüsiert, halb verärgert – ist das nicht alles ein äußerst zwielichtiger Bereich, dem sich ein aufgeklärter Mensch fernhalten sollte?

Auch wenn die weinende Madonna von Civitavecchia und die Erscheinung vor den Emmausjüngern nicht auf einer Ebene liegen, und auch, wenn wir uns die Wahrheit der Emmausgeschichte von niemandem wegnehmen lassen – wir kommen nicht an der Frage vorbei: Was ist eigentlich das Kriterium, an dem wir erkennen können, ob Phänomene wie Erscheinungen, Visionen, Gesichte, Träume und Wunder tatsächlich von Gott sind oder nicht? Gibt es dafür einen Maßstab, ein Unterscheidungsmerkmal, an dem man erkennen kann: Hier spricht Gott, hier handelt Gott – und hier spricht er nicht, hier handelt er nicht?

Zunächst einmal: Ein solches Kriterium kann nicht darin liegen, daß etwas auffällig ist, seltsam, bizarr, ungewöhnlich, unerhört, nicht erklärbar. Das alles beweist noch nicht, daß ein Geschehen wirklich von Gott kommt, denn das heute nicht Erklärbare kann vielleicht schon morgen erklärt werden. Nein, es braucht ein anderes Kriterium dafür, wenn etwas wirklich von Gott kommen soll – und dieses Kriterium hat schon Jesus selbst formuliert. Es lautet:

An ihren Früchten werdet ihr sie erkennen (Mt 7,16).

Wenn die weinende Madonna von Civitavecchia zur Folge hätte, daß Menschen umkehren und künftig nach dem Evangelium leben, wenn die weinende Madonna zur Folge hätte, daß die Kirche erneuert und aufgebaut wird in gläubigen Gemeinden – dann, und nur dann dürften wir sagen: „Hier war Gott am Werk, hier hat Gott gehandelt." Dies ist für mich das einzige Kriterium. Weinende Madonnen an sich interessieren mich nicht.

Denn daß Menschen von ihren falschen und ungläubigen Lebensentwürfen zu dem wahren Gott umkehren, obwohl doch eigentlich jeder immer so weitermachen möchte wie bisher, ist das eigentliche Wunder in der Welt. Und daß sich Gemeinde sammeln läßt, um Kirche zu sein, obwohl sich doch jeder am liebsten hinter seinen vier Wänden verschanzen möchte, ist das wirkliche Wunder. Wo derartiges geschieht, hat Gott gehandelt.

Wenn wir dieses Kriterium auf die Geschichte von den Emmausjüngern anwenden, so zeigt sich: Sie waren ohne Hoffnung, ohne Vertrauen, hatten den Verheißungen Gottes nicht mehr geglaubt, auch nicht dem Zeugnis der Frauen, die am Grab gewesen waren – und eben diese zweifelnden, ungläubigen Männer kehren um. Sie kehren um, indem sie nach Jerusalem zurückkehren, hin zu den anderen Jüngern, die sich schon versammelt haben. Sie kehren dorthin zurück, wo nun die Kirche beginnt, wo sich Gemeinde sammelt, wo das Volk Gottes zu neuem Leben entsteht. Und genau das war unser Kriterium, ob Gott tatsächlich handelt, ob er hinter unseren menschlichen Gesichten und Visionen steht.

Die Emmausjünger sind umgekehrt, sie sind voll Freude zu den anderen zurückgekehrt. Dies ist für uns das eigentliche Osterwunder. Anders ist für uns die Auferstehung Jesu nicht greifbar als im Wort der Zeugen, in der Freude unserer Umkehr und in der Auferstehung der Kirche.

Selig, die glauben und eben dadurch sehen

Am Abend jenes ersten Tages der Woche, als die Jünger aus Furcht vor den Juden die Türen verschlossen hatten, kam Jesus, trat in ihre Mitte und sagte zu ihnen: „Friede sei mit euch!" Nach diesen Worten zeigte er ihnen seine Hände und seine Seite. Da freuten sich die Jünger, daß sie den Herrn sahen. Jesus sagte noch einmal zu ihnen: „Friede sei mit euch! Wie mich der Vater gesandt hat, so sende ich euch." Nachdem er das gesagt hatte, hauchte er sie an und sprach zu ihnen: „Empfangt den Heiligen Geist! Wem ihr die Sünden vergebt, dem sind sie vergeben; wem ihr die Vergebung verweigert, dem ist sie verweigert."

Thomas, genannt Didymus – Zwilling –, einer der Zwölf, war nicht bei ihnen, als Jesus kam. Die anderen Jünger sagten zu ihm: „Wir haben den Herrn gesehen." Er entgegnete ihnen: „Wenn ich nicht die Male der Nägel an seinen Händen sehe und wenn ich meinen Finger nicht in die Male der Nägel und meine Hand nicht in seine Seite lege, glaube ich nicht."

Acht Tage darauf waren seine Jünger wieder versammelt, und Thomas war dabei. Die Türen waren verschlossen. Da kam Jesus, trat in ihre Mitte und sagte: „Friede sei mit euch!" Dann sagte er zu Thomas: „Streck deinen Finger aus – hier sind meine Hände! Streck deine Hand aus und leg sie in meine Seite, und sei nicht ungläubig, sondern gläubig!" Thomas antwortete ihm: „Mein Herr und mein Gott!" Jesus sagte zu ihm: „Weil du mich gesehen hast, glaubst du. Selig sind, die nicht sehen und doch glauben."

Noch viele andere Zeichen, die in diesem Buch nicht aufgeschrieben sind, hat Jesus vor den Augen seiner Jünger getan. Diese aber sind aufgeschrieben, damit ihr glaubt, daß Jesus der Messias ist, der Sohn Gottes, und damit ihr durch den Glauben das Leben habt in seinem Namen.

(Joh 20,19-31; 2. Sonntag der Osterzeit/Lesejahr A)

Worum geht es eigentlich im Evangelium vom ungläubigen Thomas? Man hat oft gesagt, dieser Thomas sei eine Vorwegnahme des aufgeklärten Menschen der Neuzeit, der überall seine Finger drin haben muß, der alles nachprüfen will, der skeptisch bleibt, bis er sich selbst mit eigenen Augen überzeugt hat. Aber ich weiß gar nicht, ob der moderne Mensch wirklich so kritisch ist. Ist er nicht eher leichtgläubig? Gilbert Keith Chesterton dürfte wohl recht haben, wenn er sagt:

Seit die Menschen nicht mehr an Gott glauben,
glauben sie nicht etwa an nichts mehr, sondern an alles.

Ob uns das heutige Evangelium wirklich nur die Kapitulation eines Skeptikers vor Augen führen will? Ich denke, es geht um etwas anderes. Worum es geht, zeigt der feierliche Schlußsatz, mit dem die Ostererscheinung endet:

Selig, die nicht sehen und doch glauben!

Wer sind diese Seliggepriesenen, bei denen der Glaube anscheinend an die Stelle des Sehens tritt? Die Antwort ist nicht schwer, sobald man sich klarmacht, daß das Evangelium vom ungläubigen Thomas dem Johannesevangelium entnommen ist, dieses aber erst um das Jahr 90 nach Christus, also sechzig Jahre nach Ostern, geschrieben wurde. Zu dieser Zeit gab es längst überall um das Mittelmeer christliche Gemeinden mit Menschen, die Jesus selbst nicht mehr kennengelernt hatten.

Damit aber war ein Problem entstanden: Konnte das, was Jesus gewollt hatte, konnte der Glaube, den er seinen Jüngern eingepflanzt hatte, weitergehen – auch bei Menschen, die ihn nie gesehen hatten? Oder mußte nach zwei, drei Generationen alles abbrechen, weil das Vergessen und die Gleichgültigkeit stärker waren als die Kraft des Anfangs?

Diese Frage, von der die Existenz der Kirche abhängt – damals wie heute –, wird in der Figur des Thomas gleichsam verdichtet. Er ist ja in der entscheidenden Stunde nicht dabei, in der alles grundgelegt wird, was die Kirche ausmacht. Er ist nicht dabei, als Jesus seinen Jüngern den Frieden, den *schalom*, das endzeitliche Heil zuspricht. Er ist nicht dabei, als er ihnen den Heiligen Geist schenkt und mit dem Heiligen Geist das österliche Sakrament der Vergebung, von dem allein her Gemeinde existieren kann. Er steht also für diejenigen Christen, die den Anfang, die Gnade der ersten Stunde, nicht mehr miterlebt haben.

Ist er deshalb benachteiligt? Die Antwort des Evangeliums lautet: Nein! Er ist nicht benachteiligt. Denn er hatte die Versammlung der Zeugen, die Woche für Woche zusammenkamen. Er konnte dort den Frieden spüren, den der Auferstandene selbst dieser Versammlung geschenkt hatte. Er konnte dort die ständige Vergebung erfahren, die das Wesen von Gemeinde ist. Und er konnte dort das Zeugnis der anderen hören: „Wir haben den Herrn gesehen."

Das alles, sagt dieses Evangelium, ist unendlich viel – genauso viel wie das, was die anderen Zeugen am Ostertag erfahren hatten, und es hätte Thomas genügen müssen. Er ist aber keineswegs zufrieden. Und so muß die Geschichte noch ein Stück weitergehen. Es wird ihm tatsächlich gewährt, daß auch er den Herrn sieht. Aber wie sieht er den Auferstandenen? Erhält er eine Privatoffenbarung? Erscheint ihm Jesus zu Hause, in der stillen Kammer? Im Text heißt es:

Acht Tage darauf waren die Jünger wieder versammelt, und Thomas war unter ihnen.

Genau das ist der Punkt. Der Auferstandene ist Thomas eben nicht privat erschienen, nicht zu stiller Zweisamkeit, sondern mitten in der Versammlung der Jünger, als sie in Einmütigkeit um einen Tisch sitzen – genau da und nirgendwo anders ist er in ihrer Mitte, und da kann ihn nun auch Thomas sehen. So verweist uns die Fortsetzung der Geschichte ein zweites Mal auf die Versammlung der Zeugen. Anders ist der Auferstandene nicht zu erfahren. Dort aber ist er zu erfahren. Dort ist er zu sehen. Mit einer Gemeindeversammlung begann unser Text, mit einer Gemeindeversammlung endet er.

Bei dem Satz „Selig, die nicht sehen und doch glauben!" muß man also sehr genau nachfragen, was mit ihm gemeint ist. Es geht in diesem Satz um das Problem der nächsten Generation. Es geht um die Weitergabe des Glaubens. „Selig, die nicht sehen und doch glauben" will sagen: „Selig diejenigen, die zwar nicht in der ersten Stunde dabei waren, die aber den Zeugen der Auferstehung Glauben schenken."

Die Frage, die sich jetzt wie von selbst anschließt, lautet: „Wo finde ich seine Zeugen? Wo finde ich heute seine Zeugen? Wo finde ich Zeugen, deren Leben sich von dem der Zeitgenossen unterscheidet, die miteinander aus der Auferstehung Jesu leben und sich in seinem Geist versammeln?" Daß dies wirklich die Frage ist, zu der uns der heutige Sonntag hinführen will, zeigt die Lesung aus Apg 2,42-47. Denn sie schildert ja die Gemeinde, die aus Ostern entstanden ist. Die ihr angehören, sind verbunden wie die Glieder eines Leibes. Sie teilen das Brot miteinander und leben in Freude und Einfalt des Herzens. Dieses Miteinander ist der stärkste Osterbeweis, den es geben kann – und genau da kommt nun auch wieder das Sehen zum Zug.

Es ist ja nicht einfachhin falsch, daß Thomas sehen und tasten will. Das Selbst-Sehen und Selbst-Erfahren gehört zum Glauben. Allerdings muß zuerst der Glaube kommen, das Vertrauen, daß Gott auch heute seine Wunder tut und mitten unter uns handelt. Wer in diesem Zutrauen nach den Taten Gottes Ausschau hält und die Augen aufmacht und fragt und seine Füße in Bewegung setzt, lebt aus dem Glauben, und wer aus diesem Glauben lebt, der wird auch finden und sehen. Er wird sehen, daß es den Glanz des Auferstandenen, der die erste Versammlung erfüllte, auch heute gibt.

Wir dürfen und müssen deshalb den Satz: „Selig, die nicht sehen und doch glauben!" ergänzen. Er sagt noch nicht alles. Wir dürfen ihn ergänzen mit dem Satz: Selig, die glauben – und eben dadurch sehen!

Das Osterfest mündet in die Frage: Was sollen wir tun?

Am Pfingsttag trat Petrus auf, zusammen mit den Elf; er erhob seine Stimme und begann zu reden: „Mit Gewißheit erkenne das ganze Haus Israel: Gott hat ihn zum Herrn und Messias gemacht, diesen Jesus, den ihr gekreuzigt habt."

Als sie das hörten, traf es sie mitten ins Herz, und sie sagten zu Petrus und den übrigen Aposteln: „Was sollen wir tun, Brüder?" Petrus antwortete ihnen: „Kehrt um, und jeder von euch lasse sich auf den Namen Jesu Christi taufen zur Vergebung seiner Sünden; dann werdet ihr die Gabe des Heiligen Geistes empfangen. Denn euch und euren Kindern gilt die Verheißung und all denen in der Ferne, die der Herr, unser Gott, herbeirufen wird."

Mit noch vielen anderen Worten beschwor und ermahnte er sie: „Laßt euch retten aus dieser verdorbenen Generation!" Die nun, die sein Wort annahmen, ließen sich taufen. An diesem Tag wurden ihrer Gemeinschaft etwa dreitausend Menschen hinzugefügt.

(Apg 2,14.36-41; 4. Sonntag der Osterzeit/Lesejahr A)

Die Sonntage zwischen Ostern und Pfingsten zeigen uns die Frucht der Auferstehung Jesu: Auch die Jünger sind auferstanden. Aus ihrer Furcht ist Freimut geworden, aus ihrer Uneinigkeit Einmütigkeit, aus ihrer inneren Zwiespältigkeit völlige Hingabe an die Aufgabe, die vor ihnen liegt. In der Stadt, in der Jesus umgebracht wurde, treten sie vor das Volk, reden öffentlich über Jesus und bezeugen ihn als den Messias.

Das kann auch sie den Kopf kosten. Aber sie haben keine Angst mehr. Wer an die Auferstehung glaubt, braucht vor nichts mehr Angst zu haben. Und sie finden in Jerusalem Menschen, die von ihrem Wort bis ins Herz getroffen werden. Lukas erzählt von einer großen Zahl von Juden, die voll Unruhe zu den Aposteln sagen: „Was sollen wir tun?"

Die es bis ins Herz getroffen hat, fangen also nicht an zu diskutieren. Sie sagen auch nicht: „Das sind gute Ideen, die ihr da vortragt. Über diese Ideen müssen wir weiter nachdenken." Etwas viel tiefer Reichendes ist an ihnen geschehen. Ihr Horizont hat sich geändert. Nichts ist mehr so, wie es vorher war. Deshalb fragen sie: „Was sollen wir tun?" Sie halten sich dabei an diejenigen, die das Neue schon erfahren haben, und bitten sie, ihnen doch den nächsten Schritt zu zeigen. Es geht beim Glauben nicht um ein schönes Gedankengebäude, sondern um ein Gehen auf neuem Boden und deshalb zunächst einmal ganz schlicht um ein Tun – Schritt für Schritt.

An dem Satz „Was sollen wir tun?" ist aber noch etwas anderes bemerkenswert. Er lautet nicht: „Was soll *ich* tun?", sondern: „Was sollen *wir* tun?" Dieses „Wir" ist entscheidend. Der Glaube ist nicht eine Sache nur des einzelnen. Der einzelne könnte sich mit seinem Glauben nicht behaupten. Die Gesellschaft ist viel stärker als er. Nur wenn wir gemeinsam glauben, können wir dem Druck der ungläubigen Gesellschaft widerstehen. Nur wenn wir gemeinsam glauben, erfahren wir die ganze Freude des Glaubens.

Hierher gehört auch das Bild von der Schafherde, das uns in Joh 10,1-10 vor Augen gestellt wird. Ich weiß: Dieses Bild befremdet uns eher, als daß es uns fasziniert. Wir wollen kein Herdenvieh sein, wollen nicht blökend hinter den anderen herlaufen. Aber das ist auch gar nicht gemeint. Gemeint ist: Wir müssen beieinander bleiben.

Die damaligen Zuhörer wußten nur zu gut: Tiere, die sich von der Herde trennen oder die abgesprengt werden, sind verloren. Sie verdursten in der Steppe oder werden eine Beute der Raubtiere. Wenn die Bibel das Gottesvolk mit einer Herde vergleicht, will sie also nicht sagen, die Gläubigen sollten stumm und dumm hintereinander hertrotten. Es geht vielmehr um die ständige Zusammenführung, um das Sich-Sammeln, um das Beieinanderbleiben der Gläubigen.

Schließlich will uns das Bild von der Herde, das für die damaligen Menschen ein sehr schönes Bild war, sagen, daß wir einen Hirten haben, der uns führt und der jeden von uns bei seinem Namen ruft. Er gehört nicht in die Reihe der vielen Führer, die zwar ständig von „ihrem Volk" reden, dabei aber stets nur sich selbst meinen. Ein ziemlich zynisches Wort lautet: „Es gibt zwei Arten von Hirten: die einen interessieren sich für das Fleisch, die anderen für die Wolle."

Der wahre Hirte gab sein Leben für seine Schafe.

Ohne messianische Kirche gibt es keinen Glauben an den Messias

In jener Zeit sprach Jesus zu seinen Jüngern: „Euer Herz lasse sich nicht verwirren. Glaubt an Gott, und glaubt an mich! Im Haus meines Vaters gibt es viele Wohnungen. Wenn es nicht so wäre, hätte ich euch dann gesagt: Ich gehe, um einen Platz für euch vorzubereiten? Wenn ich gegangen bin und einen Platz für euch vorbereitet habe, komme ich wieder und werde euch zu mir holen, damit auch ihr dort seid, wo ich bin. Und wohin ich gehe – den Weg dorthin kennt ihr."

Thomas sagte zu ihm: „Herr, wir wissen nicht, wohin du gehst. Wie sollen wir dann den Weg kennen?" Jesus sagte zu ihm: „Ich bin der Weg, die Wahrheit und das Leben; niemand kommt zum Vater außer durch mich. Wenn ihr mich erkannt habt, werdet ihr auch meinen Vater erkennen. Schon jetzt kennt ihr ihn und habt ihn gesehen."

Philippus sagte zu ihm: „Herr, zeig uns den Vater; das genügt uns." Jesus antwortete ihm: „Schon so lange bin ich bei euch, und du hast mich nicht erkannt, Philippus? Wer mich gesehen hat, hat den Vater gesehen. Wie kannst du sagen: Zeig uns den Vater? Glaubst du nicht, daß ich im Vater bin und daß der Vater in mir ist? Die Worte, die ich zu euch sage, habe ich nicht aus mir selbst. Der Vater, der in mir bleibt, vollbringt seine Werke. Glaubt mir doch, daß ich im Vater bin und daß der Vater in mir ist; wenn nicht, glaubt wenigstens aufgrund der Werke!

Amen, amen, ich sage euch: Wer an mich glaubt, wird die Werke, die ich vollbringe, auch selbst vollbringen, und er wird noch größere vollbringen, denn ich gehe zum Vater.“

(Joh 14,1-12; 5. Sonntag der Osterzeit/Lesejahr A)

„Zeig uns den Vater“, sagt Philippus. Man kann diese Bitte als Zusammenfassung verstehen – als Zusammenfassung der Träume, der Hoffnungen, der Sehnsüchte des Menschen und seiner langen Suche nach Gott.

Der Mensch hatte schon seit seiner Evolution aus dem Tierreich unablässig nach Gott gesucht: in Träumen und Visionen, im Rausch und im Fasten, im Gebet und im Opfer, im Schweigen und in Beschwörungen, in tausend Riten und später in der Anstrengung des Begriffs.

Er hatte sich demütig vor seinen Göttern niedergeworfen, er hatte sich der Götter aber auch magisch zu bemächtigen gesucht, indem er nach dem richtigen Namen forschte, nach dem geheimen, zauberkräftigen Namen, der den Gott und seine Hilfe unfehlbar herbeizwingen würde.

All diese Gottesträume der Religionen werden in unserem Text mit einer unglaublichen Eindeutigkeit – fast muß man sagen Rücksichtslosigkeit – beiseitegeschoben. „Wer mich gesehen hat“, sagt Jesus, „hat den Vater gesehen.“ Das heißt: Gott ist nicht mehr der verborgene Gott. Er zeigt sein Antlitz. Gott ist in einem Menschen, in einem ganz bestimmten Menschen, in Jesus aus Galiläa, sichtbar und greifbar geworden.

Damit ist das unablässige Ringen der Menschheit um das Bild des wahren Gottes beendet. Jesus ist die endgültige Wahrheit über Gott. Er ist fortan das einzige Bild Gottes. Er ist die nie mehr überholbare Definition Gottes. Gott ist nun ganz in der Welt – und zwar in dem Menschen Jesus.

Das ist das Ärgernis dieses Evangeliums. Seit Jesus hat es keinerlei Sinn mehr, Gott im Raunen der Wälder zu suchen, in den unergründlichen Augen der Tiere, über den Sternen oder in den Traumbildern der Seele. Wer von nun an Gott finden will, kann nur noch auf Jesus blicken.

Aber wie geht das – auf Jesus blicken? Wie werde ich Jesu ansichtig? Wie kann ich ihm begegnen? Seltsamerweise wiederholt sich hier in fast gleicher Weise noch einmal das, was schon für die Suche des Menschen nach dem verborgenen Gott gegolten hatte: So, wie es viele Gottesbilder gab, gibt es auch viele Jesusbilder. Und so, wie sich die Menschen Gottes zu bemächtigen suchten, suchen sie sich auch Jesu zu bemächtigen.

Es gibt Jesus als Seelendroge, und es gibt den Jesus der politischen Optionen. Es gibt Jesus als Archetyp des Unbewußten, und es gibt ihn als Popstar. Jesus wird benutzt von denen, die möchten, daß sich in der Kirche nichts ändert, und er wird benutzt als Waffe gegen die Kirche. Im Augenblick ist es geradezu Mode geworden, ihn als Bestätigung der eigenen Wünsche und Träume zu mißbrauchen. Er muß herhalten als Legitimation einer universalen Toleranz, die alles zuläßt und die alle Menschen zu lieben vorgibt, der aber in Wirklichkeit alles beliebig ist.

Selbst wenn wir überzeugt sind, wir würden Jesus ernst nehmen und dem Bild folgen, das uns die Evangelien von ihm vor Augen stellen, beuten wir die Evangelien aus: Wir haben dort unsere Lieblingsszenen und unsere Lieblingsworte, und anderes verdrängen wir oder deuten wir um.

So erhebt sich mit größter Dringlichkeit gerade heute die Frage: Wer schützt Jesus vor uns selbst? Wer hält ihn frei von der List unseres eigenen Ichs, das alles tut, um der wirklichen Nachfolge Jesu auszuweichen? Genau diese Frage stellte einmal Romano Guardini in einer seiner Münchener Universitätspredigten und gab zur Antwort: Die Begegnung mit Christus darf nicht dem subjektiven religiösen Erleben überlassen bleiben, sondern

> *Christus ist ein Raum zugeordnet, der richtig gebaut ist,*
> *so daß er darin recht gesehen und vernommen werden kann,*
> *und das ist die Kirche.*

Der 1. Petrusbrief (2,4-9) stellt uns ein Bild vor Augen, dem diese Sätze Romano Guardinis genau entsprechen. Guardini sagte: „Christus ist ein Raum zugeordnet, der richtig gebaut ist, so daß er darin recht gesehen und vernommen werden kann." Der 1. Petrusbrief sagt: Es gibt ein Bauwerk, das „richtig gebaut ist": die *Ekklesia*, die Kirche. Sie ist aus lebendigen Steinen erbaut – den Gläubigen. Jeder dieser lebendigen Steine hat sich an den Platz einbauen lassen, an dem er gebraucht wird. Und das Haus hat die richtigen Maße, denn es ist erbaut auf Christus, dem Stein, den die Menschen wegwarfen, den Gott aber zum Eckstein gemacht hat. In der Sprache der antiken Bauhandwerker ist der Eckstein der Stein, der als erster gesetzt wird und so die Ausrichtung und die Maße des gesamten Bauwerks definiert.

Dieses sehr schöne Bild wird nun aber noch weiter ausgebaut. Die Lesung sagt nicht nur: Gott setzte einen Eckstein als Maß für den gesamten Bau, sondern sie sagt: Er setzte diesen Eckstein in Zion, und das heißt: Die recht gebaute Kirche, in der allein Christus gesehen und erkannt werden kann, steht auf dem Boden des Abraham, des Mose, des David und der Propheten, kurz: auf der gesammelten Erfahrung des alttestamentlichen Gottesvolkes, ohne die Christus nicht verstanden und festgehalten werden kann.

Wer schützt Christus vor mir selbst, vor meiner Willkür, vor der List meines Egos, das alles tut, um sich sein eigenes Leben zu sichern, damit es nach den eigenen Träumen und Wunschbildern leben kann? Der 1. Petrusbrief sagt: Wir können der Verfälschung Christi nur entgehen, wenn wir uns einbauen lassen in den Bau der *Ekklesia*, die nach dem Maß Christi gebaut ist.

Wie dieses Maß Christi, die rechte Form der *Ekklesia*, genauerhin aussieht, zeigt uns die Apostelgeschichte. Es ist ja Absicht, daß uns die Kirche gerade in der hohen Festzeit zwischen Ostern und Pfingsten unentwegt die Gemeinde von Jerusalem, die Gemeinde auf dem Zion, vor Augen stellt. Was Lukas von dieser ersten Gemeinde erzählt, ist keine historische Momentaufnahme, sondern er will uns ein Bild vor Augen stellen, ein Urbild, ein Maß, wie Kirche für alle Zeit gebaut sein soll.

Diese Gemeinde versammelt sich immer wieder. Das ist sogar ihr Name: *ecclesia dei*, Versammlung Gottes. Sie ist überschaubar: Lukas spricht zunächst von 120 Männern und Frauen. Die zu dieser Gemeinde gehören, gehören ihr nicht aus Zwang oder Gewohnheit an, sondern aus freien Stücken. Sie möchten in Freiheit Zeugnis geben von Jesus, dem Messias – jeder auf seine Weise und jeder nach dem Maß seiner Möglichkeiten. Sie versammeln sich um die Zwölf, die Jesus zur Mitte des endzeitlichen Israel gemacht hat. Das Amt ist nicht außerhalb und nicht über, sondern mitten in der Gemeinde. Die Zwölf und alle, die sich um sie sammeln lassen, haben ihr Leben miteinander verknüpft. Sie teilen nicht nur das Brot der Eucharistie, sie teilen ihr Leben miteinander. Sie wissen, daß die stärkste Kraft ihre Einmütigkeit ist, und deshalb ringen sie um diese Einmütigkeit. Niemand in der Gemeinde ist ein Held oder ein Heros. Alle sind sie schwach. Für ihre Schwäche steht die Figur des Petrus, der Jesus dreimal verleugnete. In Apg 6,1-7 murrt ein Teil der Gemeinde gegen den anderen, so wie Israel in der Wüste gemurrt hatte.

Entscheidend ist aber gerade, daß sich die gesamte Gemeinde unter der Führung der Zwölf versammelt, um das Murren und die Situation, aus der es entstand, in das Licht Gottes zu stellen. Und so, in der auf den Heiligen Geist sich öffnenden Versammlung, finden sie neue Einmütigkeit und eine Lösung, die nicht nur die Not behebt, sondern die Gemeinde einen Schritt weiterbringt. Schwäche und Schuld verwandeln sich in Leben und neues Wachstum, weil sie in die Mitte der Versammlung getragen werden.

Auf eines legt Lukas in seiner Darstellung der jungen Kirche besonderen Wert: Die Taten des Messias, in der Sprache des Johannesevangeliums: die „Werke Gottes", gehen in der Gemeinde von Jerusalem weiter. Es werden sogar noch „größere Werke" getan, weil Jesus nun nicht mehr allein ist, sondern viele Nachfolger hat, die wie ein Leib sind: der Leib des Messias. Auf diese Weise geschieht es, daß die Gemeinde zum messianischen Zeichen in der Welt wird, zum Volk des Messias, so daß Christus in ihr erkannt und begriffen werden kann.

Die Texte aus der Apostelgeschichte sind völlig eindeutig. Wir können ihnen eigentlich nur ausweichen, wenn wir sagen: Das alles sind pure Wunschträume, Utopien, weltfremde Konstruktionen. Ich habe aber erfahren, daß es keine Utopien sind. Was Lukas erzählt, hat es damals gegeben und gibt es auch heute. Es lohnt sich, sein Leben dafür in Bewegung zu setzen. Denn was kann es für unser armes Leben Größeres geben, als mitzuhelfen, daß wieder eine lebendige, messianische Kirche entsteht, in der Jesus auch heute sichtbar wird – nicht der Jesus, den wir gern hätten, sondern der wahre Jesus, das Bild des lebendigen Gottes.

Die Himmelfahrt Jesu lenkt den Blick zur Erde

Im ersten Buch, lieber Theophilus, habe ich über alles berichtet, was Jesus getan und gelehrt hat, bis zu dem Tag, an dem er in den Himmel aufgenommen wurde. Vorher hat er den Aposteln, die er durch den Heiligen Geist erwählt hatte, Anweisungen gegeben. Ihnen hat er nach seinem Leiden durch viele Beweise gezeigt, daß er lebt; vierzig Tage hindurch ist er ihnen erschienen und hat vom Reich Gottes gesprochen.

Beim gemeinsamen Mahl gebot er ihnen: „Geht nicht weg von Jerusalem, sondern wartet auf die Verheißung des Vaters, die ihr von mir vernommen habt. Johannes hat mit Wasser getauft, ihr aber werdet schon in wenigen Tagen mit dem Heiligen Geist getauft werden."

Als sie nun beisammen waren, fragten sie ihn: „Herr, stellst du in dieser Zeit das Reich für Israel wieder her?" Er sagte zu ihnen: „Es steht euch nicht zu, Zeiten und Fristen zu erfahren, die der Vater in seiner Macht festgesetzt hat. Aber ihr werdet die Kraft des Heiligen Geistes empfangen, der auf euch herabkommen wird; und ihr werdet meine Zeugen sein in Jerusalem und in ganz Judäa und Samarien und bis an die Grenzen der Erde."

Als er das gesagt hatte, wurde er vor ihren Augen emporgehoben, und eine Wolke nahm ihn auf und entzog ihn ihren Blicken. Während sie unverwandt ihm nach zum Himmel emporschauten, standen plötzlich zwei Männer in weißen Gewändern bei ihnen und sagten: „Ihr Männer von Galiläa, was steht ihr da und schaut zum Himmel empor? Dieser Jesus, der von euch ging und in den Himmel aufgenommen wurde, wird ebenso wiederkommen, wie ihr ihn habt zum Himmel aufsteigen sehen."

(Apg 1,1-11; Christi Himmelfahrt/Lesejahr A)

Die Lesungen und Gebete des Festes Christi Himmelfahrt sind sehr reich. Wie jetzt draußen alles blüht und glänzt, so leuchten in den Texten des heutigen Festes Bilder auf – und diese Bilder sind erwachsen aus den jahrhundertelangen Erfahrungen des Gottesvolkes. Man muß die Bilder der Himmelfahrtstexte freilich zu deuten wissen.

Nehmen wir als Beispiel die Wolke, die den auffahrenden Christus den Blicken der Jünger entzieht. Es ist keine Regenwolke und auch keine Schönwetterwolke. Die Wolke gehört zur biblischen Symbolsprache, die damals jeder verstand.

Im Alten Testament wird erzählt, wie auf dem Wüstenzug Israels eine Wolke vor dem Gottesvolk herzog, um es zu führen. Diese Wolke ist Bild für die Nähe Gottes. Gott ist seinem Volk nahe, er zieht mit ihm und ist doch der Verborgene, über den niemand verfügen kann.

Wenn von dem scheidenden Jesus erzählt wird, daß ihn diese alttestamentliche Wolke aufgenommen habe, so ist das Bildsprache, die sagen will: Jesus tritt endgültig ein in die Herrlichkeit Gottes. Er ist von nun an verborgen. Und doch ist er seinen Gemeinden nahe. Er ist bei ihnen alle Tage. Er zieht vor ihnen her und führt sie – so wie Gott damals in der Wüste sein Volk geführt hat.

Die Wolke ist aber nur *eines* der vielen Bilder, die zu dem Reichtum des Himmelfahrtsfestes gehören. Ein anderes Bild sind die beiden Männer in weißen Kleidern, die plötzlich dastehen und den emporstarrenden Jüngern sagen: „Was steht ihr da und schaut zum Himmel?“

Der Blick der Jünger wird auf diese Weise vom Himmel zur Erde zurückgelenkt. Das Reich Gottes ist nicht über den Wolken, sondern es soll hier auf der Erde anbrechen. Als Zeugen Christi sollen die Jünger bis an die Grenzen der Erde Menschen sammeln, damit die Gottesherrschaft einen sichtbaren Raum gewinnt. Das Reich Gottes ist aus dem Stoff der Erde. Es ist verwandelte Welt. Diese Umwandlung der Welt wird am Pfingsttag mit der Herabkunft des Heiligen Geistes beginnen und immer weitergehen. Auch wir dürfen als Getaufte und Gefirmte daran mitarbeiten. Was steht ihr da und schaut zum Himmel?

Ein drittes Bild aus der Festliturgie: Jesus erscheint auf dem Berg in Galiläa vor den zwölf beziehungsweise den elf Jüngern. Er erscheint nicht vor der ganzen Welt. Er erscheint nicht einmal vor all seinen Jüngern. Sicher hatte er nach Ostern mehr Anhänger und mehr Sympathisanten als nur diese elf. Matthäus zufolge zeigt er sich zu dieser letzten, abschließenden Erscheinung aber nur dem Zwölferkreis, also denen, die er zur Mitte des endzeitlichen Gottesvolkes gemacht hatte.

Damit will uns Matthäus sagen: Jesus können wir nicht mehr sehen. Aber wir können diejenigen sehen, die er sendet und die ihm nachfolgen. An sie können wir uns halten. Mit ihnen ist er in unserer Mitte – alle Tage bis ans Ende der Welt.

Die Macht Jesu besteht darin, daß er allein die Lösung hat

In jener Zeit gingen die elf Jünger nach Galiläa auf den Berg, wo Jesus sie hinbestellt hatte. Als sie Jesus sahen, fielen sie vor ihm nieder. Einige aber zweifelten. Da trat Jesus auf sie zu und sagte zu ihnen: „Mir wurde gegeben alle Macht im Himmel und auf Erden. Darum geht und macht zu Jüngern alle Völker, indem ihr sie tauft auf den Namen des Vaters und des Sohnes und des Heiligen Geistes, und indem ihr sie alles halten lehrt, was ich euch geboten habe. Und seht, ich bin bei euch alle Tage bis zur Vollendung der Welt."

(Mt 28,16-20; Christi Himmelfahrt/Lesejahr A)

Matthäus faßt am Ende seines Evangeliums alle Ostererscheinungen Jesu in einer einzigen Erscheinung zusammen. Der Text hat eine Spannweite, wie sie größer kaum denkbar ist. Vom Raum her gesehen verknüpft er das kleine Galiläa mit der gesamten Welt. Von der Zeit her gesehen blickt er von Ostern bis ans Ende aller Zeit. Von den Menschen her gesehen verbindet er die elf Jünger mit allen Völkern der Erde. Eigentlich müßte uns der Atem stocken.

Denn da ist nichts als die kleine Gruppe der elf Apostel. Der zwölfte fehlt. Er hat Jesus verraten. Ein anderer, ihr Wortführer, hat Jesus dreimal verleugnet. Alle sind sie geflohen. Sie befinden sich ja nicht in Jerusalem, wo Jesus umgebracht wurde, sondern in Galiläa – dort, wo ihre Heimat ist.

Sie sind also weggelaufen, zurück zu ihren Häusern und Fischerbooten. Und nicht einmal jetzt, da ihnen der Auferstandene erscheint, sind sie sichere Kandidaten. Einige von ihnen zweifelten, sagt der Text. Mit dieser lächerlichen Gruppe von Wegläufern und Zweiflern will Jesus alle Völker zu Jüngern machen. Die Ausgangslage ist denkbar schlecht. Eigentlich ist die Sache hoffnungslos.

Und trotzdem liegt über diesem Schlußabschnitt des Matthäusevangeliums eine unendliche Zuversicht. Sie kommt von dem kleinen, unscheinbaren Satz, mit dem die Worte des Auferstandenen beginnen:

Mir wurde gegeben alle Macht im Himmel und auf der Erde.

Was meint da „Macht“? Es ist nicht die Macht des Staates, seiner Beamten und seiner Bürokratie. Es ist nicht die Macht der Gewehre. Es ist nicht die Macht des Geldes, mit dem man angeblich alles kaufen kann. Es ist auch nicht die Macht der Werbung und der schlagkräftigen Parolen, der Verführung und der raffinierten Indoktrination. Die Macht Jesu ist anderer Art.

Sie besteht zunächst einmal darin, daß er die „Wahrheit“ ist. Die Wahrheit kann eine Zeitlang niedergehalten werden, sie kann entstellt, verdreht, verschleiert, totgeschwiegen werden – aber irgendwann drängt sie hervor und setzt sich durch. Und zwar einfach deswegen, weil sie die *Wahrheit* ist und weil der Mensch mit der Unwahrheit und Lüge auf die Dauer nicht leben kann. Eine Gesellschaft, die auf Lüge gebaut ist, bricht eines Tages zusammen. Wir haben es erlebt.

Die Macht Jesu besteht zweitens darin, daß *er allein* die Lösung hat für die Not der Menschen und für das Leid der Gesellschaft. Seine Lösung sind Gemeinden von Jüngern, die ihr Leben miteinander verbinden und nach der Bergpredigt leben. Eine andere Lösung für das Elend in der Welt gibt es nicht. Es ist ja schon alles durchexperimentiert worden: der Egoismus, der nur fragt: Was ist für mich selbst gut? – der Individualismus, der sagt: Jeder für sich allein! – der Hedonismus, der meint, das Glück des Menschen läge im Konsumieren und Genießen – der Kommunismus und der Faschismus, die den Menschen zu seinem Glück zwingen wollten.

Das 19. und das 20. Jahrhundert waren eine Abfolge riesiger Experimente, was für den Menschen das Beste wäre – und all diese Experimente hatten entsetzliche Folgen: den Tod von Millionen. Der einzige Weg dahin, daß Menschen in Frieden und Freiheit zusammenleben können, ist die Bergpredigt Jesu, gelebt in Gemeinden, die seiner Spur folgen. Deshalb der Auftrag des Auferstandenen:

Geht und macht zu Jüngern alle Völker!

Und zwar auf dem Weg über Gemeinden, die mit ihm durch das Sakrament verbunden sind und seine „Lehre", das heißt vor allem die Bergpredigt, leben. Das allein ist der Weg, wie die Welt wahrhaft verändert wird. Jesus hat wirklich die Lösung gebracht, und eben darin liegt die Faszination, die von ihm ausgeht. Das ist seine „Macht".

Die Macht Jesu besteht drittens darin, daß er nichts für sich selbst gewollt hat. Er wollte einzig und allein, daß der Plan Gottes gelingt: Er lebte und starb für die Erneuerung des Volkes Gottes. Weil er frei war von sich selbst, war er frei für Gott. Und so konnte Gott durch ihn handeln und kann es bis ans Ende der Welt. Das ist sogar die eigentliche Macht Jesu. Es ist eine sehr leise, den Menschen in seiner Freiheit ernstnehmende Macht – völlig anders als die Macht der

Mächte dieser Welt. Diese Art Macht kann man sich nicht nehmen, nicht erkämpfen, nicht erschleichen. Sie kann einem nur „gegeben" werden. Deshalb sagt Jesus – als der Gekreuzigte und Erhöhte:

Mir wurde gegeben alle Macht im Himmel und auf der Erde.

In dieser Macht, die nicht zwingt, die nicht vergewaltigt, die nur einladen und bitten kann, sagt Jesus nun auch zu jedem von uns: Du bist ganz frei. Aber wenn du willst, kannst du mithelfen an der Sache, für die ich mein Leben hergegeben habe: daß sich Jünger sammeln aus allen Völkern. Wenn du willst, kannst du mithelfen. Du brauchst vor diesem Schritt keine Angst zu haben. Du wirst nichts verlieren, sondern alles gewinnen.

Verändert Beten den Lauf der Welt?

Als Jesus in den Himmel aufgenommen war, kehrten die Apostel vom Ölberg, der nur einen Sabbatweg von Jerusalem entfernt ist, nach Jerusalem zurück. Als sie in die Stadt kamen, gingen sie in das Obergemach hinauf, wo sie nun ständig blieben: Petrus und Johannes, Jakobus und Andreas, Philippus und Thomas, Bartholomäus und Matthäus, Jakobus, der Sohn des Alphäus, und Simon, der Zelot, sowie Judas, der Sohn des Jakobus.

Sie alle verharrten dort einmütig im Gebet, zusammen mit den Frauen und mit Maria, der Mutter Jesu, und mit seinen Brüdern.

(Apg 1,12-14; 7. Sonntag der Osterzeit/Lesejahr A)

Lukas stellt uns hier ein Bild der ersten Gemeinde vor Augen. Zwischen Himmelfahrt und Pfingsten verharrt diese Gemeinde neun Tage lang im Gebet. War das sinnvoll? Hilft Beten etwas? Kann man mit Beten den Lauf der Welt verändern?

Die Antwort fällt leichter, wenn wir uns einfach einmal fragen, um was denn damals in Jerusalem die Apostel, Maria und die übrigen Frauen und Männer gebetet haben? Doch wohl um den Heiligen Geist und damit um den Freimut, zu reden wie Jesus und ihn trotz ihrer Angst als den Messias zu bekennen, selbst wenn es sie das Leben kosten sollte. Und weil sie durch ihr Beten diesen Freimut erhalten, so daß sie am Pfingsttag ohne Angst auf die Straße gehen und sagen, was sie sagen müssen, hat sich in der Welt tatsächlich etwas geändert: in ihnen selbst und in ganz Jerusalem.

Vielleicht hilft ein Beispiel noch ein Stück weiter: Früher pflegten die Holzfäller, bevor sie mit ihrer Arbeit begannen, erst einmal ihre Werkzeuge vorzubereiten. Sie mußten ihre Äxte schärfen und ihre Sägen feilen und schränken. Ich weiß noch, wie mein Großvater, wenn er ins Holz ging, am Abend vorher lange an seiner Säge arbeitete.

Das ist selbst in unseren Tagen nicht anders. Auch eine moderne Werkzeugmaschine muß richtig eingestellt werden, damit sie fräsen oder bohren kann. Unter Umständen dauert das Einstellen der Maschine, das Eingeben aller Daten in ihren Computer, sogar sehr lange. Aber dann arbeitet die Maschine schnell und präzis.

Selbstverständlich ist der Mensch keine Maschine. Und doch muß auch er sich ausrichten auf das, was Gott in der Welt getan haben will. Und dieses Sich-Ausrichten auf den Willen Gottes geschieht im Gebet. Ein gläubiger Christ betet nämlich nicht darum, daß Gott es sich anders überlegt und sich die Wünsche des Beters zu eigen macht. Ein gläubiger Christ betet darum, daß er selbst seinen Willen ändert, um in den Willen Gottes einzuschwingen und so für Gott ein gutes Werkzeug zu werden.

Beten ist also nicht der Versuch, Gott umzustimmen – so wie Kinder versuchen, ihre Mutter herumzukriegen, daß sie doch noch fernsehen dürfen. „Kommt nicht in Frage“, hatte die Mutter gesagt. Am Ende aber hat der Kleine, der genau weiß, wie er es machen muß, die Mutter weichgekriegt und darf drei Stunden vor dem Fernseher sitzen.

Genau das ist nicht der Sinn christlichen Betens. So haben die Heiden gebetet. Christliches Beten heißt nicht, Gott bearbeiten, bis er nachgibt, sondern an sich selbst arbeiten, daß man sich an Gott ausrichtet. Oder sagen wir besser: nicht an sich selbst arbeiten, sondern Gott an sich arbeiten lassen.

Fragen wir jetzt noch einmal: Verändert Beten den Lauf der Welt? Was geschieht, wenn wir beten: „Herr, mach alle Hungernden satt"? Nimmt dann Gott die Sache in die Hand, so daß *wir* uns um die Hungernden nicht weiter zu kümmern brauchen? Oder will uns dieses Gebet so verändern, daß wir selbst den Hungernden helfen? Das Gebet kann doch nur das letztere meinen.

Wenn wir durch unser Beten begreifen: Wir selbst müssen helfen, und wenn wir dann auch tatsächlich helfen, so hat unser Gebet den Lauf der Welt verändert. Aber eben nicht dergestalt, daß Gott in den armen Ländern wie ein Zauberer eingegriffen hätte, sondern ganz anders: Gott hat durch unser Gebet unser Herz und damit unser Handeln verändert.

Im Gebet arbeitet also Gott an uns. Wir halten ihm beim Beten unser Herz hin. Wir lassen seinen Heiligen Geist in uns ein. Wir lassen uns von seinem Geist umwandeln, bis wir gute Werkzeuge geworden sind für das, was er in der Welt getan haben will.

Es wäre allerdings schlimm, wenn diese Einsicht in das Wesen des Bittgebets dazu führen würde, daß wir unser Gebet am Ende nur noch als einen besonders wirksamen Prozeß der Bewußtseinsveränderung verstünden. Dann wäre Gott zum bloßen „Mittel" geworden, zu einer Sache, die man benutzt. Gott ist aber kein Mittel; er ist unser Herr. Und er ist Person, liebendes „Du", mit dem wir sprechen dürfen wie Kinder mit ihrem Vater. Der Satz aus Psalm 91

Wenn er mich anruft, so werde ich ihn erhören,

und viele ähnliche Sätze der Bibel müssen wahr bleiben. Sie formulieren gleichsam die Grundstruktur des Bittgebets. Gebet muß Rede mit dem lebendigen Gott sein. In dieser Rede gebe ich Gott die Ehre, schütte mein Herz vor ihm aus und bitte ihn, wie ein Kind seinen Vater bittet. Dieses Reden vor ihm ist keine Scheinsituation, kein bloß innerweltlicher Prozeß der Bewußtseinsänderung, sondern wirkliche Anrede an den, der schon immer alle guten Gaben geben will und dessen Heilswille die Welt schon immer umfängt. Der Beter, der sich diesem Heilswillen öffnet, indem er ihn erbittet, empfängt ihn auch – und eben so wird er verändert und die Welt um ihn herum.

Hat man das einmal verstanden, dann weiß man, welch unfaßliches Geschehen das Gebet ist. Sich sein Herz verändern lassen – allein können wir so etwas gar nicht. Deshalb ist damals im Obergemach zu Jerusalem auch die ganze Gemeinde versammelt und betet gemeinsam. Lukas sagt sogar noch mehr: Die Gemeinde betet „einmütig". Das heißt, sie hat untereinander alle Rivalitäten und Streitigkeiten ausgeräumt. Und am Pfingsttag tritt sie dann in die Öffentlichkeit als messianische Gemeinde und bekennt sich zu Jesus als ihrem Herrn. Das Gebet der neun Tage zwischen Himmelfahrt und Pfingsten hat also geholfen. Es hat die Jünger aus Galiläa verändert. Und damit hat es den Lauf der Welt verändert.

Jesus setzt die Einheit seiner Jünger an die erste Stelle

In jener Zeit erhob Jesus seine Augen zum Himmel und betete: „Heiliger Vater, ich bitte nicht nur für diese hier, sondern auch für alle, die durch ihr Wort an mich glauben. Alle sollen eins sein: Wie du, Vater, in mir bist und ich in dir bin, sollen auch sie in uns sein, damit die Welt glaubt, daß du mich gesandt hast.

Ich habe ihnen die Herrlichkeit gegeben, die du mir gegeben hast; denn sie sollen eins sein, wie wir eins sind, ich in ihnen und du in mir. So sollen sie vollendet sein in der Einheit, damit die Welt erkennt, daß du mich gesandt hast und die Meinen ebenso geliebt hast wie mich.

Vater, ich will, daß alle, die du mir gegeben hast, dort bei mir sind, wo ich bin. Sie sollen meine Herrlichkeit sehen, die du mir gegeben hast, weil du mich schon geliebt hast vor der Erschaffung der Welt.

Gerechter Vater, die Welt hat dich nicht erkannt, ich aber habe dich erkannt, und sie haben erkannt, daß du mich gesandt hast. Ich habe deinen Namen bekannt gemacht und werde ihn bekannt machen, damit die Liebe, mit der du mich geliebt hast, in ihnen ist und damit ich in ihnen bin."

(Joh 17,20-26; 7. Sonntag der Osterzeit/Lesejahr C)

Unsere Gesellschaft würde sofort zusammenbrechen, wenn es nicht die vielen Dienste gäbe, die Menschen einander leisten. Oft sind es Dienste, die nicht bezahlt werden und die auch niemand bezahlen kann: die Liebe von Müttern, der Fleiß und die stille Treue von Vätern, die Hilfe für die Kranken und Alten, Nachbarschaftshilfe, Gastfreundschaft, Mitgefühl, zuvorkommende Höflichkeit, all die kleinen Aufmerksamkeiten des täglichen Lebens, und sei es nur, daß einer dem anderen die Tür aufhält. Wir dürfen das alles nicht unterschätzen. Ohne diese Menschlichkeit, ohne diese Hilfsbereitschaft wäre Gesellschaft nicht möglich.

Und doch hat Jesus etwas anderes verkündet. Er fordert seine Jünger nicht auf, sich um mehr Mitmenschlichkeit zu bemühen. Was er heute im Evangelium das entscheidende Kennzeichen seiner Jünger nennt, ist ihre Einheit. Sie sollen eins sein, wie er selbst mit dem Vater eins ist, damit die Welt erkennt, daß er von Gott kommt. Jesus setzt also viel tiefer an. Er weist auf etwas hin, was es sonst in der Welt in dieser Form nicht gibt: Menschen werden eins. Sie leben einmütig.

So zeigt sich: Jesus baut das Neue, das er beginnt, nicht auf menschlichen Möglichkeiten auf. Die Hoffnung für die Welt sieht er nicht in dem, was Menschen an Verzicht, an selbstloser Hilfe, an Humanität, an heldenhaftem Einsatz zu leisten vermögen. Jesus versucht nicht, das verborgene Gute im Menschen freizulegen. Er baut auch nicht auf die moralische Anstrengung. Er macht sich nicht auf die Suche nach Helden und Heroen. Er beruft Sünder und Schwache. Und dann lenkt er ihren Blick auf eine einzige Sache: daß die Herrschaft Gottes jetzt anbricht. Wenn seine Jünger auf die Gottesherrschaft blicken und nicht auf ihre eigenen Interessen und Sorgen, wenn sie miteinander einschwingen in das, was Gott bewegt – dann entsteht Einheit, die aus der Einmütigkeit kommt, und diese Einheit ist die eigentliche Hilfe für die Welt.

Wie gefährdet und zerbrechlich solche Einheit ist, wissen wir. Wie alles Große in der Welt kann sie mißbraucht werden. Betrachtet man Fotos aus der Zeit des Dritten Reiches, wie da die Massen die Arme hochreißen und mit gläubig-fanatischen Gesichtern dem Führer zujubeln, kann man sehen, was die Einheit der Christen nicht bedeutet. Hitler redete ständig davon, er werde Deutschland „zusammenschweißen", und eine der damaligen Parteiparolen lautete: „Ein Volk, ein Reich, ein Führer". Auch das war Einheit. Aber es war pervertierte Einheit. Die Gesellschaft wurde um ihre tiefste Sehnsucht betrogen, denn der Mensch möchte ja die Einheit, er möchte einsinken in den Strom der Einmütigkeit. Gerade weil in der Welt diese menschliche Sehnsucht unablässig mißbraucht wird, ist die Einheit der Kirche so notwendig – eine Einheit, die auf Freiheit beruht, die den einzelnen nicht uniformiert und ihn nicht intolerant macht.

Der Glaubende ist mit vielen anderen zu einem Willen verbunden, der ganz frei ist und der doch alle mit dem Band der Liebe umfängt – zu einem Willen, der entschieden ist und doch so zart wie ein Lufthauch. Die Kirche nennt diesen Hauch den Heiligen Geist. Er ist reines Geschenk. Wir können diesen Geist nicht herstellen. Wir können uns ihm nur öffnen.

Es ist sicher jedem aufgefallen: Jesus sagt in Joh 17 zu seinen Jüngern keineswegs: „Strengt euch an, daß ihr ein Herz und eine Seele seid! Müht euch ab um die Einheit! Seid einig!" Er betet vielmehr zum Vater, die Jünger möchten doch eins sein. So menschenunmöglich, so himmelweit von aller moralischen Leistung ist diese Einheit entfernt, daß man sie nur erbitten und erflehen kann. Dann aber wird sie möglich, dann wird sie uns geschenkt und ist ein Glück für uns und die Welt.

Der Heilige Geist entfacht die Lust an Gott und seiner Sache

So spricht Gott, der Herr: Nicht euretwegen handle ich, Haus Israel, sondern um meines heiligen Namens willen, den ihr bei den Völkern entweiht habt, wohin ihr auch gekommen seid. Meinen großen, bei den Völkern entweihten Namen, den ihr mitten unter ihnen entweiht habt, werde ich wieder heiligen. Und die Völker – Spruch Gottes, des Herrn – werden erkennen, daß ich der Herr bin, wenn ich mich an euch vor ihren Augen als heilig erweise.

Ich hole euch heraus aus den Völkern, ich sammle euch aus allen Ländern und bringe euch wieder heim in euer Land. Ich gieße reines Wasser über euch aus, dann werdet ihr rein. Ich reinige euch von aller Unreinheit und von allen euren Götzen. Ich schenke euch ein neues Herz und lege einen neuen Geist in euch. Ich nehme das Herz von Stein aus eurer Brust und gebe euch ein Herz von Fleisch. Ich lege meinen Geist in euch und bewirke, daß ihr meinen Gesetzen folgt und auf meine Gebote achtet und sie erfüllt. Dann werdet ihr in dem Land wohnen, das ich euren Vätern gab. Ihr werdet mein Volk sein, und ich werde euer Gott sein.

(Ez 36,22-28; Pfingsten)

Wenn man die Geschichte der alten Religionen betrachtet, stößt man auf einen seltsamen Sachverhalt: Die alten Völker dienten ihren Göttern gern. Die Assyrer und Babylonier, die

Kanaanäer und Ägypter, die Griechen und Römer – sie alle beteten gern, brachten ihren Göttern mit Eifer die althergebrachten Opfer dar und feierten mit Lust ihre religiösen Feste. Sie lebten im Einklang mit ihren Göttern.

Israel hingegen, das erwählte Volk Gottes, lebt ständig im Aufstand gegen seinen Gott JHWH. Die Geschichte Israels, die das Alte Testament erzählt, ist geradezu eine Geschichte des Widerwillens gegen Gott. Das Volk murrt gegen Mose und will zurück nach Ägypten. Das Volk empört sich gegen die Propheten, die unablässig versuchen, seinen Abfall von Gott zu verhindern. Immer wieder werden im Land Götzenbilder aufgestellt. Israel möchte seinen Gott so verehren, wie die anderen Völker ihre Götter verehren. Es ist eine nicht abreißende Geschichte des Widerwillens, der Halsstarrigkeit und des Aufruhrs gegen Gott.

Wie ist dieses Phänomen zu erklären? War Israel schlechter als die übrigen Völker? War es weniger fromm? Nein, die Sache verhält sich ganz anders. Das Wesen der Religion besteht darin, daß der Mensch das, was er selbst will, zu seinen Göttern macht: die Liebe, das Geld, die Macht, die Natur, die Heimat, die Sehnsucht – all das wird vergöttlicht und angebetet. Den Göttern der Macht und den Göttinnen der Liebe zu dienen ist nicht schwer. Das tut der Mensch gern. Das liegt ihm. Es ist sogar seine Lust.

Israel hingegen war in seiner Geschichte auf den wahren Gott gestoßen. Und es merkte sehr schnell: Der Wille dieses Gottes deckt sich nicht mit dem, was wir gerne wollen. Sein Wille ist ganz anders. Er steht oft gegen unsere Pläne, gegen unsere Vorstellungen, gegen unseren Willen. Und so ringt Israel in seiner gesamten Geschichte um den Willen Gottes.

Auf der einen Seite wehrt es sich ständig gegen ihn. Es möchte lieber so sein wie die anderen Völker. Deshalb der immer neue Abfall von JHWH. Deshalb das ständige Murren.

Auf der anderen Seite hat Israel sehr wohl gespürt, daß der Wille seines Gottes wohltuender und vernünftiger war als der eigene Wille. Es war besser, JHWH zu folgen als den Göttern. Und so unternimmt es den gigantischen Versuch, den Willen seines Gottes schriftlich zu fixieren, damit es ihn immer vor Augen hat. Das alttestamentliche Gesetz, die Tora, an der die Theologen Israels jahrhundertelang gearbeitet haben, ist der gewaltige Versuch, das Gottesvolk für immer mit dem wahren Willen Gottes zu vermählen.

Aber es hat nichts geholfen. Israel drückt es selbst in einem Bild aus: Kaum war das Gesetz in die steinernen Tafeln eingegraben, da tanzt das Volk schon um das goldene Kalb und schreit:

Das sind deine Götter, Israel! (Ex 32,8)

Das heißt: Es möchte seinen Gott so verehren wie die übrigen Religionen ihre Götter. Und das wiederum heißt: Es möchte nicht den Willen Gottes tun, sondern den eigenen Willen. Als Israel schließlich immer mehr seinen eigenen Willen tut und seinen eigenen Plänen folgt und Machtpolitik betreibt wie die übrigen Völker, gerät es zwischen die Mühlen der Mächte und wird zerrieben. Es muß ins Exil.

Und dort im Exil denkt der Prophet Ezechiel darüber nach, wie das eigentlich ist mit dem Willen Gottes, und hat eine erregende Vision: Könnte es denn nicht möglich sein, daß der Mensch mit der gleichen Leidenschaft, mit der er seine Geschäfte betreibt, Gott dient? Wäre es denn nicht denkbar, daß der Mensch mit der gleichen Freude, mit der er seine eigenen

Pläne entwirft, den Plan Gottes betreibt? Aber wie könnte das möglich werden?

Ezechiel ist überzeugt: Der Wille Gottes dürfte nicht von außen an den Menschen herangetragen werden, sondern er müßte innen im Herzen des Menschen leben. Der Mensch müßte den Willen Gottes in sein Inneres hereinholen. Er müßte sozusagen den Willen Gottes zu seinem eigenen Willen machen, so daß der Wille Gottes seine größte Lust und Leidenschaft würde.

Aber geht das überhaupt? Ezechiel weiß: Dazu ist der Mensch nicht fähig. Das kann er gar nicht. Er will immer nur sich selbst. Wenn es um die Sache Gottes geht, ist sein Herz wie von Stein. Doch dann überfällt den Propheten ein erregendes Bild: Gott ist größer als alles, was wir denken können. Was uns unmöglich ist, ist ihm möglich. Könnte er nicht seinen Geist in den Menschen hineinlegen und das steinerne Herz des Menschen in ein Herz aus Fleisch verwandeln, so daß der Mensch mit tiefer Leidenschaft und Freude nur das will, was Gott will? Der Gedanke wird ihm zu einer überwältigenden Vision: Ja, so wird es sein! Am Ende der Tage wird es geschehen. Dann wird der Geist Gottes den Menschen umschaffen, ihm das steinerne Herz aus der Brust nehmen und ihm ein Herz aus Fleisch einsetzen.

Mit Jesus ist der Traum des Propheten in Erfüllung gegangen. Die Evangelien beschreiben Jesus als den ersten Menschen, der ganz aus dem Geist Gottes lebte; dessen Speise es war, den Willen Gottes zu tun. Und die Apostelgeschichte beschreibt das Entstehen der Kirche aus dem endzeitlichen Kommen jenes Geistes, von dem die Propheten gesprochen hatten. Der die Herzen umschaffende Heilige Geist kommt auf alle herab. Die junge Gemeinde ist nicht mehr bloß

„Befolgerin des Gesetzes“, sondern sie ist angetrieben von der Lust an der Sache, die Gott mit den Menschen vorhat.

Das ist das eigentliche Geheimnis von Pfingsten. Nach einer langen Geschichte des Kampfes um den Willen Gottes wird es zum ersten Mal möglich, daß eine ganze Gemeinde den Willen Gottes einmütig und gemeinsam tut, mit Leidenschaft und mit Freude. Dieses Handeln aus dem Geist Gottes, aus seinem helfenden, belebenden und alles neuschaffenden Geist ist auch uns angeboten.

Die Kirche betet keine drei Götter an

Es ist eines der großen Wunder der Geschichte, daß es in der Welt das Volk Israel gibt und daß dieses Volk zu dem Glauben an den einen, wahren Gott gefunden hat. Denn das kleine Israel war umgeben von Großreichen, die es unablässig bedrängten, und es lebte unter dem Kulturdruck mächtiger und faszinierender Religionen, in denen viele Götter verehrt wurden. Israel hingegen vertraute sich der Führung eines einzigen Gottes an und bekannte in seinem Glauben mit immer größerer Klarheit, daß es nur diesen einen Gott gibt.

Der eigentliche Unterschied zwischen dem Glauben Israels und den Religionen der Nachbarvölker war aber nicht die Zahl der Götter – also *ein* Gott statt zehn oder dreißig oder siebzig Götter. Der Unterschied lag tiefer: Die vielen Götter der Heiden waren und sind Mächte unserer Welt, die absolut gesetzt werden, denen der Mensch sich unterwirft und die er selbst zu seinen Göttern erhebt.

Er erfährt zum Beispiel immer wieder, welch ungeheure Verlockung es ist, andere zu beherrschen, und sagt sich deshalb: Die Möglichkeit, über andere zu herrschen, ist etwas Göttliches, etwas Letztes, etwas, das man als das höchste Ziel seines Lebens ansehen muß. Und so dient er der Macht und gibt ihr Namen wie Zeus oder Jupiter oder Baal oder Donar, und indem er Zeus verehrt, verehrt er die Herrschermacht und nimmt sich das Recht heraus, selbst über andere zu herrschen.

Oder er erfährt stets von neuem die hinreißende Verlokkung der Geschlechtlichkeit, und er reißt sie aus ihrem Schöpfungszusammenhang und sagt: Die Sexualität und der Eros sind etwas Göttliches, ein letzter Sinn, ein letztes Ziel, dem ich mich unterwerfe und das ich anbete. Und dann gibt er dieser Verlockung Namen wie Aphrodite oder Venus, und indem er die Göttin der Liebe verehrt, isoliert er die Geschlechtlichkeit aus ihren Bindungen und nimmt sich das Recht heraus, ihr hemmungslos zu dienen.

Und so macht der Mensch alle großen und faszinierenden Wirklichkeiten der Welt zu seinen Göttern und gibt sich ihnen hin: der Natur, dem Vaterland, dem Rausch, dem Krieg, dem Geld, dem Wissen, der Liebe, dem Haß, dem Leben, dem Tod und vielen anderen Mächten. Sie alle werden ihm zu Göttern, denen er sich – je nach seiner Situation – unterwirft und von denen er sich bestimmen läßt.

Ich denke, es ist klar: Israels Glaube an einen einzigen Gott bedeutet gerade nicht, daß es aus all diesen vielen Göttern einen einzigen Gott gemacht hätte, daß es also die vielen Mächte der Welt in einer einzigen Macht konzentriert hätte. Wäre dies geschehen, würde sich der Glaube Israels nicht wirklich von den Religionen der Völker unterscheiden. Was im alttestamentlichen Gottesvolk geschah, war etwas grundlegend anderes.

Israel durfte in einem erregenden Aufklärungsprozeß erkennen: Gott ist nicht ein Stück Welt, ist auch nicht der Urgrund der Welt, sondern steht der Welt gegenüber als der ganz Andere, der die Welt geschaffen hat und der deshalb nicht selbst wieder Welt ist. Und er steht den Völkern und der Geschichte gegenüber – nicht als deren eigene Tiefe, sondern als der Herr der Geschichte, der sich aus allen Völkern ein Volk erwählt hat, um so sein Heil mitten in der Welt sichtbar und greifbar zu machen.

Mit dieser Einsicht wurde die Welt entgöttert. Sie wurde leer von den Göttern, die sich der Mensch gebildet hatte; sie wurde frei von den selbstgeschaffenen Dämonen, die den Menschen immer wieder in Angst und Unfreiheit trieben. Die Entgötterung der Welt war kein Verlust, war keine Banalisierung der Welt. Im Gegenteil: Erst jetzt wurde der wahre Glanz, die wahre Schönheit erkennbar, die der Welt als Schöpfung Gottes innewohnt. Mit der Entgötterung der Welt eröffnete sich überhaupt erst die Möglichkeit, den großen Wirklichkeiten der Welt wie der Liebe, der Macht oder der Gesellschaft eine *erlöste* Gestalt zu geben, sie also zu dem hinzuführen, was sie von Gott her sein sollen.

Der atemberaubende Schritt Israels von den vielen Göttern zu dem einen, einzigen Gott war also nicht eine simple Verringerung der Zahl der Götter auf die Eins, sondern war ein völlig neues Wissen, wer Gott ist: nicht eine Naturkraft, nicht ein Stück *Welt*, nicht der Urgrund der Welt, sondern der ganz Andere, der ganz und gar nicht Welt ist, sondern Schöpfer, Gestalter, Erhalter und Vollender der Welt.

Es ist dringend notwendig, gerade am Dreifaltigkeitsfest über diese Andersartigkeit des Gottesglaubens Israels nachzudenken. Denn der Islam, der am Ende des 20. Jahrhunderts immer mächtiger wird, wirft uns ja vor, wir seien vom Ein-Gott-Glauben abgefallen und beteten drei Götter an: einen Gott, den wir „Vater" nennen würden, einen Gott mit dem Namen „Sohn" und einen Gott mit dem Namen „Heiliger Geist".

Welche Verdrehung unseres Glaubens! Wir Christen bekennen uns ausdrücklich zu dem Glauben an den *einen* Gott, den Gott Abrahams, Isaaks und Jakobs. Die Anbetung des dreifaltigen Gottes meint gerade nicht, daß es drei Götter gibt, sondern daß alle Ehre, alle Anbetung, aller Lobpreis Gott, dem Vater, zukommt. Die Anbetung des dreifaltigen Gottes besagt aber zugleich, daß der Vater endgültig nur im Sohn und durch den Heiligen Geist erkannt und verherrlicht werden kann. Wie konnte es auf dem Boden des Judentums, also auf dem Boden des strengen Monotheismus, zu diesem Glauben, zu dieser Art der Gottesverehrung kommen?

Da war zunächst die Erfahrung des alttestamentlichen Gottesvolkes von dem *einen* Gott, der sein Volk aus Ägypten geholt hatte, der mit ihm durch die Wüste gezogen war, der es führte, der es rettete, der die Schuld vergab, der seinem Volk nahe war. Er war kein abwesender, kein abweisender, kein ferner Gott. Er war ein naher, rettender Gott, ein Gott, „der da ist". Schon Israel nannte diesen Gott mit dem schönsten Namen, den Gott haben kann. Es nannte ihn seinen Vater.

Diese Grunderfahrung der Nähe, die Israel schon immer mit seinem Gott gemacht hatte, erhielt in Jesus noch einmal eine neue Dimension. Nun war Gott mitten in seinem Volk endgültig Gegenwart geworden. Die Jünger Jesu konnten es nicht anders formulieren. Sie mußten sagen: Jesus ist Gottes letztes Wort. In ihm hat sich Gott ganz mitgeteilt. In ihm hat er alles gesagt. In ihm hat er endgültig gehandelt. Wer ihn sieht, sieht den Vater. Und weil er der vollkommene Abglanz des Vaters war, mußten sie sagen: Er ist der Sohn. Das meinte nicht: Er ist ein „zweiter Gott", sondern: Er ist die endgültige Gegenwart des Vaters in der Welt.

Am Pfingsttag wurde das alles dann durch eine dritte Grunderfahrung vertieft: Jesus war – vordergründig betrachtet – nicht mehr da. Seine Jünger konnten ihn nicht mehr sehen. Niemand konnte ihn mehr hören. Und doch war er seinen Jüngern nicht entrissen. Er war mitten unter ihnen. Er war bei ihnen, wenn sie sich versammelten. Er war ihnen sogar näher, als er ihnen vorher jemals nahe gewesen war. Er war bei ihnen – durch seinen Geist.

Dies war die Urerfahrung von Ostern und Pfingsten und die Urerfahrung der Kirche überhaupt: Im Heiligen Geist ist Jesus gegenwärtig – und mit Jesus Gott selbst. Deshalb sind der Sohn und der Geist nicht zwei neue Götter, sondern die Offenbarung und Zuwendung des einen Gottes zur Welt, so daß er nun ganz bei uns ist – im Antlitz des Sohnes und im Antlitz des Geistes. Mit Vielgötterei hat das alles nicht das geringste zu tun, wohl aber mit der unbegreiflichen und überfließenden Liebe Gottes zu unserer Welt.

Man muß sich natürlich fragen: Weshalb ist diese Wahrheit des dreifaltigen Gottes den heutigen Menschen so fremd geworden – nicht nur den Neuheiden, sondern den Christen selbst? Es hängt damit zusammen, daß ihnen fremd wurde, was *Gemeinde* ist. Es ist schwer, sich den Heiligen Geist sinnenhaft vorzustellen, und doch ist er das Wirklichste, was es gibt. Er wird sichtbar und real in jeder Gemeinde, in jeder Versammlung von Glaubenden, die sich ihm öffnet und sich von ihm bestimmen läßt. Gott und seinen Geist gibt es nicht als bloße Idee. Die gesamte Bibel bezeugt, daß Gott ein Volk will, was heißt: eine ärgerlich konkret verfaßte Kirche. Sonst löst sich alles in heiße Luft auf, die mit dem Geist Gottes nichts zu tun hat.

Gott will die Welt, und er will dieser Welt nahe sein, ja, er will mitten in ihr wohnen. Der Ort seiner Gegenwart ist die Gemeinschaft der Glaubenden. Dort, in ihrem realen Miteinander, im Geschenk ihrer Einmütigkeit, *in ihrer geeinten Verschiedenheit*, wird er als der dreieinige Gott erfahren.

Der jüdisch-christliche Glaube provoziert den Religionsvergleich

Mose sprach zum Volk; er sagte: „Forsche einmal in früheren Zeiten nach, die vor dir gewesen sind, seit dem Tag, als Gott den Menschen auf der Erde schuf; forsche nach vom einen Ende des Himmels bis zum andern Ende: Hat sich je etwas so Großes ereignet wie dieses, und hat man je solche Worte gehört? Hat je ein Volk einen Gott mitten aus dem Feuer im Donner sprechen hören, wie du ihn gehört hast, und ist am Leben geblieben?

Oder hat je ein Gott es ebenso versucht, zu einer Nation zu kommen und sie mitten aus einer anderen herauszuholen unter Prüfungen, unter Zeichen, Wundern und Krieg, mit starker Hand und hoch erhobenem Arm und unter großen Schrecken, wie es der Herr, euer Gott, in Ägypten mit euch getan hat, vor deinen Augen?

Heute sollst du erkennen und dir zu Herzen nehmen: JHWH ist der Gott im Himmel droben und auf der Erde unten, keiner sonst. Daher sollst du auf seine Gesetze und seine Gebote, auf die ich dich heute verpflichte, achten, damit es dir und später deinen Nachkommen gut geht und du lange lebst in dem Land, das der Herr, dein Gott dir gibt für alle Zeit."

(Dtn 4,32-34.39-40; Dreifaltigkeitssonntag/Lesejahr B)

Vor einigen Jahren fand in München der 25. Deutsche Evangelische Kirchentag statt. Eingeladen war auch der Dalai Lama. Er wurde wie ein Star gefeiert. Offenbar sahen in ihm viele Teilnehmer des Kirchentags ein Symbol dafür, daß alle Religionen der Welt wahr sind und keine die einzig wahre ist. Jedenfalls sagte er unter lang anhaltendem Beifall: „Wenn für mich Buddhismus das Beste ist, heißt das nicht, daß für andere der Buddhismus auch das Beste ist. Eine Religion kann nicht alle Menschen erfüllen." Darf ein Kirchentag solchen Sätzen Beifall klatschen? Man braucht sie ja nur einmal vom Christentum her zu formulieren, so sieht man, auf was sie hinauslaufen.

Dürften wir denn sagen: „Wenn für mich der christliche Glaube das Beste ist, heißt das nicht, daß für andere der christliche Glaube auch das Beste ist. Eine Religion kann nicht alle Menschen erfüllen."?

Wer so redet wie der Dalai Lama und wer ihm als Christ applaudiert, behauptet: Es gibt zwar nur eine göttliche Wirklichkeit. Aber es gibt viele gleichwertige Wege und Möglichkeiten, diese göttliche Wirklichkeit zu erfahren. Jede Religion erfährt sie auf ihre Weise. Jede Kultur braucht ihre eigene Ausdrucksform, sich dem Göttlichen anzunähern. Deshalb soll jede Kultur bei ihrer eigenen Religion bleiben. Deshalb soll jeder die Religion haben, die er braucht und die zu ihm paßt.

Oft wird es auch so ausgedrückt: Das Göttliche hat viele Namen. Für die einen heißt es JHWH, für die anderen Allah, für die anderen Buddha. Wieder andere nennen es das Absolute. Oder sie nennen es die Liebe oder das Glück, die Natur oder die Kunst. Aber all diese Namen, heißt es dann, sind nur Annäherungen an das, was keiner wirklich aussagen kann: das Unnennbare, Unfaßbare, Ewige, uns Übersteigende. Jeder soll auf seine Weise dieses Geheimnis der Welt verehren.

So sehr solche Denkmuster sich heute ausbreiten – nicht nur auf dem Evangelischen Kirchentag, sondern auch in den Köpfen vieler Katholiken –, sie sind zutiefst unchristlich. Sie haben die gesamte Bibel gegen sich und desavouieren die lange und leidvolle Glaubensgeschichte Israels.

Die Lesung aus dem Buch Deuteronomium sagt es mit penetranter Deutlichkeit: Es gibt nur einen einzigen Gott, und dieser Gott ist unverwechselbar. Es ist der Gott, der Israel am Sinai eine Gesellschaftsordnung gegeben hat, die alle Gesellschaftsordungen der Welt weit übertrifft. Es ist der Gott, der sein Volk herausgeholt hat aus der Knechtschaft Ägyptens und der es immer wieder aus allen Knechtschaften befreit. Dieser eine Gott, neben dem es keinen anderen Gott gibt, ist genau identifizierbar. Er ist erkennbar an seinem Handeln in der Geschichte. Er ist nachweisbar an den Zeichen und Wundern, die er an seinem Volk tut.

Dtn 4 fordert uns geradezu auf: Vergleicht doch eure Erfahrung mit diesem Gott mit den Gotteserfahrungen anderer Religionen! Vergleicht doch euren Glauben mit dem, was die Welt sonst an Glauben zu bieten hat! „Forscht doch nach!" – beginnt die Lesung. Schaut euch genau um: nach allen Himmelsrichtungen, in allen Ländern, in allen Kulturen! Und forscht auch die früheren Zeiten aus, alle Epochen der Geschichte, seit es menschliche Kultur und seit es Religion gibt! Vergleicht alles, was es da gab, mit dem Glauben des Gottesvolkes!

Das ist eine erstaunliche Aufforderung. Sie paßt so gar nicht zu dem kollektiven Minderwertigkeitskomplex, in dem wir Christen heute leben. Seit langem wird uns ja eingehämmert, wie gut und edel die Religionen der Heiden seien und wie schlimm und unmenschlich das Christentum. Diese unablässige Herabsetzung des christlichen Glaubens zeigt allmählich Wirkung. Auch viele einfache, gutwillige Christen schämen sich inzwischen ihres Glaubens.

Demgegenüber sagt das Buch Deuteronomium: Vergleicht genau! Vergleicht die Religionen der Welt mit eurem Glauben und mit eurer Erfahrung! Dann werdet ihr sehr wohl erkennen, wo Gott in der Welt handelt und wo er sich zeigt. Es reizt mich sehr, jetzt einmal eine Religion nach der anderen zu betrachten. Doch dafür ist hier nicht der Ort. Ich kann nur einige Denkanstöße geben, einige Punkte nennen, die für einen solchen Vergleich wichtig wären.

Zunächst einmal: In vielen Religionen, vor allem in den sogenannten Naturreligionen, leben die Menschen in Angst. Sie leben in Angst vor ihren Zauberern, sie leben in Angst vor den Geistern ihrer Verstorbenen, sie leben in Angst vor Mächten und Dämonen. – Wer den wahren Gott als seinen Herrn anerkennt, braucht vor nichts mehr Angst zu haben. Er weiß, daß er seine Existenz der Liebe Gottes verdankt.

Weiterhin: Es gibt viele Religionen, bei denen die Gewalt von Anfang an dazugehört. Mohammed hat sich nicht gescheut, für seinen Glauben Krieg zu führen, und seitdem gehört der „Heilige Krieg" zur Realität des Islam. – Zwar haben auch die Christen immer wieder Glaubenskriege geführt, und sie haben sich nicht gescheut, Menschen aus Glaubensgründen zu vertreiben oder umzubringen. Aber sooft sie es taten, hatten sie die Bergpredigt gegen sich und versündigten sich aufs schwerste gegen den Geist Jesu.

Weiterhin: Es gibt Religionen, zu deren Wesen die Weltverachtung gehört. Sie predigen die Erlösung vom Leib, die Befreiung von der Materie. Ihr einziges Ziel ist die Entweltlichung. – Der jüdisch-christliche Glaube sagt genau das Gegenteil: Alles ist von Gott geschaffen. Alles ist seine gute Schöpfung. Und alles soll erlöst werden und die Herrlichkeit des Schöpfers widerspiegeln.

Weiterhin: Es gibt Religionen, die nie begriffen haben, was Geschichte ist. Sie lehren die ewige Wiederkehr des Gleichen. Wenn ein Mensch stirbt, sagen sie, nimmt seine Seele eine neue Gestalt an. Er tritt wieder ein in den unerbittlichen Kreislauf der Wiedergeburten: als Pflanze oder als Tier oder auch als ein anderer Mensch. – Das Gottesvolk hingegen hat immer gewußt, daß jeder Mensch seine Geschichte nur einmal lebt und daß deswegen dieses Leben, das ich jetzt lebe, unendlich kostbar ist. Jeder Tag, jede Stunde hat ihren Glanz.

Schließlich: Die heidnischen Religionen verehren letztlich das Göttliche der Welt. Ihre Götter sind Kräfte der Welt und der Gesellschaft. Sie erheben die Macht und die Liebe, die Kunst und die Natur zu ihren Göttern. Deshalb sind die Götter der alten Heiden und die Götter der Neuheiden von einer schrecklichen Ambivalenz: Sie ziehen den Menschen an und zeigen ihm am Ende doch nur das Nichts, die sinnlose Leere. – Das Gottesvolk hingegen glaubt an einen Gott, der nicht Teil der Welt ist, auch nicht ihr Urgrund, sondern ihr Schöpfer und Befreier. Wer sich dem wahren Gott öffnet, öffnet sich einem lebendigen Gegenüber, einem ewigen Du, das reine Liebe ist.

Der Gott Israels wohnt nicht in ewigem Schweigen, in unzugänglicher Ferne, in göttlicher Einsamkeit, sondern hat uns in Jesus von Nazaret sein Antlitz gezeigt und ist durch seinen Geist in der Mitte unserer Versammlungen.

So könnte man noch lange vergleichen. Wichtiger als solche Vergleiche wäre allerdings, daß wir durch unsere eigene Existenz erfahren, welch ein Glück es ist, im Gottesvolk zu leben. Jeder, der dieses Glück erfährt, kann nur noch wünschen, daß möglichst viele Menschen Anteil daran haben. Er sieht sich nicht mehr in der Lage zu sagen: „Für mich ist das

Christentum zwar gut. Aber ich weiß nicht, ob es auch für andere gut ist." Er versteht, weshalb der Auferstandene den Aposteln befahl: „Geht und macht zu Jüngern alle Völker, indem ihr sie tauft auf den Namen des Vaters und des Sohnes und des Heiligen Geistes und indem ihr sie alles halten lehrt, was ich euch geboten habe."

Fronleichnam nimmt die Verwandlung der Welt vorweg

Ist der Kelch des Segens, über den wir den Segen sprechen, nicht Teilhabe am Blut Christi? Ist das Brot, das wir brechen, nicht Teilhabe am Leib Christi? Ein Brot ist es. Darum sind wir, die Vielen, ein Leib; denn wir alle haben teil an dem einen Brot.

(1 Kor 10,16-17; Fronleichnam/Lesejahr A)

Die fünfzig Tage von Ostern bis Pfingsten – eingeleitet durch die drei Tage von Gründonnerstag bis Karsamstag – sind das Urfest der Kirche. In diesem Fest ist alles gesagt, worauf es ankommt. Weshalb dann zehn Tage hinterher noch das Fronleichnamsfest? Haben wir das Gedächtnis des Abendmahls nicht schon am Gründonnerstag gefeiert? Und feiern wir es nicht jeden Sonntag?

Fronleichnam kann also nicht etwas völlig Neues begehen wollen, das sonst im Kirchenjahr überhaupt nicht vorkäme. Fronleichnam will nur etwas hervorheben, was sonst vielleicht vergessen und übersehen werden könnte. Aber was ist das Besondere, das durch dieses Fest deutlich werden soll? Manchmal hilft ein Stichwort, die Sache selbst in den Blick zu bekommen. Ich nehme einmal das Stichwort „Verwandlung" zu Hilfe.

Wenn wir uns zur Feier der Eucharistie versammeln, ist Christus mitten unter uns. Er ist unter uns in seinem Wort. Er ist unter uns in den Gaben von Brot und Wein, die beim

Hochgebet verwandelt werden in seinen Leib und in sein Blut. Paulus schrieb der Gemeinde von Korinth:

> *Ist der Kelch des Segens, über den wir den Segen sprechen, nicht Teilhabe am Blut Christi? Ist das Brot, das wir brechen, nicht Teilhabe am Leib Christi?*

Das „Gedächtnis" der Eucharistie ist keine Erinnerung, die uns nur als flüchtiger Gedanke durch den Kopf geht. Dieses Gedächtnis ist mehr. Es schafft höchste Gegenwart. Der Auferstandene selbst ist als unser Gastgeber anwesend und lädt uns ein zu dem Mahl, das er mit den Zwölfen gefeiert hat. In diesem Mahl schenkt er sich uns selbst. Wir erhalten Anteil an seiner Passion, aber auch Anteil an seiner Auferstehung.

Das ist das erste, wenn wir im Zusammenhang der Eucharistie von „Verwandlung" sprechen. Brot und Wein werden zum Zeichen der Gegenwart Christi, und sie werden wahrhaft verwandelt.

„Verwandlung" hat aber im Zusammenhang der Eucharistiefeier noch einen zweiten Sinn, der leider oft vergessen wird: Was würde die Verwandlung von Brot und Wein helfen, wenn bei uns selbst alles so bliebe, wie es vorher war?

Wir können an dem Mahl, das uns da geschenkt wird, nicht teilnehmen und dann wieder nach Hause gehen, als sei nichts gewesen. Dieses Mahl will uns selbst verändern, mehr noch: Es will uns verwandeln. Aus den vielen einzelnen, von denen jeder sein eigenes Leben lebt, soll eine Gemeinde werden, die miteinander lebt. Die das Brot der Eucharistie miteinander teilen, sollen auch ihr Leben miteinander teilen. Hören wir wieder Paulus:

E i n Brot ist es. Darum sind wir, die Vielen, e i n Leib; denn wir alle haben teil an dem einen Brot.

Paulus sieht in der Feier der Eucharistie geradezu die Grundlage der Existenz der Gemeinde. Er wagt es, die Gemeinde von Korinth den Leib Christi zu nennen, weil sie jede Woche von dem Brot der Eucharistie ißt. Anderswo baut Paulus die Aussage von dem Leib der Gemeinde noch weiter aus: So wie im menschlichen Leib alle Teile zusammenspielen, sollen in der Gemeinde alle ihre Möglichkeiten einbringen und verwandeln lassen. Nicht nur das Brot wird also in der Eucharistiefeier in den Leib Christi verwandelt, sondern die vielen einzelnen sollen in den Leib Christi, in eine einmütige Gemeinde, verwandelt werden. Augustinus sagt seiner Gemeinde deshalb in einer Predigt:

Empfangt, was ihr seid: Leib Christi,
damit ihr werdet, was ihr empfangt: Leib Christi.

All das muß man sagen – und es reicht trotzdem nicht, das Geheimnis der Eucharistie ganz auszusagen. Wandlung meint noch mehr. Nicht nur Brot und Wein werden verwandelt. Nicht nur die versammelte Gemeinde soll verwandelt werden. Die Wandlung auf dem Altar und die Wandlung derer, die um den Altar versammelt sind, sollen zum Ausgangspunkt einer verwandelten Welt werden. Und genau hier kommt das Fronleichnamsfest ins Spiel.

Zu diesem Fest gehört ja die Prozession, der Gang durch die Straßen, der Gang durch unsere Welt. Fronleichnam feiert, daß die Eucharistie, die Lebenshingabe Jesu, mit der ganzen Welt zu tun hat, mit ihrer Veränderung, mit ihrer Verwandlung. Die unheilvolle Trennung von Gottesdienst und Welt, von Glaube und Leben soll überwunden werden. Aber eben nicht, indem von der kleinen Hostie, die durch unseren Ort getragen wird, unsichtbare Kräfte ausgehen – eine Art übernatürliche Strahlung –, sondern indem wir uns durch die Lebenshingabe Jesu in eine wirkliche Gemeinde verwandeln lassen, zu seinem Leib, zu seinem Volk, und eben dadurch zum Segen für die Welt werden, oder sagen wir es etwas bescheidener: zum Segen für unseren Ort.

Das also feiern wir am Fronleichnamsfest, und daran wollen wir denken, wenn wir an der Prozession teilnehmen: Verwandlung der Welt, indem wir uns selbst verwandeln lassen; indem wir an uns geschehen lassen, was Gott der Welt schenken will. Christen sollen zwar demütig sein, aber niemals bescheiden. Wir beschränken uns nicht auf unseren Kirchenraum. Der Auftrag, den wir von Gott haben, ist die Verwandlung der Welt.

Diese Verwandlung hat nichts mit Magie zu tun; sie geschieht durch Menschen, die sich zur Verfügung stellen. Und sie ist nichts Übersinnliches; sie meint unsere Straßen, unsere Häuser, unsere Wohnungen, die Verhältnisse, in denen wir leben. Daß an diesem Tag die Straßen gekehrt, die Häuser geschmückt und wir selbst festlich gekleidet sind, ist ein äußeres Zeichen dieser Verwandlung. Sie ist möglich. Sie hat schon begonnen, und sie will weitergehen.

Jesus beginnt seine Wirksamkeit damit, daß er Jünger sammelt

Als Jesus hörte, daß man Johannes ins Gefängnis geworfen hatte, zog er sich nach Galiläa zurück. Er verließ Nazaret, um in Kafarnaum zu wohnen, das am See liegt, im Gebiet von Sebulon und Naftali. Denn es sollte sich erfüllen, was durch den Propheten Jesaja gesagt worden ist: „Das Land Sebulon und das Land Naftali, die Straße am Meer, das Gebiet jenseits des Jordan, das heidnische Galiläa: das Volk, das im Dunkel lebte, hat ein helles Licht gesehen; denen, die im Schattenreich des Todes wohnten, ist ein Licht erschienen." Von da an begann Jesus zu verkünden: „Kehrt um! Denn das Himmelreich ist nahe."

Als er am See von Galiläa entlangging, sah er zwei Brüder, Simon, genannt Petrus, und seinen Bruder Andreas; sie warfen gerade ihr Netz in den See, denn sie waren Fischer. Da sagte er zu ihnen: „Kommt her, folgt mir nach! Ich werde euch zu Menschenfischern machen." Sofort ließen sie ihre Netze liegen und folgten ihm.

Als er weiterging, sah er zwei andere Brüder, Jakobus, den Sohn des Zebedäus, und seinen Bruder Johannes; sie waren mit ihrem Vater Zebedäus im Boot und richteten ihre Netze her. Er rief sie, und sogleich verließen sie das Boot und ihren Vater und folgten Jesus. Er zog in ganz Galiläa umher, lehrte in den Synagogen, verkündete das Evangelium vom Reich und heilte im Volk alle Krankheiten und Leiden.

(Mt 4,12-23; 3. Sonntag im Jahreskreis/Lesejahr A)

Jesus beginnt seine Wirksamkeit damit, daß er Jünger sammelt

Der Anfang ist wichtig. Oft ist im Anfang das Spätere schon angelegt. So hängt viel daran, wie wir den neuen Tag beginnen, was am Morgen unsere ersten Gedanken sind. Ähnlich ist es bei jedem neuen Lebensabschnitt. In der Frische des Anfangs wird das Spätere vorweggenommen und kündet sich oft bereits zeichenhaft an.

Das Matthäusevangelium erzählt, wie Jesus in Galiläa mit seiner öffentlichen Wirksamkeit beginnt. Wie hat Jesus angefangen? Was war das erste, das er getan hat? Ist das erste eine mitreißende Predigt? Hält er zunächst eine programmatische Rede? Oder fängt er damit an, Kranke zu heilen? Vieles wäre denkbar. Matthäus stellt an den Anfang der öffentlichen Tätigkeit Jesu weder die Bergpredigt noch die Erzählung eines Heilungswunders, sondern etwas ganz anderes. Er berichtet, wie Jesus die ersten Jünger um sich sammelt; wie er Menschen herausruft aus ihrer alten Umgebung und aus allem, was sie bis dahin getan haben, um mit ihnen ein gemeinsames Leben zu beginnen. Man kommt nicht daran vorbei: Für den Evangelisten und offenbar auch für Jesus selbst war die Sammlung von Jüngern das erste. Weshalb?

Petrus und Andreas, Jakobus und Johannes waren zweifellos fromme Juden. Sie glaubten an Gott. Sie hielten die Gebote, so gut es eben ging. Sie beteten ihre täglichen Gebete. Sie waren jeden Sabbat in der Synagoge. Nun sagt ihnen Jesus aber gerade nicht: Glaubt noch fester an Gott! Haltet die Gebote noch genauer – auch da, wo ihr bis jetzt nachlässig wart! Vergeßt niemals eure täglichen Gebete! Und kommt bitte nicht mehr zu spät zum Gottesdienst! Von all dem sagt Jesus diesen Fischern, die da mitten in ihrer Arbeit sind, kein einziges Wort. Was er ihnen sagt, ist: „Kommt her, folgt mir nach!" Weshalb?

Weil für Jesus das Wichtigste in der Welt die Herrschaft Gottes ist. Gott soll Herr sein. Er allein. Und daß Gott *Herr* ist in der Welt, sieht man nicht an schönen Worten. Man sieht es auch nicht, wenn jeder nur seine private Frömmigkeit lebt. Man sieht es einzig dann, wenn Menschen ihr Leben miteinander verbinden und wenn ihre Lebensgemeinschaft sichtbar macht: Ein Stück Welt hat sich unter der Herrschaft Gottes verändert. Deshalb ist das erste Wort, das Jesus Matthäus zufolge in seiner öffentlichen Wirksamkeit spricht:

Kommt her, folgt mir nach!

Und er sagt denen, die er in diese Nachfolge ruft:

Ich werde euch zu Menschenfischern machen!

Das heißt: Seine Jünger sollen fortsetzen, was er selbst anfängt. Auch sie sollen Menschen um sich sammeln und mit ihnen in einem neuen Miteinander leben. So ist es dann ja auch gekommen. Aus der Schar der Jünger, die Jesus in seine Nachfolge gerufen hatte, sind nach Ostern die ersten Gemeinden entstanden. Die Sammlungsbewegung Jesu ist weitergegangen.

Es ist alles andere als ein Zufall, daß Jesus so anfängt. Und es ist kein Zufall, daß auch der Evangelist Matthäus als erstes von der Sammlung des Jüngerkreises erzählt. Er will damit sagen: Hier zeigt sich das Wesen der Kirche. Kirche gründet auf dem Nachfolgeruf Jesu, der die Menschen herausführt aus dem Bisherigen und sie zusammenführt zu etwas Neuem: zu einem gemeinsamen Leben unter der Herrschaft Gottes.

Nun gibt es eine Vorstellung, die das richtige Verständnis von Mt 4,12-23 außerordentlich erschwert: Wir verstehen die Jünger Jesu immer sofort als Amtsträger. Und dann denken wir: Natürlich, die Apostel mußten ja wohl bei Jesus sein und mit ihm durch das Land ziehen – aber sie waren eben etwas Besonderes. Alle anderen sind zu Hause geblieben, wie sich das für normale Christen gehört.

Doch genau damit nehmen wir dem Evangelium seine Kraft und passen es unseren geheimen Wünschen an. Unser tiefster Wunsch ist, in Ruhe gelassen zu werden. Da kommt es uns durchaus zupaß, die Zwölf zu reinen Amtsträgern zu machen. Damit haben wir sie abgesondert, sie isoliert, sie zu einem eigenen Stand innerhalb der Kirche gemacht und uns selbst von der Nachfolge und dem Exodus entlastet.

Die Jünger, die Jesus beruft, sind aber nicht nur Amtsträger, sondern sie sind der Anfang des Neuen, das Jesus mitten in Israel beginnt. Es ging ihm nicht darum, künftige Funktionäre um sich zu versammeln, sondern mit seinen Jüngern den Anfang zu machen für das neue Miteinander im Gottesvolk.

Der Ruf „Kommt her, folgt mir nach, ich will euch zu Menschenfischern machen!" gilt also uns allen. Wir alle sollen in die Nachfolge Jesu eintreten – jeder auf seine Weise, jeder so, wie es seinen Möglichkeiten entspricht. Für diesen Ruf sollten wir keine Stimme vom Himmel erwarten, keine himmlische Sondereinladung. Sie wird mit Sicherheit niemals kommen. Ich selbst habe jedenfalls noch nie eine Himmelsstimme gehört. Mir haben einfache Christen den Weg der Nachfolge gezeigt, und ich stand eines Tages vor der Frage, ob ich auf sie hören wollte oder nicht.

Den Jüngern damals in Galiläa ist es nicht anders gegangen. Sie sahen am Ufer des Sees einen Menschen stehen, der sich zunächst einmal in nichts von ihnen unterschied. Er redete davon, daß Gott ganz Herr sein sollte. In ihren Gebeten hatten sie das schon tausendmal formuliert. Aber nun ruft es ihnen dieser Jesus zu, und sie begreifen mit einem Mal, wie das real aussehen könnte, und alles war wie neu, und sie sind ihm nachgefolgt.

Aus dem Ganzen wurde eine unglaubliche Geschichte. Sie geschieht noch heute.

Wenn die Gemeinde versammelt ist, sind Himmel und Erde verbunden

Im Todesjahr des Königs Usija sah ich den Herrn. Er saß auf einem hohen und erhabenen Thron. Der Saum seines Gewandes füllte den Tempel aus. Serafim standen über ihm. Sie riefen einander zu: „Heilig, heilig, heilig ist der Herr der Heere. Von seiner Herrlichkeit ist die ganze Erde erfüllt.“ Die Türschwellen bebten bei ihrem lauten Ruf, und der Tempel füllte sich mit Rauch.

Da sagte ich: „Weh mir, ich bin verloren. Denn ich bin ein Mann mit unreinen Lippen und lebe mitten in einem Volk mit unreinen Lippen, und meine Augen haben den König, den Herrn der Heere, gesehen.“ Da flog einer der Serafim zu mir; er trug in seiner Hand eine glühende Kohle, die er mit einer Zange vom Altar genommen hatte. Er berührte damit meinen Mund und sagte: „Das hier hat deine Lippen berührt: Deine Schuld ist getilgt, deine Sünde gesühnt.“

Danach hörte ich die Stimme des Herrn, der sagte: „Wen soll ich senden? Wer wird für uns gehen?“ Ich antwortete: „Hier bin ich, sende mich!“

(Jes 6,1-2a.3-8; 5. Sonntag im Jahreskreis/Lesejahr C)

Diese Lesung aus dem Alten Testament berichtet von einer Vision – mit all dem Unfaßlichen, das zu einer Vision gehört. Der Prophet Jesaja befindet sich plötzlich mitten in einer himmlischen Liturgie. Er sieht Gott selbst – und sieht doch nur den Saum seines Gewandes; allein dieser Saum füllt den ganzen Tempel. Er sieht um den Thron Gottes die Serafim, die vor Liebe Brennenden. Er hört das Sanctus, das Dreimal-Heilig, das die Thronengel so laut rufen, daß der Tempel erzittert.

Aber das alles ist nur Einleitung, ist nur Vorspiel für das, was sich anschließt: Der Prophet wird ausgesandt – und zwar nicht irgendwohin in die Welt, sondern zu Israel, zu dem Volk, das sich Gott erwählt hat, damit auf dem Weg über dieses Volk sein Heil in die Welt kommt.

Aber die Menschen im Gottesvolk wollen von ihrer Erwählung nichts hören. Sie wollen nicht wahrhaben, daß sie beauftragt sind, den Plan Gottes mit der Welt sichtbar zu machen. Unmittelbar nach unserem Textabschnitt heißt es im Jesajabuch: Die von Gott Berufenen hören zwar, wie Gott sie beruft, aber sie verstehen nicht. Sie sehen zwar, um was es geht, aber sie ziehen daraus keine Konsequenzen. Ihr Herz ist verhärtet, ihre Ohren sind verstopft, ihre Augen verklebt. Sie kommen nicht zur Einsicht, sie kehren nicht um, und so können sie auch nicht geheilt werden.

Wenn der heutige Mensch von dem Saum des göttlichen Gewandes hört und von dem Stufenthron, auf dem Gott sitzt, und von den Serafim, die über dem Thron Gottes als Thronwächter tätig sind, reagiert er mit tiefer Skepsis. Er sagt sich: Das ist unzumutbar. Kein Mensch kann dergleichen glauben. Texte solcher Art sind fromme Erfindungen. Was sollen diese orientalischen Märchen im Zeitalter des Mikrochips?

Aber wer so denkt, macht es sich zu einfach. Denn das, worauf der gesamte Text hinausläuft, gibt es ja wirklich, wir erleben es täglich: So viele, die von Gott berufen sind, wollen nicht hören. So viele, die hochbegabt wären, an der Sache Gottes mitzuarbeiten, wollen nur für sich selbst leben. Ihre Augen sehen nicht. Ihre Ohren hören nicht. Ihre Herzen sind wie aus Stein. Gott findet nur einen einzigen, der sich senden läßt, und selbst dieser eine muß von sich sagen:

Weh mir, ich bin ein Mensch mit unreinen Lippen.

In all dem ist der Text unglaublich genau. Da trifft er die Realität – um uns herum und in uns selbst. Und weil der Text an dieser Stelle so genau ist, glaube ich ihm auch alles andere, was er sagt. Ich glaube diesem Text, daß es Gott gibt und daß dieser Gott heilig ist, unfaßbar heilig, so daß jeder, der ihn wirklich erfährt, nur sagen kann:

Weh mir, ich bin verloren.

Übrigens macht Petrus in Lk 5,1-11 genau die gleiche Erfahrung. Auch er muß sagen:

Herr, geh weg von mir, ich bin ein sündiger Mensch!

Auch Petrus ist dem absolut Heiligen begegnet. Er hat im Wunder des Fischfangs, in der Fülle dessen, was die Netze bargen, die Herrlichkeit Gottes gesehen. Und indem er diese Herrlichkeit sieht, sieht er sein eigenes Leben mit neuen Augen. Petrus ist entsetzt über sich selbst und tief erschrocken über das ganz Andere, dem er begegnet ist.

Entscheidend ist aber nun in beiden Texten: Die Erfahrung der Heiligkeit Gottes und der völligen Unheiligkeit des Menschen ist nicht das Letzte. Jesaja wird gesagt:

Deine Schuld ist getilgt, deine Sünde gesühnt.

Petrus wird gesagt:

Fürchte dich nicht!
Von jetzt an wirst du Menschen fangen.

Gott sind diejenigen, die sich für seine Sache in Dienst nehmen lassen, so kostbar, daß er ihnen die Schuld vergibt. Vielleicht darf man sogar sagen: Jeder Dienst an der Sache Gottes, und wenn es auch der unscheinbarste Dienst wäre, ist schon in sich ein Stück Heilung, ist Vergebung, ist Sühne.

Die Lesung aus Jesaja sagt uns aber noch mehr. Die Sendung des Propheten ist genau datiert. Sie geschah, wie der Einführungssatz in die Vision festhält, im Todesjahr des Königs Usija, das heißt im Jahre 739 vor Christus. Der Prophet muß die erschütternde Erfahrung seiner Sendung zu Israel schon bald danach in einer Art „Denkschrift" festgehalten haben.

Das Dreimal-Heilig war wohl schon damals ein Bestandteil der Tempelliturgie in Jerusalem. Die Kirche hat das Dreimal-Heilig dann sehr früh in den Ablauf der Eucharistiefeier hineingenommen. Wir singen es heute mitten im Hochgebet, nach der Präfation. Dieser Teil der heiligen Messe ist also nahezu 3000 Jahre alt.

Seit fast 3000 Jahren erschallt das Dreimal-Heilig, zuerst in der Jerusalemer Tempelliturgie, dann im jüdischen Synagogengottesdienst, dann in der Eucharistiefeier der Kirche. Es gibt in der Welt keine Institution, die derartiges aufzuweisen hat: einen Text, der so alt ist und der noch heute so lebendig ist wie vor 3000 Jahren.

Aber wichtiger als das ehrwürdige Alter des Dreimal-Heilig ist etwas anderes: Das Sanctus ist ja der himmlische Lobpreis der Engel um den Thron Gottes. Wenn die Kirche es wagt, das Dreimal-Heilig in ihrem Gottesdienst anzustimmen, macht sie damit eine ungeheuerliche Aussage. Sie sagt dann nämlich: In dem Augenblick, wo sich die irdische Gemeinde versammelt und Gott preist für seine Taten, sind Himmel und Erde verbunden. Das Gotteslob der versammelten Gemeinde verschmilzt mit dem Gotteslob der Engel. Es ist kein Unterschied mehr. Der Himmel hat schon begonnen.

So tut die Kirche, wenn sie Gott in ihren Versammlungen preist, das Größte, was sie überhaupt tun kann. Mehr als den Lobpreis Gottes gibt es nicht. Wenn wir das Sanctus sprechen, leben wir bereits in der Ewigkeit, denn die Ewigkeit ist reiner Lobpreis Gottes – voll Selbstvergessenheit und Seligkeit.

Und doch ist damit noch nicht alles gesagt. Wir haben ja gesehen: Der alttestamentliche Text läuft auf die Indienstnahme Jesajas hinaus. Das Gleiche gilt für uns. Wenn wir das Dreimal-Heilig ernst meinen, heißt das notwendig, daß wir uns bereit erklären, mitzuhelfen, daß der Name Gottes auch in der Welt geheiligt wird, daß also die Welt zum Raum seiner Herrlichkeit wird. Gott preisen heißt immer auch: sich von ihm in Dienst nehmen lassen. Wir dürfen deshalb sagen: In jedem unserer Gottesdienste geschieht das, was damals im Jahre 739 vor Christus bei Jesaja geschehen ist: Wir stehen vor dem heiligen Gott. Wir erkennen, wer wir in Wahrheit sind. Aber Gott nimmt uns, trotz unserer Schuld, in seinen Dienst. Und gerade so werden wir heil, kommt unser Leben und kommt ein Stück Welt wieder in Ordnung und verkündet die Ehre Gottes.

Jesu Seligpreisungen meinen das Heute

In jener Zeit stieg Jesus mit seinen Jüngern den Berg hinab. In der Ebene blieb er mit einer großen Schar seiner Jünger stehen, und viele Menschen aus ganz Judäa und Jerusalem und dem Küstengebiet von Tyrus und Sidon strömten herbei. Jesus richtete seine Augen auf seine Jünger und sagte:

„Selig, ihr Armen,
denn euch gehört das Reich Gottes.

Selig, die ihr jetzt hungert,
denn ihr werdet satt werden.

Selig, die ihr jetzt weint,
denn ihr werdet lachen.

Selig seid ihr, wenn euch die Menschen hassen und aus ihrer Gemeinschaft ausschließen, wenn sie euch beschimpfen und euch in Verruf bringen um des Menschensohnes willen. Freut euch an jenem Tag und tanzt; euer Lohn im Himmel wird groß sein. Denn ebenso haben es ihre Väter mit den Propheten getan.“

(Lk 6,17-18.20-23; 6. Sonntag im Jahreskreis/Lesejahr C)

In diesem Evangelium werden Menschen selig gepriesen. Nicht weniger als viermal erklingt das „Selig ...“. Man könnte das zugrundeliegende Wort auch übersetzen mit „glücklich“, „gesegnet“, „beneidenswert“. Wer von uns möchte so etwas nicht gesagt bekommen, und wer möchte es nicht erreichen – ein glückliches, beneidenswertes, gesegnetes, erfülltes Leben?

Doch hört man genauer hin, wer da eigentlich selig gepriesen wird, bekommt man eher einen Schrecken. Offenbar sind gar nicht wir gemeint. Sind wir denn arm? Wir haben alle gute Mäntel an. Und sind wir hungrig? Wir hatten heute morgen ein ordentliches Frühstück und werden heute mittag höchstwahrscheinlich einen saftigen Braten essen. Jesus standen wohl doch andere Leute vor Augen. Aber dann geht der Text weiter:

„Selig seid ihr, wenn euch die Menschen beschimpfen und in Verruf bringen um des Menschensohnes willen" – und das verschiebt die Perspektive, denn dergleichen gibt es auch bei uns: Menschen werden wegen ihrer Treue zur Kirche lächerlich gemacht; Männer und Frauen, die nichts anderes wollen, als das Evangelium zu leben, werden dafür verleumdet, ohne sich wehren zu können.

Und daß Menschen weinen, weil sie nicht mehr zurechtkommen, weil sie ausgenützt werden, weil ihre Würde mit Füßen getreten wird – ja, das gibt es auch in unserer Gesellschaft. Und wenn wir den Text in dieser Richtung weiterdenken, geht uns auf, daß es vielleicht doch auch „Arme" unter uns gibt: nicht gerade materiell Arme, aber Menschen, die nicht mehr wissen, wo vorne und hinten ist, Einsame, Alleingelassene, Verführte, um ihr Leben Betrogene. Die Armut hat bei uns andere Gesichter, aber es gibt sie wie damals.

Es lohnt sich also doch, einmal genauer zu fragen, was Jesus mit seinen Seligrufen eigentlich gemeint hat. Wie kommt er dazu, die Armen zu preisen? Ist es denn etwas in sich Sinnvolles, arm zu sein, zu hungern, zu weinen, verfolgt zu werden? Selbstverständlich nicht. Jesus preist nicht die Armut, sondern er preist die Armen – und zwar deswegen, weil ihnen die Armut genommen wird. Und er preist nicht den Hunger, sondern die Hungrigen, weil ihr Hunger gestillt wird. Und er preist nicht die Traurigkeit, sondern die Trauernden, weil ihr Weinen umschlagen wird in Lachen.

Aber wann wird das alles geschehen? Wann wird den Armen die Armut genommen? Wann werden die Hungernden satt? Wann werden die Trauernden getröstet? Es hängt viel davon ab, ob wir die Frage nach dem Wann richtig beantworten. Wenn wir sagen: Im Jenseits, nach dem Tod, wird die Trauer von uns genommen, wird der Hunger unseres Lebens gestillt, verwandelt sich unser Elend in Glück, treffen wir noch nicht wirklich, was Jesus mit den Seligpreisungen gemeint hat. Er vertröstet nicht auf das Jenseits, sondern erklärt: Heute tritt ein, was die Propheten versprochen haben, heute erfüllen sich die Verheißungen, heute fängt alles schon an.

Aber wie ist das möglich? Wenn man genau auf den Text achtet, fällt sofort auf: Die Seligpreisungen richten sich nicht an jedermann, sondern zunächst einmal an die Jünger Jesu. Ausdrücklich heißt es:

Jesus richtete seine Augen auf seine Jünger,

und dann folgen die Seligpreisungen. Der Ort, wo die Erfüllung der Seligpreisungen ihren Anfang nimmt, ist also die Gemeinschaft derer, die Jesus in seine Nachfolge ruft. Über die Jünger, die ihm nachfolgen, sollen sich die Seligpreisungen am ganzen Gottesvolk erfüllen, und über das Gottesvolk dann an allen Menschen.

Sie können sich jeweils nur dort erfüllen, wo Menschen dem Wort Jesu bedingungslos glauben und auf dem Boden des Gottesvolkes nach seinem Evangelium leben. Wo das geschieht, werden die Seligpreisungen schon heute wahr, weil solcher Glaube die Kraft hat, Welt zu verwandeln. Daß die Seligpreisungen Jesu dem *Heute* gelten, hat die Kirche immer festgehalten. Die frühen Gemeinden haben gewußt, daß es in ihrer Mitte keine Notleidenden zu geben braucht.

Es gab keine Armen unter ihnen,

heißt es in der Apostelgeschichte. Und die Kirche hat immer daran festgehalten, daß sie die Kraft hat, die Trauernden zu trösten. Von dieser Kraft sprechen zum Beispiel die „sieben geistigen Werke der Barmherzigkeit", die viele von uns noch im Katechismusunterricht gelernt haben:

die Sünder zurechtweisen,
die Unwissenden lehren,
den Zweifelnden recht raten,
die Trauernden trösten,
die Lästigen geduldig ertragen,
denen, die uns beleidigen, gern verzeihen,
für die Lebenden und die Toten beten.

Hinter diesen schlichten Sätzen des Katechismus stand ursprünglich einmal die lebendige Erfahrung christlicher Gemeinden, in denen sich die Seligpreisungen in dem Miteinander der Glaubenden schon erfüllten. Es ist einfach nicht wahr, daß die Kirche immer nur auf das Jenseits vertröstet hätte. Sie hat nie ganz vergessen, daß sie der Ort ist, wo Gott bereits heute die Armen reich macht und die Hungernden sättigt und die Trauernden tröstet, weil er schon mitten in dieser Geschichte den Ort seiner Gegenwart gestiftet hat. Das *Heute* der Seligpreisungen hat bereits mit unserer Taufe begonnen, und es geht weiter bis in die Ewigkeit. Die Überfülle des Heils, das Jubeln und Vor-Freude-Tanzen sind uns schon heute angeboten. Allerdings sprechen die Seligpreisungen vom Jubeln und Tanzen im Zusammenhang der Verfolgung:

> *Selig seid ihr, wenn euch die Menschen hassen und aus ihrer Gemeinschaft ausschließen, wenn sie euch beschimpfen und euch in Verruf bringen um des Menschensohnes willen. Freut euch an jenem Tag und tanzt!*

Durch das Thema der Verfolgung erscheinen die Seligpreisungen noch einmal in einem neuen Licht, und dieses Licht führt uns auf eine Spur, der wir noch nachgehen müssen, wenn wir sie bis in ihre Tiefe verstehen wollen.

Es bleibt dabei: Die Seligpreisungen verheißen, daß sich unser Elend in Glück verwandelt, daß der Hunger unseres Lebens gestillt und daß alle Trauer von uns genommen wird – schon heute. Und doch gibt es für die Nachfolger Jesu eine Armut und einen Hunger und eine Trauer, die bleiben, die aber völlig verschieden sind von der Armut, dem Hunger und der Trauer der Welt.

Es gibt in dem Miteinander der Jünger, das die Seligpreisungen voraussetzen, die Armut derer, die ihr Eigentum zur Verfügung stellen. Es gibt den Hunger derer, die danach hungern, daß die Herrschaft Gottes sichtbar wird. Es gibt die Trauer derer, die trauern über den eigenen und den fremden Unglauben, der das Offenbarwerden der Herrlichkeit Gottes verhindert. Und es gibt die Not der Verfolgung, weil diejenigen, die als Jünger Jesu das neue Miteinander leben, den Haß ihrer Umwelt auf sich ziehen. Von dieser Armut, diesem Hunger, dieser Trauer und dieser Not wird der Jünger nicht befreit. Aber gerade sie führen ihn zu einer überströmenden Freude und sind der Boden, auf dem er tanzt.

Religion gibt es überall, Glaube ist etwas anderes

In jener Zeit sprach Jesus zu seinen Jüngern: „Ihr habt gehört, daß zu den Alten gesagt worden ist: Du sollst nicht töten; wer aber jemand tötet, soll dem Gericht verfallen sein. Ich aber sage euch: Jeder, der seinem Bruder auch nur zürnt, soll dem Gericht verfallen sein; und wer zu seinem Bruder sagt: Du Dummkopf!, soll dem Spruch des Hohen Rates verfallen sein; wer aber zu ihm sagt: Du gottloser Narr!, soll dem Feuer der Hölle verfallen sein.

Wenn du deine Opfergabe zum Altar bringst und dort kommt dir in den Sinn, daß dein Bruder etwas gegen dich hat, so laß deine Opfergabe dort vor dem Altar, geh und versöhne dich zuerst mit deinem Bruder, und dann komm und opfere deine Gabe."

(Mt 5,21-24; 6. Sonntag im Jahreskreis/Lesejahr A)

In diesem Text ist vom Zürnen und von der Versöhnung die Rede. Jesus redet über die Versöhnung in knappen, bis aufs äußerste zugespitzten Sätzen. Wir müssen uns die Vorgänge, um die es dabei geht, zuerst einmal veranschaulichen, damit wir die Tragweite des Gesagten erkennen.

Da ist einer, der Gott die Ehre geben will. Er macht eine Wallfahrt zum Tempel. Wenn er ein Galiläer ist, war er drei Tage auf steinigen und staubigen Straßen unterwegs. Nun ist er endlich in Jerusalem angekommen, und wir sehen ihm zu, wie er seine Opfergabe zum Altar bringt.

Das ist die vorausgesetzte Situation. Jeder der damaligen Zuhörer kennt sie. Jeder ist unmittelbar betroffen, wenn Jesus fortfährt: Es kann sein, daß du schon dabei bist, deine Opfergabe darzubringen. Da erst kommt dir zu Bewußtsein: Daheim in meinem Dorf ist einer, der etwas gegen mich hat. Wenn dir das klar wird, sagt Jesus, dann laß deine Gabe dort vor dem Altar, kehr nach Hause zurück und versöhne dich mit deinem Glaubensbruder. Erst dann komm wieder zum Tempel und opfere, was du dir vorgenommen hattest.

Bemerkenswert bei dem Ganzen ist zunächst einmal, daß Jesus hier nichts gegen den Tempel sagt. Er findet es gut, daß der Jerusalemer Tempel strahlend wird durch die Gaben der Israeliten. Und er findet es gut, daß die Gläubigen von überall her nach Jerusalem wallfahren, um den Tempel zu besuchen und dort Gott die Ehre zu geben. Noch wichtiger ist ihm aber, daß die Menschen im Gottesvolk versöhnt miteinander leben. Tun sie das nicht, sind Tempelbesuch und Opfer sinnlos. Für Jesus trägt eine Gemeinde, die untereinander einmütig und versöhnt ist, mehr zur Ehre Gottes bei als der herrlichste Tempel und der schönste Gottesdienst.

Bemerkenswert ist aber auch, wie Jesus das Beispiel, das er vorträgt, in Szene setzt. Er sagt nicht:

Wenn du vor dem Altar merkst,
daß du deinen Glaubensbruder beleidigt oder verletzt hast,
so kehr sofort nach Hause zurück und bitte den,
dem du Unrecht getan hast, um Vergebung.

Er sagt vielmehr:

Wenn dir in den Sinn kommt,
daß dein Bruder etwas gegen dich hat ...

Die Frage, wer der Schuldige ist, interessiert Jesus nicht. Diese Frage läßt er bewußt offen. Es wäre durchaus möglich, daß nicht der im Tempel schuld an dem Zerwürfnis ist, sondern der zu Hause. Trotzdem muß der, der seine Gabe darbringen will, alles tun, daß es zur Versöhnung kommt. Er darf die Dinge nicht so lassen, wie sie sind. Er darf gerade nicht sagen: „Der andere hat angefangen. Also muß er jetzt auch den Anfang machen, wenn wieder Friede sein soll. Er muß zuerst kommen und sich bei mir entschuldigen, und dann können wir weitersehen." Wer so denkt, läßt sich von bürgerlicher Moral leiten, nicht aber vom Evangelium.

Jesus ist zutiefst überzeugt: Zerwürfnisse und Feindschaften sind im Gottesvolk etwas so Unmögliches, daß sofort versucht werden muß, sie zu beenden – ob man nun selbst schuld ist oder nicht. Solange man nicht selbst alles getan hat, sich mit dem anderen zu versöhnen, hat es keinen Sinn, zum Gottesdienst zu gehen. Solche Gottesdienste, sagt Jesus, sind Gott ein Greuel. Aber eine Freude sind für ihn Menschen, die Frieden herstellen, die dem Frieden nachjagen und sich immer wieder versöhnen.

Jesu Auffassung über die Versöhnung macht den Unterschied zwischen bloßer Religion und dem jüdisch-christlichen Glauben deutlich: Opfer, die man den Göttern darbringt, gibt es in allen Religionen; ebenso Festzeiten, Wallfahrten, Heiligtümer, Altäre, Gottesdienst, Gebet, Ritual, Fasten, Almosen – all das gehört zum Wesen der Religion, und Religion gibt es überall.

Für den Glauben des Gottesvolkes aber ist charakteristisch, daß mit unbestechlicher Nüchternheit gesagt wird: Alle Gebete, alle Opfer, alle Gottesdienstbesuche sind nutzlos, wenn der Gottesdienst nicht ein neues Miteinander hervorbringt.

Gott versöhnt sich im Gottesdienst mit uns, und er ergreift dabei selbst die Initiative; deshalb müssen wir uns auch untereinander versöhnen und dabei wie er die Initiative ergreifen. Wir holen uns Gottes Segen; deshalb müssen wir auch einander zum Segen werden. Gehen wir hingegen in den Gottesdienst und bleiben unversöhnlich, dann lästern wir Gott und machen seinen Namen vor den Heiden lächerlich.

So ist der jüdisch-christliche Glaube mehr als bloße Religion: Der Gottesdienst ist nicht eine herausgehobene Stunde der Woche; er umfaßt das ganze Leben; er umfaßt es nicht nur, er verändert es und verschiebt alle Horizonte. Derjenige, der eigentlich opfern will, dann aber zurückeilt, um Versöhnung zu schaffen, sich die Beine müde läuft, um zu seinem Gegner zu kommen, ihm nachlaufen muß und nicht einmal weiß, ob sein Angebot ein offenes Herz findet, wird selbst zum Opfer. Plötzlich leuchten hinter unserem Text der Weg Christi und das Opfer seines Lebens auf.

Das Heiligtum Gottes ist aus lebendigen Steinen

Wißt ihr nicht, daß ihr Gottes Tempel seid und der Geist Gottes in eurer Mitte wohnt? Wer den Tempel Gottes verdirbt, den wird Gott verderben. Denn Gottes Tempel ist heilig, und der seid ihr.

Keiner täusche sich selbst. Wenn einer unter euch meint, er sei weise in dieser Welt, dann werde er töricht, um weise zu werden. Denn die Weisheit dieser Welt ist Torheit vor Gott. In der Schrift steht nämlich: „Er fängt die Weisen in ihrer eigenen List." Und an einer anderen Stelle: „Der Herr kennt die Gedanken der Weisen; er weiß, sie sind nichtig."

Daher soll sich niemand eines Menschen rühmen. Denn alles gehört euch; Paulus, Apollos, Kephas, Welt, Leben, Tod, Gegenwart und Zukunft: alles gehört euch; ihr aber gehört Christus, und Christus gehört Gott.

(1 Kor 3,16-23; 7. Sonntag im Jahreskreis/Lesejahr A)

„Wißt ihr nicht, daß ihr Gottes Tempel seid und der Geist Gottes in eurer Mitte wohnt?", schreibt Paulus der Gemeinde von Korinth in einem der kühnsten und folgenreichsten Sätze seiner Briefe. Man muß sich bei diesem Satz die kleine Christengemeinde der Stadt Korinth vorstellen. Es waren wohl kaum mehr als 200 Männer und Frauen, und sie alle waren keine Helden und Heilige. Ihnen sagt Paulus: „Ihr seid der Tempel Gottes!" Die ganze Kühnheit des Satzes ahnt man aber erst, wenn man sich klarmacht, was in der Antike ein

Tempel war und was den damaligen Menschen vor Augen stand, wenn sie das Wort „Heiligtum" hörten.

Die antiken Tempel waren das Kostbarste, was es damals in der Welt gab. Die besten Baumeister bauten sie, und nur die wertvollsten Baumaterialien wurden für sie verwendet. Der Jerusalemer Tempel war aus weißem Marmor, und seine Mauern waren an vielen Stellen mit massiven Goldplatten überzogen. Den Aussagen der Zeitgenossen zufolge strahlte er am Morgen, wenn die Sonne aufging, in solchem Glanz, daß die Augen geblendet waren.

Die strahlende Schönheit des Jerusalemer Tempels hatte einen Grund: Er galt als die Wohnung Gottes. Zwar wurde diese Aussage bereits im Alten Testament theologisch reflektiert und auch relativiert. Sie wurde aber niemals aufgehoben. Das Allerheiligste, der innerste Raum des Tempels, durfte von niemandem außer dem Hohenpriester betreten werden. Und selbst er durfte es nur ein einziges Mal im Jahr: am Jom Kippur, dem Versöhnungstag.

Der Tempel galt als heilig. Das heißt: Er gehörte ausschließlich Gott. Er war Gottes besonderes Eigentum. Er war Gottes Anwesen in der Welt. Die Heiligkeit des Tempels wurde als so groß angesehen, daß die jüdischen Theologen sagten:

Der Tempel heiligt die Stadt Jerusalem,
die Stadt Jerusalem heiligt das Land Israel,
und das Land Israel heiligt die ganze Welt.

Der Tempel war also der Mittelpunkt der Welt. An seiner Schönheit und Kostbarkeit wurde deutlich, wie Gott die Welt schon vor aller Schöpfung gedacht hatte. Der Tempel galt als die Vollendung der Schöpfung Gottes, als Inbegriff des Kosmos. Wo er stand, waren Himmel und Erde verbunden. Tatsächlich war im Jerusalemer Tempel auf dem riesigen, vielfarbigen Vorhang vor dem Allerheiligsten das ganze Himmelsgewölbe dargestellt.

So könnte ich nun noch lange weitererzählen. Was der Tempel von Jerusalem war und was er Israel bedeutete, erfährt man aber am besten aus den alten Wallfahrtsliedern des Gottesvolkes, die von der Sehnsucht sprechen, den Tempel wiederzusehen und in seinen Vorhöfen zu weilen:

Wie freute ich mich, da man mir sagte:
Zum Haus des Herrn wollen wir ziehen (Ps 122,1).

Wie liebenswert ist deine Wohnung, Herr der Heerscharen!
Meine Seele verzehrt sich in Sehnsucht
nach dem Tempel des Herrn.

Ein einziger Tag in den Vorhöfen des Heiligtums
ist besser als tausend andere sonst (Ps 84,2-3.11).

Vor diesem Hintergrund müssen wir die Aussage des Paulus hören: „Wißt ihr nicht, daß ihr Gottes Tempel seid und der Geist Gottes in eurer Mitte wohnt?“ Wir verstehen jetzt, was in diesem Satz alles mitschwingt. Wir ahnen die Kühnheit, ja die Ungeheuerlichkeit der Redeweise des Paulus. Wenn wir ernst nehmen, was er sagt, dann ist die Versammlung der Gläubigen das Kostbarste, was es auf der Welt gibt, dann wohnt Gott in unseren Versammlungen, obwohl wir schwache und sündige Menschen sind, dann soll an uns sichtbar werden, was Gott schon immer mit seiner Schöpfung im Sinn hatte, dann sind dort, wo wir versammelt sind, Himmel und Erde verbunden, und die Vollendung der Schöpfung Gottes fängt in unserer Mitte heute schon an.

Wenn wir ernst nehmen, was Paulus von der Gemeinde als dem Tempel Gottes sagt, werden wir eine tiefe Ehrfurcht voreinander haben, weil Gott selbst in unserer Mitte ist. Ich meine jetzt nicht nur die Gegenwart Christi im Brot und im Wein der Eucharistie, sondern die Gegenwart Christi und des Heiligen Geistes in der versammelten Gemeinde. Denn eben von dieser Gemeinde sagt Paulus:

Wißt ihr nicht, daß ihr Gottes Tempel seid
und der Geist Gottes in eurer Mitte wohnt?

Wenn uns das bewußt ist, werden wir anders miteinander reden und anders miteinander umgehen, als es sonst in der Gesellschaft üblich ist. Wenn wir ernst nehmen, was Paulus sagt, dann wird aber auch die Sehnsucht nach der Gemeinde als dem lebendigen Heiligtum Gottes unser Leben erfüllen. Die alten Psalmverse bekommen dann noch einmal einen neuen Sinn:

Wie freute ich mich, da man mir sagte:
Zum Haus des Herrn wollen wir ziehen.

Ein einziger Tag in deinen Höfen, Herr,
ist besser als tausend andere sonst.

Gute christliche Familien genügen nicht

Du sollst sieben Wochen zählen. Wenn man die Sichel an den Halm legt, sollst du beginnen, die sieben Wochen zu zählen. Danach sollst du dem Herrn, deinem Gott, das Wochenfest feiern und dabei eine freiwillige Gabe darbringen, die du danach bemißt, wie der Herr, dein Gott, dich gesegnet hat.

Du sollst vor dem Herrn, deinem Gott, fröhlich sein, du, dein Sohn und deine Tochter, dein Sklave und deine Sklavin, auch die Leviten, die in deinen Stadtbereichen Wohnrecht haben, und die Fremden, Waisen und Witwen, die in deiner Mitte leben.

Du sollst fröhlich sein an der Stätte, die der Herr, dein Gott auswählt, indem er dort seinen Namen wohnen läßt. Denk daran: Du bist in Ägypten Sklave gewesen.

(Dtn 16,9-12; anläßlich einer Dekanatswallfahrt unter dem Thema: „Familie Gottes", Benediktbeuern 1992)

„Familie Gottes" – was ist damit gemeint? Vielleicht denken manche dabei an die Familie Jesu, an die Heilige Familie in Nazaret. Diese Familie ist uns ja immer als Vorbild vor Augen gestellt worden. Es gibt im Kirchenjahr ein eigenes Fest der Heiligen Familie, und es gab früher in fast jeder Wohnung ein Bild mit einer Szene aus dem Leben dieser Heiligen Familie: der Jesusknabe bei seinem Vater in der Schreinerwerkstatt oder der Jesusknabe bei seiner Mutter in der Küche.

Diese Bilder waren zwar oft in einer unerträglichen Weise verkitscht. Doch in einem hatten sie recht: Der junge Jesus hat durch den normalen Umgang mit seinen Eltern gelernt, was Glauben heißt. Denn den Glauben muß man lernen. Wie aber lernt man ihn? Zunächst, indem man sieht, wie Vater und Mutter im Alltag glauben. Damit meine ich nicht nur, daß das Kind sieht, wie seine Eltern beten, sondern auch, daß es erlebt, wie die Eltern ihre Entscheidungen vom Glauben des Gottesvolkes bestimmen lassen. Auf diese Weise hat auch Jesus glauben gelernt. Insofern war es für ihn notwendig, daß er eine gläubige Mutter und einen gläubigen Vater hatte.

Und doch hätte es nicht genügt. Die natürliche Familie allein und auf sich gestellt ist nicht in der Lage, den Glauben an die nächste Generation weiterzugeben. Die Familie ist nicht der eigentliche Träger des Glaubens.

Auch das kann man an der Geschichte Jesu ablesen. Denn es wird uns ja erzählt, daß Jesus schon im Alter von zwölf Jahren mit seinen Eltern nach Jerusalem gewallfahrt ist. Es war keine Privatwallfahrt. Alle Erwachsenen und alle Jugendlichen ab dreizehn Jahren waren in Israel verpflichtet, an den drei großen Wallfahrtsfesten – nämlich an Ostern, an Pfingsten und am Laubhüttenfest – in die Hauptstadt zu ziehen. Die Bewohner Jerusalems stellten dann den vielen Gästen ihre Wohnungen unentgeltlich zu Verfügung, und rund um die Stadt gab es riesige Zeltlager.

So konnte sich ganz Israel versammeln, um von den Taten Gottes zu hören und ihn dafür gemeinsam zu preisen. Diese Versammlung Israels war immer auch ein Fest, ein Fest in Herzlichkeit und Fröhlichkeit. Wenigstens bei diesen drei Festen gab es im Gottesvolk keine sozialen Schranken mehr.

Alle waren in gleicher Weise dabei, auch die Armen, die sozial Schwachen, die sozialen Außenseiter, selbst die Fremden.

An diesen drei Festen wurde sinnenfällig, was mit „Familie Gottes" gemeint ist: das ganze Gottesvolk, das sich vor Gott versammelt zu einem neuen Miteinander, zusammengeführt nicht aufgrund von Verwandtschaft, Nationalbewußtsein oder vagen religiösen Gefühlen, sondern um Gottes Taten zu preisen – auch seine gegenwärtigen Taten –, um seinen Willen zu erkennen und an der Not und dem Glück des Gottesvolkes Anteil zu haben.

Diese Erfahrung der Familie Gottes war mehr als die Gotteserfahrung in der kleinen, natürlichen Familie. Die Familie Jesu war ganz eingebunden in diese gemeinsame Gotteserfahrung Israels – sonst hätte Jesus nie glauben gelernt, ja sonst wäre er nie der Messias geworden.

Der eigentliche Träger des Glaubens ist also das Gottesvolk. In ihm vor allem wird das Heilswissen – die Erfahrung, was der heilschenkende Wille Gottes ist –, weitergegeben. Es ist kein Zufall, daß der Glaube Jesu gerade bei dessen erster Wallfahrt nach Jerusalem (Lk 2,41-52) eine neue Dimension bekam; daß in Jesus damals etwas aufbrach, was er vorher noch nicht hätte formulieren können. Seinen Eltern, die ihn verloren und mit Schmerzen gesucht haben, sagt er:

Warum habt ihr mich gesucht?
Wußtet ihr nicht, daß ich in dem sein muß,
was meinem Vater gehört?

Jesus hat in Jerusalem bei seiner ersten Wallfahrt im Miteinander der vielen Glaubenden, also inmitten der Familie Gottes, gelernt, was der Plan und der Wille Gottes ist. Auf dieser Erfahrung konnte er aufbauen, als er dann 18 Jahre später anfing, Jünger zu sammeln, um das Miteinander, das bis dahin nur bei den großen Festen Israels möglich gewesen war, zu etwas Dauerndem zu machen.

Jesus wollte, daß die Glaubenden nicht mehr voneinander isoliert sind, sondern daß sie ihr ganzes Leben miteinander verbinden, daß sie sich in allem gegenseitig helfen, daß sie ihre Lasten gemeinsam tragen, um frei zu werden für den Dienst an der Gottesherrschaft. Er wollte, daß sie einander vertrauen, daß sie untereinander einmütig sind, so daß sie wahrhaft zu einer Familie werden, zur Familie Gottes.

Jesus wußte sehr wohl, daß der Mensch so etwas aus sich heraus nicht kann. Von sich aus lebt jeder nur sich selbst, seinem eigenen Lebensentwurf, seinen eigenen Träumen. Der Mensch kann nur dann von sich selbst und seinen Privatinteressen loskommen, wenn er sehen darf: Es gibt eine Sache, die spannender ist als die Banalität meines Lebens. Es gibt einen Traum, der besser ist als meine privaten Träume. Es gibt einen Plan, der größer ist als meine eigenen Pläne. Das ist der Wille Gottes, auf dem Weg über sein Volk und über die neue Familie der Jünger die Erde zu verwandeln. Von diesem großen Plan Gottes spricht Jesus, wenn er sagt:

> *Ein Feuer auf die Erde zu werfen, bin ich gekommen,*
> *und wie sehr wünsche ich mir, es würde schon brennen*
> *(Lk 12,49).*

Von diesem großen Plan spricht er, wenn er sagt:

> *Wer den Willen Gottes tut (das heißt: wer sich jetzt in dieser Stunde für den Plan Gottes öffnet), der ist mein Bruder und meine Schwester und meine Mutter (Mk 3,35).*

Vielleicht sehen wir von hier aus die Kirche einmal mit neuen Augen. Sie ist nicht irgendein Verein, so wie es viele Vereine gibt. Sie ist auch nicht irgendeine Institution, so wie es viele Institutionen gibt. Sie ist auch nicht irgendeine Großorganisation, so wie es viele Großorganisationen gibt.

Selbstverständlich ist die Kirche auch Institution und Organisation. Aber das trifft noch nicht ihr Innerstes. In ihrem Innersten ist sie die Versammlung derer, die einander um Jesu willen Brüder und Schwestern sind, die ihre Lasten gemeinsam tragen, die sich sammeln lassen, um das Feuer weiterzutragen, das Jesus entzündet hat.

Aber ist die Kirche das alles auch wirklich? Erleben wir sie so? Ist das die Realität? – Ich weiß: Vieles von dem, was die Kirche ihrem innersten Bauplan nach ist, war in den vergangenen Jahrhunderten zugedeckt, verdunkelt, in seinen Konturen nicht sichtbar. Kirche und Gesellschaft waren in Europa ja weitgehend identisch. Unsere ganze Umwelt war christlich oder doch wenigstens vom Christentum geprägt. Die Weitergabe des Glaubens war ein fast automatischer Vorgang. Deshalb hatte das, was das Innerste der Kirche und des christlichen Glaubens ausmacht, gar keine Chance, wirklich hervorzutreten.

Diese Situation hat sich nun in den letzten Jahrzehnten grundlegend geändert. Es hatte sich schon lange angebahnt. Jetzt sehen es auch die Blinden: Wir leben heute mehr und mehr in einer heidnischen Gesellschaft. Der Glaube wird nicht mehr wie von selbst weitergegeben. Auch Eltern, die den besten Willen haben, die alles tun, um eine gläubige christliche Familie zu sein, müssen oft mit Schrecken feststellen, daß ihre Kinder nicht in den Glauben hineinwachsen, sondern ihn mit leichter Hand verabschieden.

Das ist zwar erschreckend. Aber es ist auch gut. Denn diese neue Situation wird uns alle verändern. Sie wird erst hervortreten lassen – Zug um Zug –, was die Kirche wirklich ist: Familie Gottes, ein einziges internationales Volk von Brüdern und Schwestern, das aus freiem Entschluß sein Leben miteinander teilt und das der Welt zeigt, wie wahres Miteinander aussieht.

Insofern leben wir in einer großartigen Zeit. Heute fängt alles erst wirklich an, und wir sind eingeladen, dabeizusein. Wir wollen deshalb nicht in den Chor derjenigen einstimmen, die nichts anderes können, als die Kirche bloßzustellen – das ist inzwischen eine abgegriffene und billige Melodie –, sondern wir wollen Gott preisen für das, was er in der Welt gestiftet hat, und ihm danken für seinen Plan mit der Welt und dafür, daß wir Mitwisser und Beteiligte an diesem Plan sein dürfen.

Wer sein Leben verliert, wird es finden

In jener Zeit, als Jesus in der Einsamkeit betete und die Jünger bei ihm waren, fragte er sie: „Für wen halten mich die Leute?" Sie antworteten: „Einige für Johannes den Täufer, andere für Elija; wieder andere sagen: Einer der alten Propheten ist auferstanden." Da sagte er zu ihnen: „Ihr aber, für wen haltet ihr mich?" Petrus antwortete: „Für den Messias Gottes." Doch er verbot ihnen streng, es jemand weiterzusagen. Und er fügte hinzu: „Der Menschensohn muß vieles erleiden und von den Ältesten, den Hohenpriestern und den Schriftgelehrten verworfen werden; er wird getötet werden, aber am dritten Tag wird er auferstehen."

Zu allen sagte er: „Wer mein Jünger sein will, der verleugne sich selbst, nehme täglich sein Kreuz auf sich und folge mir nach. Denn wer sein Leben retten will, wird es verlieren; wer aber sein Leben um meinetwillen verliert, der wird es retten."

(Lk 9,18-24; 12. Sonntag im Jahreskreis/Lesejahr C)

Das biblische Wort vom Kreuztragen haben die Leute oft im Mund. Entweder sagen sie: „Jeder hat sein Päckchen zu tragen" oder, falls sie Bayern sind: „A Kreiz is" oder etwas vornehmer: „Ja, Gott lädt jedem sein Kreuz auf." Der eine denkt dabei an seinen Rheumatismus, der andere an seinen Ehepartner.

Wenn Jesus im Evangelium vom Kreuz und von der Nachfolge redet, spricht er von etwas anderem. Das Kreuz, das er vor Augen hat, meint nicht unterschiedslos alles Elend dieser Welt; es ist vielmehr die Konsequenz des Neuen, das er in die Welt gebracht hat. Jesus hat mitten in dem seit alters her erwählten Volk Menschen zu neuer Gemeinschaft berufen. Aus der Freude über die Botschaft von der Nähe Gottes sollten sie ihr Leben miteinander verknüpfen, damit Israel zu dem würde, als was es gedacht war – Welt, in der Gottes Wille sichtbar wird; Welt, die unter der Herrschaft Gottes steht. Das Kreuz, von dem das Evangelium spricht, besteht in nichts anderem, als daß die Welt dieses Neue nicht will und sich mit aller Kraft dagegen wehrt.

Die Heiden wollten es nicht. Sie wollten lieber ihren alten Göttern dienen, in denen sich ununterscheidbar Weltliches und Göttliches vermischte. Sie hielten die Christen und die Radikalität der christlichen Unterscheidungen für gottlos. Deshalb verfolgten sie die Christen drei Jahrhunderte lang und nannten sie Atheisten.

Die „Strenggläubigen" in Israel wollten das Neue auch nicht. Sie hatten einen Zaun um die Tora gebaut und duldeten nicht, daß einer diesen Zaun niederriß und ganz neu und unmittelbar nach dem Sinn der Tora fragte. Deshalb hatte Jesus keine Chance, als er nach Jerusalem zog, um im Zentrum Israels die Gottesherrschaft auszurufen.

Und die Jünger Jesu selbst? Auch sie wollten das Neue meistens nicht. Denn die Sache Gottes wollen heißt die eigenen Lebenskonstruktionen aufgeben, sein Leben zur Verfügung stellen, den eigenen Ehrgeiz, den tief eingewurzelten Stolz, das Vertrauen auf die eigene Leistung verabschieden und sich hineinnehmen lassen in eine ganz andere

Geschichte, in der man sich selbst verliert, aber gerade so alles findet.

Aus all dem entsteht das Kreuz, von dem Jesus sagt, daß man es täglich auf sich nehmen muß. Es entsteht aus dem hartnäckigen Festhalten an den eigenen Lebensplänen, aus den Aggressionen der angeblich Frommen im Gottesvolk und aus der Feindschaft der Heiden. Damit ist nun aber auch klar, daß das Kreuz eigentlich nicht sein sollte, daß Gott es gar nicht will, daß es eine Folge der Sünde und der Verweigerung ist. Das Kreuz entsteht daraus, daß wir in einer konkreten Geschichte stehen, die gottfeindlich ist. Sie reicht bis in unser eigenes Herz hinein. Das Kreuz ist also kein blindes Schicksal, sondern ist Konsequenz des Evangeliums.

Wenn wir das Evangelium ernst nehmen und es miteinander zu leben beginnen – ohne Menschenfurcht, ohne Angst vor den Folgen, ohne Angst vor Anfeindung und Verleumdung –, werden wir unweigerlich in die Nähe des Kreuzes Christi geraten. Wir werden dann aber auch teilhaben an seiner Auferstehung. Denn es gibt nicht nur das tägliche Kreuz. Es gibt auch das tägliche Ostern.

Es ist seltsam: Das Christentum ist die einzige Weltanschauung, in der ein Marterinstrument zum zentralen Symbol wurde: In jeder Kirche ist ein Galgen aufgestellt. Leider haben wir uns schon allzusehr an das Zeichen des Kreuzes gewöhnt. Wir nehmen gar nicht mehr wahr, was wir da verehren. Wenigstens manchmal sollte uns Entsetzen durchfahren: In unseren Kirchen steht ein Galgen; die christliche Theologie ist bestimmt von einem Folterwerkzeug. Paulus formuliert in seinem 1. Brief an die Gemeinde in Korinth:

Die Juden fordern Zeichen, die Griechen suchen Weisheit. Wir dagegen verkündigen Christus als den Gekreuzigten: für die Juden ein Skandal, für die Heiden eine Torheit, für die Berufenen aber, Juden wie Griechen, Christus: Gottes Kraft und Gottes Weisheit (1 Kor 1,23-24).

Nun aber das Paradox: Es gibt in der Welt keine Religion und keine Kultur, in der die Bilder eine solche Heiterkeit und Lebensfreude ausstrahlen wie im Christentum. Man denke etwa an die lächelnden Madonnen des Mittelalters oder an die gelöst dahinschwebenden Engel der Barockzeit.

Das Kreuz und das Glück sind offenbar keine Gegensätze. Beide hängen untrennbar zusammen. Wer sein eigenes Leben finden will, wird es mit Sicherheit verlieren, sagt Jesus. Wer es aber verliert, wer es hergibt, wer es rückhaltlos Gott und seiner Sache in der Welt übereignet, der wird es finden, wenn auch unter Verfolgungen: ein erfülltes Leben, das schon jetzt voll verborgener Seligkeit ist.

Elija holt Elischa vom Feld

In jenen Tagen sprach der Herr zu Elija: „Salbe Elischa, den Sohn Schafats aus Abel-Mehola, zum Propheten an deiner Statt." Elija ging vom Gottesberg weg und traf Elischa, den Sohn Schafats. Der war gerade am Pflügen. Vor sich hatte er zwölf Gespanne; er selbst war am zwölften. Wie Elija an ihm vorüberschritt, warf er seinen Mantel über ihn. Sofort verließ Elischa die Rinder, lief hinter Elija her und bat ihn: „Laß mich noch meinem Vater und meiner Mutter den Abschiedskuß geben. Dann will ich dir nachfolgen." Elija antwortete: „Kehr ruhig zurück! Was habe ich denn an dir getan?"

Da kehrte Elischa zurück, nahm das Gespann Rinder und schlachtete sie. Mit dem Joch der Rinder briet er ihr Fleisch und setzte es den Leuten zum Essen vor. Dann stand er auf, folgte Elija und trat in seinen Dienst.

(1 Kön 19,16.19-21; 13. Sonntag im Jahreskreis/Lesejahr C)

Gott ist wie einer, der stets zu spät kommt. Wenn er kommt, ist schon alles besetzt. Wir haben uns bereits eingerichtet. Wir haben unseren Beruf, unseren Verein, unsere Freizeitvergnügungen. Selbst der Ruhestand ist längst verplant. Wir sind schon alle möglichen Verpflichtungen eingegangen; für Gott ist da fast kein Platz mehr. Hat er überhaupt ein Recht, in unser Leben einzudringen?

„Ich muß auf meine Eltern Rücksicht nehmen", sagt der eine. „Ich habe schließlich Familie", sagt der andere. „Ich bin in meinem Beruf voll gefordert", sagt der dritte. „Ich baue ein Haus", sagt der vierte, „und habe keine Zeit." „Ich habe fünf Ochsengespanne gekauft und muß sie ausprobieren", entschuldigt sich einer der Eingeladenen in dem Jesusgleichnis vom großen Gastmahl. Lauter gute Gründe! Gott kommt immer zu spät.

Mit all dem wäre die Sache Gottes in dieser Welt an sich schon entschieden. So, wie wir gebaut sind, bleibt für Gott nicht mehr viel Platz. Wenn er kommt und anklopft, sind wir ausnahmslos überaus beschäftigt. Und doch: Es kann auch anders sein. Und das ist dann ein wirkliches Wunder.

Da gab es zur Zeit der Könige Israels im Nordreich den Propheten Elija. Als immer mehr Israeliten von dem wahren Gott abfielen und sich den viel bequemeren Göttern des Landes zuwandten, vertrat Elija fast als einziger die Sache Gottes. Elija klagt darüber, daß er so allein ist. Er ist unendlich müde.

Da sagt ihm Gott: „Du hast schon einen Nachfolger. Ich habe bereits einen im Blick, der weitermachen wird." Bald darauf begegnet Elija dem Elischa. Er begegnet ihm beim Pflügen. Elischa ist, wie fast alle, die sich Gott beruft, kein gelernter Prophet. Er ist ein reicher Landwirt. Seine Felder liegen nicht auf den kargen Bergen, sondern in der fruchtbaren Ebene, wo man mit mehreren Gespannen nebeneinander pflügen kann. Elischa hat viele Leute und viele Zugtiere. Er läßt mit zwölf Gespannen gleichzeitig pflügen. Hinter *einem* Gespann arbeitet er selbst.

Elija kommt vorüber und wirft seinen Prophetenmantel über den pflügenden Elischa. Es ist eine prophetische Zeichenhandlung. Sie bedeutet: Gott ruft dich. Du sollst ihm helfen. Du sollst helfen bei seinem großen Plan, das Heil in die Welt zu bringen. Gott hat so wenige. Er braucht gerade dich. Er gibt dir seinen Geist. Er legt seinen Geist wie ein Gewand über dich. Komm und hilf!

Elischa ist zutiefst angerührt. Er versteht. Er begreift, daß es um die Sache Gottes geht. Sie ist wichtiger als seine eigene Sache, wichtiger als die zwölf Gespanne und die Felder. Elischa brennt das Herz. Er will Elija nachfolgen.

Doch dann melden sich die guten Gründe, warum das mit der Nachfolge doch nicht so einfach ist. Er muß sich zuerst noch von seinen Eltern verabschieden. Er muß sie noch einmal küssen, sagt der Text wörtlich. Und überhaupt: Er muß das Ganze doch mit seinen Eltern bereden. Da ist noch viel zu regeln. Da muß noch vieles bedacht werden. Alles zurücklassen – das geht nicht so schnell.

Elija versteht, was in dem anderen vorgeht. „Geh ruhig", sagt er. „Du bist ganz frei. Gott zwingt niemanden in seinen Dienst. Und falls du nicht willst – sieh die Sache so an, als sei nie etwas zwischen uns geschehen. Was habe ich denn getan an dir?"

Die Erzählung sagt uns nicht, was im Augenblick dieser völligen Freigabe in Elischa vorgegangen ist. Sie berichtet nur, was er getan hat: Er ist nicht mehr nach Hause gegangen. Er hat sich nicht einmal mehr die Zeit genommen, für das Abschiedsmahl mit seinen Arbeitern Holz und Fleisch vom Hof zu holen. Er ist so bewegt von der Sache Gottes, daß er keine Zeit mehr verliert. Er hackt hölzerne Jochstangen klein, macht damit ein Feuer, schlachtet zwei seiner Zugtiere und brät sie. Er feiert auf dem Feld mit seinen Leuten ein Abschiedsmahl und folgt dann Elija nach.

Gott findet also doch einen Platz in der Welt. Er findet immer wieder Menschen, mehr als wir denken, die um seiner Sache willen ihr Leben umdrehen lassen. Die Bibel ist voll von solchen Geschichten.

Dem Petrus und Andreas hat Jesus, als sie gerade ihre Netze richteten, zugerufen: „Kommt, folgt mir nach!" – und sie sind ihm nachgefolgt. Zu einem anderen hat er eines Tages dasselbe gesagt: „Folge mir nach!" Als der antwortet: „Ich möchte schon, aber ich muß noch warten, bis mein betagter Vater gestorben ist, eher geht es nicht", sagt Jesus zu ihm:

Laß die Toten ihre Toten begraben;
du aber geh und verkünde das Reich Gottes! (Lk 9,60)

Und einmal kommt einer, der von sich aus Jesus nachfolgen will. Aber zuerst, sagt er, müsse er sich noch von seiner Familie verabschieden. Da sagt Jesus zu ihm:

Keiner, der die Hand an den Pflug legt
und noch einmal zurückblickt,
taugt für das Reich Gottes (Lk 9,62).

Das alles sind Geschichten gegen unsere bürgerliche Vernunft. Aber was erreicht denn unsere bürgerliche Vernunft? Sie hat noch kein einziges Problem dieser Welt wirklich gelöst. Sie konnte die beiden Weltkriege nicht verhindern. Sie kann die atomare Bewaffnung immer mehr Länder nicht verhindern. Sie ist nicht in der Lage, das ständige Elend der Hungernden, Vertriebenen und Entrechteten in der Welt zu beseitigen. Die Hoffnung für die Welt hängt allein daran, daß Gott immer wieder Menschen gefunden hat für das Heil, das er schaffen will. Menschen, die sich anrühren lassen, die Gott Raum geben, die nicht sagen: „Vielleicht morgen!" oder:

„Nächstes Jahr!“ oder: „Wenn ich noch das und das erledigt habe ...“

Ja, Gott findet Menschen. So, wie wir Menschen faktisch sind, ist das wohl das größte Wunder, das es in der Welt gibt. Es ist nicht schlimm, wenn wir uns wehren, wenn wir zuerst einmal sagen: „Ich habe keine Zeit. Wieso gerade ich?“ Das ist normal. So sind wir alle. Wichtig ist nur, daß wir uns nicht verschließen, daß wir offen bleiben und uns dann doch in Dienst nehmen lassen.

Wir sind schon hingetreten zum himmlischen Jerusalem

Freut euch mit Jerusalem! Jubelt über die Stadt, alle, die ihr sie liebt! Frohlockt mit ihr alle, die ihr um sie Trauer getragen habt! Saugt euch satt an ihrer tröstenden Brust, trinkt und labt euch an ihrem mütterlichen Reichtum!

Denn so spricht der Herr: Siehe, wie einen Strom leite ich den Frieden zu ihr hin, und den Reichtum der Völker wie einen überfließenden Bach. Wie Kinder wird man euch auf den Armen tragen und auf den Knien schaukeln. Wie eine Mutter ihr Kind tröstet, will ich euch trösten; in Jerusalem sollt ihr getröstet werden. Ihr werdet es sehen, und euer Herz wird sich freuen; eure Leiber werden erblühen wie junges Grün. So wird sich die Hand des Herrn zu erkennen geben an seinen Knechten.

(Jes 66,10-14; 14. Sonntag im Jahreskreis/Lesejahr C)

Diese Lesung hat dem 4. Fastensonntag den Namen gegeben: *Laetare* – „Freue dich!“ Der Introitus des 4. Fastensonntags lautet seit altersher:

Freue dich, Jerusalem!
Kommt alle zusammen,
die ihr Seine Stadt liebt!
Freut euch von Herzen,
die ihr traurig wart,
jubelt und trinkt euch satt
an den Quellen eurer Tröstung!

Dieser Introitus stammt aus Jes 66. Wenn man dort nachschlägt, sieht man allerdings, daß der Text etwas anders läuft. Der Prophet sagt nicht:

> *Freue dich, Jerusalem!*

sondern:

> *Freut euch mit Jerusalem!*

Er redet also gar nicht die Stadt Jerusalem an, sondern Menschen, die fern von Jerusalem leben, die aber an der Heiligen Stadt ihre Freude haben, die sie lieben, ja deren ganzer Trost gerade diese Stadt ist. Jerusalem ist ihre Sehnsucht; zu ihr sind sie unterwegs; dort ist die Quelle ihres Lebens.

Nimmt man diese Blickrichtung des Jesajatextes ernst, so werden wir auf etwas verwiesen, was größer ist als wir selbst. Nicht *wir* sind die Mutter, nicht *wir* sind die Heilige Stadt. Wir sind nur ihre Kinder. Jerusalem ist unsere Mutter. Diese Stadt war schon lange vor uns da; ihre Wurzeln gehen zurück bis auf Abraham, von dem es im Hebräerbrief heißt:

> *Er erwartete die Stadt mit den festen Grundmauern,*
> *die Stadt, deren Architekt und Baumeister Gott selbst ist (11,10).*

An Jerusalem wird also noch immer gebaut. Die Neue Stadt ist noch immer unterwegs. Sie ist unsere ganze Sehnsucht, sie ist die Stadt, nach der wir Ausschau halten.

Aber wir halten nicht nur Ausschau nach ihr. Seit Jesus, seit seiner Schaffung der Zwölf, seit seinem Tod und seiner Auferstehung, seitdem er als Auferstandener seine Gemeinden sammelt, gibt es bereits die Neue Stadt, gibt es den Tempel aus lebendigen Steinen, ist das endzeitliche Jerusalem in Erscheinung getreten, ist sein Grundriß sichtbar geworden. Der Hebräerbrief drückt dieses „Schon-heute" so aus:

Ihr seid hingetreten zum Berg Zion,
zur Stadt des lebendigen Gottes,
dem himmlischen Jerusalem,
zu Tausenden von Engeln,
zu einer festlichen Versammlung
und zur Gemeinschaft der Erstgeborenen,
die im Himmel verzeichnet sind (12,22-23).

Man kann zu diesem himmlischen Jerusalem also schon jetzt hinzutreten. Es ist nicht mehr fern von uns. Wenn wir uns um die Erneuerung unserer Pfarrgemeinde mühen, wenn wir darum zittern, daß es bei uns die vom Geist Gottes erfüllte Versammlung gibt, dann bauen wir selbst mit an diesem himmlischen Jerusalem, dann sind unsere Namen schon eingetragen in seine Bürgerliste.

„Freut euch mit Jerusalem" heißt also: Jerusalem ist größer als wir. Es ist älter – und es ist doch noch nicht fertig. Es ist das Kunstwerk Gottes, bei dem sich Himmel und Erde berühren – und ist doch ganz real mitten unter uns. Wir sind schon zu ihm hingetreten.

Deshalb heißt „sich freuen mit Jerusalem" für uns auch: Wir dürfen uns mit unserer Gemeinde freuen. Alles, was in ihr aus Glauben geschieht, ist Anlaß für unsere Freude – wenn ein Kind getauft wird, wenn ein Erwachsener wieder wie ein Kind vertraut, wenn sich Jugendliche zusammenfinden um der Sache Gottes willen, wenn Menschen in unseren Gottesdienst kommen, die der Kirche bisher fernstanden. Immer dürfen wir uns mitfreuen.

Die Kirche hat das alles schon lange gewußt. Auf den heiligen Ignatius von Loyola geht der schöne Satz zurück: *sentire cum ecclesia* – „mitfühlen mit der Kirche". Aber „mitfühlen" trifft noch längst nicht alles, was in diesem *sentire* steckt. Man könnte auch übersetzen: mitsehen, mitspüren, miterfahren, mitempfinden, mitwahrnehmen, mitertasten, mit zu verstehen suchen, was unter uns geschieht: wie Gott an seinem Volk handelt.

An der Lesung aus Jesaja fällt noch etwas anderes auf. Gegen Ende heißt es:

Wie eine Mutter ihr Kind tröstet,
will ich euch trösten.

Gott selbst tröstet also sein Volk. Aber wie tut er das eigentlich? Wie eine Mutter ihr Kind tröstet, wissen wir. Sie nimmt es in die Arme und schaukelt es auf ihren Knien. Aber wie soll uns der unsichtbare Gott trösten können? Wie soll der, den kein Auge geschaut hat, die Tränen von unseren Augen wegwischen können? Der Text ist auch hier sehr genau. Er gibt selbst die Antwort:

Wie eine Mutter ihr Kind tröstet,
will ich euch trösten;
in Jerusalem sollt ihr getröstet werden.

Und da Jerusalem hier die endzeitliche Stadt ist, die in der Kirche, die in unseren Gemeinden schon Gegenwart wird, dürfen wir sagen: In der Kirche, bei den Brüdern und Schwestern, die mit uns den Weg des Glaubens gehen, finden wir schon jetzt den Trost, mit dem Gott uns wie eine Mutter tröstet.

Die Kirche muß also, wenn sie ihre messianische Berufung ernst nimmt, so sein, daß sie unser Trost ist. Sie darf keine Funktionärskirche sein, sie darf keine Männerkirche sein, sie muß sein wie eine Mutter.

Aber auch wir selbst müssen der Kirche ein Trost sein, so wie es auf dem Grabstein des großen Theologen Johann Adam Möhler auf dem Münchener Südfriedhof steht:

ECCLESIAE SOLAMEN
Er war der Kirche ein Trost.

Feinde und Verächter der Kirche gibt es genug. Christen, die nichts lieber tun, als die Kirche herabzusetzen, gibt es ebenfalls genug. Auch Funktionäre, welche die Kirche wie ihr Eigentum verwalten, gibt es genug. Aber es gibt zu wenige, die der Kirche ein Trost sind.

Wie der Welt in Wahrheit geholfen wird

In jener Zeit zog sich Jesus in das Gebiet von Tyrus und Sidon zurück. Da kam eine kanaanäische Frau aus jener Gegend zu ihm und rief: „Hab Erbarmen mit mir, Herr, du Sohn Davids! Meine Tochter wird von einem Dämon gequält." Jesus aber gab ihr keine Antwort.

Da traten seine Jünger zu ihm und baten: „Befrei sie von ihrer Sorge, denn sie schreit hinter uns her." Er antwortete: „Ich bin nur zu den verlorenen Schafen des Hauses Israel gesandt." Doch die Frau kam, fiel vor ihm nieder und sagte: „Herr, hilf mir!" Er erwiderte: „Es ist nicht recht, das Brot den Kindern wegzunehmen und es den Hunden vorzuwerfen." Da entgegnete sie: „Ja, du hast recht, Herr! Aber selbst die Hunde bekommen von den Brotresten, die vom Tisch ihrer Herren fallen."

Darauf antwortete ihr Jesus: „Frau, dein Glaube ist groß. Was du willst, soll geschehen." Und von dieser Stunde an war ihre Tochter geheilt.

(Mt 15,21-28; 20. Sonntag im Jahreskreis/Lesejahr A)

„Hab Erbarmen mit mir und meiner Tochter!" schreit die kanaanäische Frau, und Jesus gibt ihr nicht einmal Antwort. Die Jünger müssen sich zum Anwalt der Frau machen, und Jesus will immer noch nicht. Solange wir ihn durch die humanistische Brille betrachten und in ihm nur den „Menschenfreund", den „Wohltäter" und den „Fürsorger" sehen, bleibt sein Verhalten bei Tyrus und Sidon ein schweres Ärgernis. Menschenfreunde machen keine Unterschiede. Wohltäter helfen jedem, der in Not ist. Fürsorger fragen, wo sie am dringendsten gebraucht werden.

Aber Jesus fragt, wie so oft in den Evangelien, anders. Er fragt: Was ist denn die wahre Hilfe? Die Not ist ja unendlich groß. Sie wird durch Hier-ein-wenig-Helfen und Dort-ein-wenig-Helfen nicht beseitigt. Die Hilfe, die Jesus bringt, ist eine andere. Er erinnert Israel an das, was ihm schon längst eingestiftet ist: eine andere Art des Zusammenlebens, in der viele Not gar nicht erst entsteht, weil es den krankheitsschaffenden Konkurrenzkampf der Gesellschaft nicht mehr zu geben braucht. Wenn aber trotzdem Not entsteht, da auch das Gottesvolk oft sehr schwach ist, können viele einander helfen, weil sie miteinander nach den wahren Ursachen der Not fragen.

Jesus erinnert das Gottesvolk an diese Ordnung, die ihm bereits geschenkt ist. Darum ist er nur zu Israel gesandt, zu denen, die Gottes Sozialordnung am Sinai angenommen hatten. Wenn das Neue, das Gott einst mit Abraham begann, im Gottesvolk gelebt wird, kann der ganzen Welt geholfen werden. Wenn es im Gottesvolk nicht gelebt wird, kann auch der Welt nicht geholfen werden. Deshalb muß Jesus in Israel wirken. Deshalb muß er die Bitte der Frau zunächst überhören. Er sucht den Glauben Israels.

Erst als er merkt, daß die Frau bereits glaubt, ja, daß sie sich unter den Segen Israels stellen will, kann er ihr helfen. Dann wird die heidnische Frau sogar, genau wie der Hauptmann von Kafarnaum, zum Zeichen dafür, was mit dem Glauben des Gottesvolkes eigentlich gemeint ist. Was Gott mit Israel will, wird an den Heiden sichtbar, weil Israels Herz noch verschlossen ist.

Genau vor diesem Sachverhalt steht auch Paulus im Römerbrief. Er weiß: Israel hat die Sohnschaft. Die Israeliten sitzen wie Söhne und Töchter des Hauses um den Tisch Gottes. Israel hat die Lösung, die Sozialordnung Gottes, die alles heilen kann. Es hat die Verheißung, von der das heutige Tagesgebet sagt, sie sei größer als alles, was wir überhaupt ersehnen können. Israel besaß schon alles, sagt Paulus, und doch konnte es nicht hören und den messianischen Helfer nicht sehen, den Gott ihm gesandt hatte.

Und nun geschah dasselbe wie bei der heidnischen Frau in der Gegend von Tyrus und Sidon: Heiden begriffen, und sie begehrten, unter dem Segen Israels zu stehen. Bei ihnen leuchtete plötzlich das auf, was mit Israel gemeint war. Paulus sieht die vielen jungen Gemeinden vor sich, rund um das Mittelmeer. Er sieht den Glauben, den er dort erlebt, die Begeisterung, das Vertrauen auf Gott und seine Geschichte.

Wie nahe hätte es jetzt für ihn gelegen zu sagen: Israel ist aus der Geschichte Gottes herausgefallen. Gott hat sein Volk verworfen. Er hat sich ein anderes Volk erwählt. An die Stelle Israels ist die Kirche getreten als das *neue Volk Gottes.* Aber genau das hat Paulus niemals formuliert. Er schreibt vielmehr in seinem Brief an die römische Gemeinde (Röm 11,13-32):

Unwiderruflich sind Gnade und Berufung, die Gott gewährt.

Das ist einer der ganz großen Sätze der Bibel. Wenn sich die Christen vor diesem Satz nicht die Ohren verstopft hätten, wäre die Geschichte anders verlaufen. Dann wäre Auschwitz nie möglich geworden.

Paulus hält an Israel fest. Gott kann nur eine Braut haben. Israel ist die Hoffnung der ganzen Welt. Daß es heidenchristliche Gemeinden gibt, hat zum Ziel, Israel die Augen zu öffnen. Es soll sehen, daß der Glanz, der doch von ihm selbst ausgehen sollte, schon zu leuchten beginnt. Wenn die heidenchristlichen Gemeinden, sagt Paulus, die Sozialordnung und die messianische Verheißung Israels leben, wird Israel sein Eigenes erkennen, es wird selbst zum Glauben kommen, und dann wird es wie eine Erschütterung durch die ganze Welt gehen.

Denn wenn schon das Nicht-Hören Israels, seine anscheinende Verwerfung, der Welt so viel Versöhnung gebracht hat, nämlich in der Heidenkirche, was wird dann erst der *Glaube* Israels bewirken? Paulus muß die größte aller Realitäten und das größte aller Bilder, das Bild von Tod und Auferstehung, zu Hilfe nehmen, um ausdrücken zu können, was dann geschieht: Wenn bereits das Verstocktsein Israels der Welt die Kraft der Heidenkirche geschenkt hat, dann wird das erneute Angenommenwerden Israels, dann wird sein Glaube „Leben aus dem Tod" für die Welt bewirken.

Vor solchen Texten werden die eigenen Sorgen klein. Solche Texte können uns aus unseren Schneckenhäusern, wo wir nur noch unsere eigenen Schneckenhauswände sehen, herausholen. Jesus und Paulus sprengen mit ihrer Sicht auf die große Geschichte Gottes alle Mauern. Wir dürfen voll Hoffnung am Aufbau unserer Gemeinden arbeiten. Gottes Verheißung übertrifft alles, was wir ersehnen und überhaupt denken können.

Die Tischordnung des Reiches Gottes stellt alles auf den Kopf

Jesus war am Sabbat in das Haus eines führenden Pharisäers zum Essen gekommen. Als er beobachtete, wie sich die Gäste die Ehrenplätze aussuchten, sprach er zu ihnen in einer Gleichnisrede. Er sagte:

„Wenn du zu einer Hochzeit eingeladen bist, such dir nicht den Ehrenplatz aus. Denn es könnte ein anderer eingeladen sein, der vornehmer ist als du, und dann würde der Gastgeber, der dich und ihn eingeladen hat, kommen und zu dir sagen: ‚Mach diesem hier Platz!' Du aber wärst beschämt und müßtest den untersten Platz einnehmen. Wenn du also eingeladen bist, setz dich lieber, wenn du hinkommst, auf den untersten Platz; dann wird der Gastgeber zu dir kommen und sagen: ‚Mein Freund, rück weiter hinauf!' Das wird für dich eine Ehre sein vor allen anderen Gästen. (So verhält es sich auch mit der Gottesherrschaft:) Wer sich selbst erhöht, wird erniedrigt, und wer sich selbst erniedrigt, wird erhöht werden."

Dann sagte er zu dem Gastgeber: „Wenn du mittags oder abends ein Essen gibst, so lade nicht deine Freunde oder deine Brüder, deine Verwandten oder reiche Nachbarn ein; sonst laden auch sie dich ein, und damit ist dir wieder alles vergolten. Nein, wenn du ein Essen gibst, dann lade Arme, Krüppel, Lahme und Blinde ein. Du wirst selig sein, denn sie können es dir nicht vergelten; es wird dir aber vergolten werden bei der Auferstehung der Gerechten."

(Lk 14,1.7-14; 22. Sonntag im Jahreskreis/Lesejahr C)

„Wenn du zu einem Festbankett eingeladen bist“, sagt Jesus, „dann setz dich nicht dorthin, wo die Ehrenplätze für die Vornehmen sind.“ Das sieht auf den ersten Blick wie eine Anstandsregel aus, etwa nach dem Motto: „Man zerteilt die Kartoffel auf dem Teller nicht mit dem Messer, sondern nimmt dazu die Gabel.“ Aber will das Evangelium Anstandsunterricht erteilen?

Noch seltsamer wird die Sache dadurch, daß uns da anscheinend eine Spielart von Bescheidenheit empfohlen wird, die nur allzu durchsichtig ist: Der Gast wählt sich bewußt einen schlechten Platz, tut es aber allein in der Absicht, einen besseren Platz zu bekommen. Solch berechnende Bescheidenheit gab es nicht nur damals, sie ist auch heute weit verbreitet. Oft begegnet sie in der Form, daß einer seine eigene Leistung herabsetzt, um Lob zu provozieren. „Fishing for compliments“ nennen es die Engländer treffend.

Will Jesus wirklich derartiges empfehlen? Ganz sicher nicht! Sein Ausgangspunkt ist die Beobachtung, wie sich die Gäste die Ehrenplätze aussuchen. Genau gegen diese Sorge des Menschen um den ihm gebührenden Platz wendet sich die Gleichnisrede Jesu.

Es gibt tatsächlich fast keinen Antrieb in uns, der so stark und elementar ist wie die Sorge um unser Ansehen, um unseren guten Ruf und unsere Ehre. Noch jede Gesellschaft hat sich Symbole ausgedacht, die sicherstellen sollen, daß der Platz, den der einzelne in der Gesellschaft einnimmt, auch sichtbar nach außen hin dokumentiert wird.

Das Mittelalter und die Zeit des Absolutismus hatten hochkomplizierte Kleiderordnungen, damit man sofort sah, welchen Rang jeder einnahm. Schmuck aus Gold zum Beispiel war nur den Adligen gestattet; bürgerliche Frauen durften kein Gold tragen, selbst wenn sie es hatten. Heute haben sich die Statussymbole auf die Luxuslimousine, die Zweitwohnung und den eigenen Psychotherapeuten verlagert.

Wir lächeln zwar über all die krampfhaften und oft plumpen Versuche, anderen den eigenen Status vor Augen zu führen. Doch wir tun in sublimerer Form dasselbe: Auch wir sind ständig darauf bedacht, daß unsere Schwächen verborgen bleiben und unsere Verdienste gewürdigt werden. Wir hungern danach, gelobt zu werden. Wir wollen uns nicht helfen lassen, weil wir meinen, das wäre unserer Ehre abträglich. Im Grunde tun wir genau das, was Jesus beanstandet: Wir schielen unablässig nach den ersten Plätzen.

Das Evangelium hat also unser eigenes Verhalten im Blick. Es will uns sagen: Dort, wo die Gottesherrschaft angefangen hat, gibt es andere, ganz neue Möglichkeiten des Verhaltens. Dort, wo das Reich Gottes aufblüht, brauchen wir nicht mehr um unseren Platz zu kämpfen. Dort dürfen wir uns unseren Platz zuweisen lassen. Dort, wo das neue Leben unter der Herrschaft Gottes begonnen hat, brauchen wir uns keinen Namen mehr zu machen, weil unsere Namen im Himmel verzeichnet sind. Dort, wo das Leben vor dem Angesicht Gottes begonnen hat, brauchen wir unsere Schwächen nicht mehr zu verbergen, weil dort offenkundig ist, daß alle schwach sind. Wir selbst sind die Armen, die Krüppel, die Blinden und die Lahmen, von denen das Evangelium spricht. Wir können unsere Wunden zeigen, weil nun alle Wunden heilbar sind.

Was Jesus über das richtige Verhalten bei einem Festmahl sagt und was im ersten Augenblick wie eine bloße Anstandsregel aussieht, spielt also hinüber in eine Gleichnisrede. Das konkrete Verhalten der Gäste wird für Jesus zum Anlaß, eine grundlegende Aussage über das Leben unter der Gottesherrschaft zu machen. Lebten die Christen nach dieser „Tischordnung des Reiches Gottes“, würde man die Welt nicht mehr wiedererkennen. Eine Revolution hätte begonnen. Alles stände auf dem Kopf.

Es wäre ein Irrtum, wenn wir jetzt meinten: Gut, es kommt also darauf an, daß wir unsere Manieren untereinander verbessern. Im Bild gesprochen: Daß wir nicht mit vollem Mund reden und erst anfangen zu essen, wenn auch die anderen ihren Teller voll haben. Wieder ohne Bild: Daß wir alle ein wenig höflicher zueinander sind, ein wenig zuvorkommender, ein wenig netter – dann würde die neue Welt Gottes schon anfangen.

Doch so billig ist das Neue, das Gott in der Welt schaffen will, nicht zu haben. Die „Tischordnung des Reiches Gottes“ ist auf andere Weise in die Welt gekommen. Sie kam dadurch, daß Jesus seinen Jüngern beim Abendmahl die Füße gewaschen hat, daß er also das tat, was keiner tun will: den Dienst eines Knechtes.

Und auch das muß wieder vor Mißverständnissen geschützt werden. Es ist ja nicht schwer, gelegentlich, in Augenblicken der Hochstimmung, hehre Zeichen zu setzen: den andern zu umarmen, ihm den Koffer zu tragen, ihm eine Stunde der eigenen, so kostbaren Zeit zu schenken. Wir dürfen die Fußwaschung im Abendmahlssaal nicht auf dieser Ebene sehen.

Sie ist Realsymbol für etwas, was bei Jesus immer da war und was aus der letzten Tiefe seiner Existenz kam: Er lebte nicht sich selbst, sondern für Gott und eben dadurch ganz für die anderen. Das war so ungeheuerlich und umstürzend, daß es selbst die Frommen gegen ihn aufbrachte und ihm den Tod brachte.

Erst dieser Tod hat unsere wahre Situation aufgedeckt, hat uns das neue Miteinander um den einen Tisch geschenkt, hat das Festmahl Gottes in unserer Mitte möglich gemacht und uns die Möglichkeit eröffnet, neu miteinander umzugehen. Wir alle sind seitdem Teilnehmer der Hochzeit Gottes mit seinem Volk.

Es geht also nicht darum, ein wenig netter zueinander zu sein, sondern zu begreifen, was uns geschenkt ist: ein neues Leben in der Stadt des lebendigen Gottes, das Hinzutreten zu einer festlichen Versammlung, die Teilnahme an dem endzeitlichen Mahl, das heute schon beginnt.

„Sich selbst erniedrigen" meint nicht ein krampfhaftes, entwürdigendes Sich-selbst-Heruntermachen vor den anderen, sondern ist das demütige Eingeständnis: Ich habe es nicht verdient, eingeladen zu sein, aber ich bin eingeladen. Ich darf dabeisein, und die Freude des Mahls wird nie mehr enden. Aus dieser Freude heraus ist es mir gleich, an welcher Stelle des Tisches ich sitze.

Zum Wunder des Reiches Gottes gehört die Zurechtweisung

In jener Zeit sprach Jesus zu seinen Jüngern: „Wenn dein Bruder sündigt, dann geh zu ihm und weise ihn unter vier Augen zurecht. Hört er auf dich, so hast du deinen Bruder zurückgewonnen. Hört er aber nicht auf dich, dann nimm einen oder zwei Männer mit, denn jede Sache muß durch die Aussage von zwei oder drei Zeugen entschieden werden. Hört er auch auf sie nicht, dann sag es der Gemeinde. Hört er aber auch auf die Gemeinde nicht, dann sei er für dich wie ein Heide oder ein Zöllner.

Amen, ich sage euch: Alles, was ihr auf Erden binden werdet, wird auch im Himmel gebunden sein, und alles, was ihr auf Erden lösen werdet, wird auch im Himmel gelöst sein. Weiter sage ich euch: Alles, was zwei von euch auf Erden gemeinsam erbitten, werden sie von meinem himmlischen Vater erhalten. Denn wo zwei oder drei in meinem Namen versammelt sind, da bin ich mitten unter ihnen."

(Mt 18,15-20; 23. Sonntag im Jahreskreis/Lesejahr A)

Dieses Evangelium spricht davon, wie man in der Gemeinde jemandem, der auf dem falschen Weg ist, den rechten Weg weist. Es spricht von der Zurechtweisung. Zurechtweisung ist der heutigen Kirche fremd geworden, sie gehört zu den Dingen des Evangeliums, die uns verloren gegangen sind.

Das hängt damit zusammen, daß sich die Kirche immer mehr der Gesellschaft angepaßt hat. Und woher sollte unsere

Gesellschaft wissen, was Zurechtweisung im Sinne der Bibel ist? Ich habe in einem bekannten Wörterbuch „sinnverwandter Ausdrücke" unter dem Begriff „zurechtweisen" nachgeschlagen. Da werden die folgenden Synonyme aufgezählt:

jemanden maßregeln,
ihm eine Lektion erteilen,
ihm die Leviten lesen,
ihm den Marsch blasen,
es ihm gründlich geben,
ihm den Kopf waschen,
ihm heimleuchten,
ihn heruntermachen,
ihm eins auf den Hut geben,
ihn abkanzeln,
ihn auf Vordermann bringen,
ihm eins auswischen,
ihm die Hammelbeine lang ziehen,
ihm aufs Dach steigen,
ihm eins auf den Deckel geben,
ihn ins Gebet nehmen,
mit ihm Karussell fahren,
ihm eine Standpauke halten,
ihm Mores lehren,
ihn sich vorknöpfen.

Die Sprache ist offenbar gerade auf diesem Feld sehr kreativ und anschaulich. Sie deckt auf, wie beliebt es in unserer Gesellschaft ist, jemanden moralisch fertigzumachen. Nur ist eben im Neuen Testament mit Zurechtweisung etwas ganz anderes gemeint. Wir sollen mit dem anderen nicht reden, um ihn herunterzuputzen oder auf Vordermann zu bringen, sondern um ihn wieder auf den Weg des Glaubens zu führen. Das Evangelium spricht ja von der „Zurechtweisung“, und jemanden zurechtweisen heißt ihm den rechten Weg weisen.

Zurechtweisung meint nicht, den anderen heruntermachen, sondern ihm die Augen für seine wahre Situation öffnen.

Zurechtweisung meint nicht, den anderen bloßstellen, sondern ihn mit Güte umgeben.

Zurechtweisung meint nicht, dem anderen etwas anhängen, sondern ihm wieder zu seiner Ehre verhelfen, um die er sich selbst gebracht hat.

Zurechtweisung meint nicht, dem anderen die Wahrheit wie ein nasses Handtuch um den Kopf schlagen, sondern sie ihm wie ein Gewand hinhalten, in das er hineinschlüpfen kann. So sanft, wie man den Toten die Augen schließt, sollte man den Lebenden die Augen öffnen.

Zu Franziskus von Assisi kam einmal ein Mann und fragte ihn, wie das denn gehe, „den Glaubensbruder zurechtweisen“, und was man ihm da sagen müsse. „Du brauchst ihm gar nichts zu sagen“, antwortete Franziskus, du brauchst nur so zu leben, daß dein Bruder von selbst merkt, daß er nicht richtig lebt.“

Franziskus war also überzeugt: Es geht gar nicht in erster Linie darum, daß wir den anderen ändern, sondern darum, daß wir selbst uns ändern, damit sich der andere ändern kann.

So wird deutlich: Jemanden zurechtweisen ist sehr schwer. Genaugenommen kann es der einzelne gar nicht, es sei denn, er wäre ein Heiliger. Wir können es nur aus dem Miteinander, wenn wir zusammen auf das Evangelium hören und uns gegenseitig im Glauben stärken.

Tun wir das, so gibt uns das Evangelium eine unerhörte Zusage: Was im Raum des Glaubens durch die Kirche gebunden und gelöst wird, wird auch im Himmel gebunden und gelöst sein – und das heißt vor allem: Es gibt wirkliche Vergebung, wirkliche Versöhnung, wirklichen Neuanfang. Nichts mehr ist dann unmöglich.

Jesus geht sogar so weit, daß er sagt: Alles, was auch nur zwei von euch auf Erden gemeinsam erbitten, werden sie von meinem Vater im Himmel erhalten. Das heißt: Wenn wir nicht allein, jeder für sich, um Erhörung unserer privaten Wünsche bitten, sondern zur Einheit finden und alle dasselbe wollen, nämlich das, was der heilbringende Wille Gottes ist, das, was dem Aufbau des Reiches Gottes dient, dann wird uns nichts unmöglich sein. Dann werden sich Herzen verändern. Dann werden sich Zustände verändern. Dann wird sich ein Stück Welt um uns herum verändern, und wir werden anderen den Weg weisen können.

Der Glaube schenkt ein neues Gehör

In jener Zeit verließ Jesus das Gebiet von Tyrus und kam über Sidon an den See von Galiläa, mitten in das Gebiet der Dekapolis. Da brachte man einen Taubstummen zu Jesus und bat ihn, er möge ihn berühren. Er nahm ihn beiseite, weg von der Menge, legte ihm die Finger in die Ohren und berührte dann die Zunge des Mannes mit Speichel; danach blickte er zum Himmel auf, seufzte und sagte zu dem Taubstummen: „Effata!", das heißt: Öffne dich! Sogleich öffneten sich seine Ohren, seine Zunge wurde von ihrer Fessel befreit, und er konnte richtig reden.

Jesus verbot ihnen, jemand davon zu erzählen. Doch je mehr er es ihnen verbot, desto mehr machten sie es bekannt. Außer sich vor Staunen sagten sie: „Er hat alles gut gemacht; er macht, daß die Tauben hören und die Stummen reden."

(Mk 7,31-37; 23. Sonntag im Jahreskreis/Lesejahr B)

Ein Taubstummer wird von Jesus geheilt. Was sollen wir mit dieser Erzählung anfangen? Sind wir denn Gehörlose? Sind wir Taubstumme? Offensichtlich. Sonst würde uns das Ganze ja nicht im Gottesdienst erzählt. Es ist eine Geschichte, die uns alle meint.

Das sieht man auch daran, daß die Kirche bei jeder Taufe wiederholt, was Jesus damals mit dem Taubstummen gemacht hat: Der Taufspender berührt die Ohren und den Mund des Täuflings und spricht dabei genau wie Jesus vor

2000 Jahren: „Effata, öffne dich!" Das setzt voraus: Jeder von uns ist taubstumm und lernt überhaupt erst in der Gemeinschaft der Kirche, in die er durch die Taufe aufgenommen wird, hören und sprechen. Um eine so befremdende Aussage zu verstehen, wollen wir kurz darüber nachdenken, was ein von Geburt oder frühester Kindheit an Taubstummer ist.

Bei einem Taubstummen funktionieren die Hörorgane nicht. Die Sprechorgane hingegen sind meistens in Ordnung. Aber weil der Betreffende nichts hört, kann er die Laute, die er hervorbringt, nicht korrigieren. Er lernt niemals sprechen, oder er lernt es nur unter Schwierigkeiten – durch jahrelange Übung unter Mithilfe anderer.

Weil er nichts hört, hat der Gehörlose einen stark beschränkten Wahrnehmungsraum. Er sieht zwar mit seinen Augen, aber die Welt der Töne ist ihm verschlossen. Er hört nicht das Donnern des Gewitters, nicht das Rauschen des Windes, nicht das Brausen des Meeres. Er weiß nichts von der Musik. Und vor allem: Er kennt nicht die unendlich reiche und feinabgestimmte Welt der gesprochenen Sprache mit ihren Untertönen und Nebentönen, mit ihrem Saft und ihrer Zärtlichkeit.

Wenn in der Taufe Mund und Ohren berührt werden, damit sie sich öffnen, so bedeutet das: Auch in der Welt des Glaubens hat jeder Mensch zunächst einmal einen beschränkten Wahrnehmungsraum. Auch da ist zunächst jeder wie ein Taubstummer. Der Anfänger im Glauben nimmt zwar schon einen Teil der Glaubenswirklichkeit wahr. Er weiß manches. Er lernt zum Beispiel, daß es einen Gott gibt, der die Welt geschaffen hat. Der Anfänger im Glauben betet bereits zu diesem Gott. Er weiß, daß es Gebote gibt. Er glaubt, daß es ein Gericht und eine Auferstehung gibt. Aber mit all dem weiß er von der Welt Gottes noch sehr wenig. Er weiß noch nichts von dem konkreten Willen Gottes, der ihn umgibt. Er weiß noch nichts von dem Plan Gottes mit der Welt. Er weiß noch nicht, was eigentlich Kirche ist, was Gemeinde ist, was Gemeinschaft der Gläubigen bedeutet.

Er ist Gott gegenüber noch voll Mißtrauen. Er meint, daß er etwas verliert, wenn er sich auf Gott einläßt. Er kann das Evangelium noch gar nicht richtig erfassen. Sein Wahrnehmungsraum ist begrenzt. Er nimmt das Sprechen des lebendigen Gottes noch kaum wahr.

Deshalb müssen ihm die Ohren geöffnet werden. Und das ist ein langer Prozeß. Er verläuft nicht magisch oder automatisch. Was in der Taufe geschehen ist, war ein Zeichen: ein Zeichen dafür, daß dieser Prozeß jetzt anfängt – mit dem Eintritt in die Gemeinschaft der Kirche. Aber es war erst der Anfang. Der in der Taufe gesetzte Anfang muß weitergehen.

So ist die Kirche, so ist die Gemeinde der Ort, wo wir uns öffnen dürfen, wo wir unser Mißtrauen ablegen und vertrauen dürfen, wo wir in ein neues Miteinander eintreten können, wo wir durch andere lernen, auf den lebendigen Willen Gottes zu hören. Und in dem Maß, in dem wir hören lernen, lernen wir dann auch reden. Solches Reden aus dem Glauben aber besteht darin, daß wir Gott und seine Taten preisen.

Ich möchte dieses Hineinwachsen in ein neues Hören und in eine neue Sprache an einem Beispiel aus einem völlig anderen Bereich verdeutlichen. Als Fünfzehnjähriger entdeckte ich – ich weiß nicht mehr wie – die Welt des deutschen Gedichts. Vorher hatte mich diese Welt kalt gelassen. Ich las schon lange sehr viel, aber nur spannende Bücher, in denen etwas passierte. Mit Karl May hatte es angefangen. Mit Kriminalromanen war es weitergegangen. Aber dann merkte ich eines Tages, daß die Sprache viel mehr konnte, als nur Abenteuergeschichten und *crime-stories* zu erzählen. Karl May und seine Nachfolger waren von einem Tag auf den anderen passé, und ich fand nun einen Text wie den folgenden – aus „Willkommen und Abschied" von Johann Wolfgang von Goethe – atemberaubend:

Es schlug mein Herz, geschwind zu Pferde!
Es war getan fast eh gedacht;
Der Abend wiegte schon die Erde,
Und an den Bergen hing die Nacht.

Mir war eine andere Dimension der Sprache aufgegangen, die mich bis heute nicht mehr losgelassen hat. Daß sich da einer aufs Pferd schwang, war nicht mehr wichtig. Aber daß der Abend die Erde „wiegte", und daß die Nacht „an den Bergen hing", fand ich nun geradezu aufregend. Ähnlich kann es uns mit dem Glauben gehen. Eines Tages geraten wir auch da in eine neue Welt hinein, hören plötzlich eine Sprache, die uns vorher fremd war, oder hören die alten Formeln, die wir schon lange kannten, völlig neu. Wir hören, wie Gott durch die anderen in der Gemeinde zu uns redet; wir werden sensibel für sein Sprechen; wir lernen, was es heißt, seinen Willen zu tun; wir spüren die Ruhe und das tiefe Glück, die uns tragen, wenn wir in seinem Willen leben.

Ich meine damit keineswegs so etwas wie die Emotionen, die wir im Zusammenhang mit dem Tod der Prinzessin Diana auf dem Fernsehschirm gesehen haben – die Blumen, die Kerzen, die tränenüberströmten Gesichter oder die Art, wie Elton John „Candle in the Wind" sang. Wir haben keinen Grund, solche Emotionen zu belächeln, denn sie drücken ja eine schweifende und unerfüllte Sehnsucht aus, die nach etwas anderem unterwegs ist – ohne es zu kennen und vielleicht, ohne es zu finden.

Wir aber durften es finden, ohne unser Verdienst. Ich meine das Einschwingen in den Willen Gottes, wie er uns im Mitleben mit dem Glauben der anderen geschenkt wird. Ich meine die Mitfreude über all das, was Woche für Woche vor unseren Augen geschieht, zum Beispiel, daß Jugendliche in der Gemeinde den Glauben entdecken und ihr Leben neu ausrichten. Ich denke auch an das Mitleiden, wenn der Gemeinde Schaden zugefügt wird – nicht als ein Sich-Ärgern aus einem Gruppenegoismus heraus, wie ihn jeder Sportverein hervorbringt, sondern als Trauer, daß dem Evangelium Wege versperrt werden.

Wer in dieser Mit-Freude lebt und zugleich in diesem Mit-Erleiden der Geschichte Gottes, die unter uns geschieht, bekommt neue Augen und ein neues Gehör. Er nimmt wahr, was kein Auge geschaut, kein Ohr gehört hat und in keines Menschen Herz gedrungen ist, was Gott aber denen bereitet, die ihn lieben. Er hört eine neue Sprache – die leise, tröstende, in die Freiheit führende Sprache des Heiligen Geistes, die er vorher noch gar nicht wahrnehmen konnte. Und mit all dem lernt er, Gottes Taten zu preisen.

Damit endet ja auch unser Text: Einer in Israel ist heil geworden, seine Sinne haben sich geöffnet, und die Menschen sagen voll Staunen über den, der das vollbrachte:

Er hat alles gut gemacht;
er macht, daß die Tauben hören
und die Stummen reden.

Wir sind Wanderer zwischen zwei Welten

In jener Zeit erzählte Jesus seinen Jüngern das folgende Gleichnis: „Mit dem Himmelreich ist es wie mit einem Gutsbesitzer, der früh am Morgen sein Haus verließ, um Arbeiter für seinen Weinberg anzuwerben. Er einigte sich mit den Arbeitern auf einen Denar für den Tag und schickte sie in seinen Weinberg.

Um die dritte Stunde ging er wieder auf den Markt und sah andere dastehen, die keine Arbeit hatten. Er sagte zu ihnen: ‚Geht auch ihr in meinen Weinberg! Ich werde euch geben, was recht ist.' Und sie gingen. Um die sechste und um die neunte Stunde ging der Gutsherr wieder auf den Markt und machte es ebenso. Als er um die elfte Stunde noch einmal hinging, traf er wieder einige, die dort herumstanden. Er sagte zu ihnen: ‚Was steht ihr hier den ganzen Tag untätig herum?' Sie antworteten: ‚Niemand hat uns angeworben.' Da sagte er zu ihnen: ‚Geht auch ihr in meinen Weinberg!'

Als es nun Abend geworden war, sagte der Besitzer des Weinbergs zu seinem Verwalter: ‚Ruf die Arbeiter, und zahl ihnen den Lohn aus, angefangen bei den letzten, bis hin zu den ersten.' Da kamen die Männer, die er um die elfte Stunde angeworben hatte, und jeder erhielt einen Denar. Als dann die ersten an der Reihe waren, glaubten sie, mehr zu bekommen. Aber auch sie erhielten nur einen Denar. Da begannen sie, über den Gutsherrn zu murren, und sagten: ‚Diese letzten haben nur eine Stunde gearbeitet, und du hast sie uns gleichgestellt; wir aber haben die Last und Hitze des ganzen Tages ertragen.' Da erwiderte er einem von ihnen: ‚Mein Freund, dir geschieht kein Unrecht. Hast du nicht einen Denar mit mir vereinbart? Nimm dein Geld und geh! Ich will dem letzten ebensoviel geben wie dir. Darf ich mit dem, was mir gehört, nicht tun, was ich will? Oder ist dein Auge böse, weil ich gut bin?' "

(Mt 20,1-15; 25. Sonntag im Jahreskreis/Lesejahr A)

In Jes 55,8-13 stoßen zwei Welten aufeinander. Da ist auf der einen Seite das aus seiner Heimat vertriebene, in alle Winde zerstreute, geschlagene und gebeugte Israel, das sich eine Rückkehr in sein Land nicht mehr vorstellen kann. Da ist auf der anderen Seite die unfaßbare Zusage Gottes, daß er sein Volk zurückbringt, ja, es nicht nur zurückbringt, sondern es zum Licht der Welt machen wird. Was Menschen unmöglich erscheint, ist ihm möglich:

Meine Gedanken sind nicht eure Gedanken,
und eure Wege sind nicht meine Wege – Spruch des Herrn.
So hoch der Himmel über der Erde ist,
so hoch erhaben sind meine Wege über eure Wege
und meine Gedanken über eure Gedanken (Jes 55,8-9).

Dieser Text ist kein frommer Spruch für Totenbildchen. Es ist die abschließende Bekräftigung aller Verheißungen, die Gott dem Propheten gegeben hat. Es ist sozusagen der Schlußstrich, das Amen Gottes, das sagen will: Jede einzelne meiner Verheißungen wird sich in allen Einzelheiten erfüllen. Der Text fährt nämlich fort:

Denn wie Regen und Schnee vom Himmel fallen
und nicht zurückkehren,

bevor sie nicht die Erde getränkt
und den Samen zum Keimen und Sprossen gebracht
und den Menschen Nahrung geschenkt haben,
so ist es auch mit dem Wort, das meinen Mund verläßt:
Es kehrt nicht leer zu mir zurück,
sondern bewirkt, was mein Plan ist,
und erreicht alles, wozu ich es ausgesandt habe.

Voll Freude werdet ihr fortziehen,
wohlbehalten kehrt ihr zurück.
Berge und Hügel brechen bei eurem Anblick in Jubel aus,
alle Bäume auf dem Feld klatschen Beifall.
Statt Dornen wachsen Zypressen,
statt Brennesseln Myrten.
Zum Ruhme des Herrn wird es geschehen,
als ein ewiges Zeichen, das niemals getilgt wird (Jes 55,10-13).

Mit diesem Trost endet Deuterojesaja, endet der 2. Teil des Jesaja-Buches. Gott wird sein Ziel erreichen. Er wird seinen Plan verwirklichen und Israel heimführen. Auf den desolaten Zustand des Gottesvolkes trifft die unvorstellbare Verheißung Gottes.

Auch in Mt 20,1-15 stoßen zwei Welten aufeinander. Da ist auf der einen Seite die alte Gesellschaft mit ihren Rivalitäten, ihrem Konkurrenzkampf und mit dem Zwang, sich ständig vergleichen zu müssen. Da ist auf der anderen Seite die neue Welt Gottes, verkörpert durch den Gutsherrn im Gleichnis, der nach einem anderen Gesetz handelt, einem Gesetz, das der alten Welt unvorstellbar erscheint und das alles auf den Kopf stellt.

Wo stehen wir selbst, die Hörer dieses Gleichnisses? Noch in der alten Welt, inmitten von Rivalität und Konkurrenz? Oder schon in der neuen Welt, unter dem vernünftigen und aufgeklärten Gesetz der Gottesherrschaft, das bestimmt ist vom Mitsorgen, Mitdenken, Mitleiden und Sich-Mitfreuen?

Ich glaube, wir sind oft wie Wanderer zwischen diesen beiden Welten. Wir stecken noch tief in der alten Welt oder fallen immer wieder in sie zurück. Wir hören nicht auf, uns zu vergleichen. Wir hören nicht auf, uns ängstlich zu fragen: Habe ich auch dasselbe Ansehen wie die anderen? Werde ich auch ernst genommen? Weiß man eigentlich, wie viele Begabungen und Fähigkeiten ich habe? Nimmt überhaupt jemand zur Kenntnis, was ich alles tue?

Es ist auffällig, wie scharf die Heilige Schrift von Anfang an über dieses Sich-mit-anderen-Vergleichen urteilt. Das Sich-Vergleichen begann schon mit Kain und Abel. Kain bringt es nicht fertig, auf sein eigenes Opfer zu schauen und es mit frohem Herzen Gott darzubringen. Er muß auf das Opfer seines Bruders Abel schielen und dessen Opfer mit dem eigenen vergleichen. Und es überläuft ihn heiß, und sein Blick senkt sich zur Erde. Er kann seinem Bruder nicht mehr offen und frei in die Augen blicken. Er kann gar nicht mehr objektiv urteilen. Er sieht nur noch den Unterschied zwischen seinem Opfer und dem Opfer seines Bruders. Am Ende steht der Mord (Gen 4,1-16).

Gott will uns aus diesem unablässigen Hinschielen auf die anderen herausreißen. Er will uns in die neue Welt der Gottesherrschaft führen, von der Jesus im „Gleichnis vom gleichen Lohn" spricht, in eine Welt, wo alle einmütig an dem großen Werk arbeiten könnten – nach dem Gesetz, das der Gutsherr vorgibt. Es ist das Gesetz der Hingabe an die eine

Sache, das Gesetz der Zusammenarbeit ohne Neid und Rivalität.

Das Gleichnis vom gleichen Lohn will uns sagen: Ihr braucht nicht ängstlich besorgt zu sein um euren Platz in der Gemeinde, um eure Art der Beteiligung. Wie immer eure Form der Zugehörigkeit aussieht – ihr dürft allesamt Gottes Mitarbeiter sein und am Ort seiner Gegenwart leben. Was gibt es mehr?

Wir sind Wanderer zwischen zwei Welten – der Welt unserer Not und der Welt der Verheißungen Gottes. Wir wollen Gott bitten, daß er uns den Schritt von unserer eigenen engen und kleinen Welt in die große Welt seiner Verheißungen ermöglicht.

Jesus erzählt eine unmoralische Geschichte

In jener Zeit sprach Jesus zu seinen Jüngern: „Ein reicher Mann hatte einen Verwalter. Diesen beschuldigte man bei ihm, er veruntreue sein Vermögen. Darauf ließ er ihn rufen und sagte zu ihm: ‚Was höre ich über dich? Leg Rechenschaft ab über deine Verwaltung! Du kannst nicht länger mein Verwalter sein.‘ Da überlegte der Verwalter: ‚Mein Herr entzieht mir die Verwaltung. Was soll ich jetzt tun? Graben kann ich nicht, zu betteln schäm ich mich. Doch, ich weiß, was ich tun muß, damit mich die Leute in ihre Häuser aufnehmen, wenn ich als Verwalter abgesetzt bin.‘

Und er ließ die Schuldner seines Herrn, einen nach dem andern, zu sich kommen und fragte den ersten: ‚Wieviel bist du meinem Herrn schuldig?‘ Er antwortete: ‚Hundert Faß Öl.‘ Da sagte er zu ihm: ‚Nimm deinen Schuldschein, setz dich gleich hin, und schreib: fünfzig.‘ Dann fragte er einen andern: ‚Wieviel bist du schuldig?‘ Der antwortete: ‚Hundert Sack Weizen.‘ Da sagte er zu ihm: ‚Nimm deinen Schuldschein, und schreib: achtzig.‘ “

Und der Herr lobte die Klugheit des betrügerischen Verwalters und sagte: „Die Kinder dieser Welt sind im Umgang mit ihresgleichen klüger als die Kinder des Lichtes.

Ich sage euch: Macht euch Freunde mit Hilfe des ungerechten Mammons, damit ihr in die ewigen Wohnungen aufgenommen werdet, wenn es mit euch zu Ende geht.

Wer in den kleinsten Dingen zuverlässig ist, der ist es auch in den großen, und wer bei den kleinsten Dingen Unrecht tut, der tut es auch bei den großen.

Wenn ihr im Umgang mit dem ungerechten Reichtum nicht zuverlässig gewesen seid, wer wird euch dann das wahre Gut anvertrauen? Und wenn ihr im Umgang mit dem fremden Gut nicht zuverlässig gewesen seid, wer wird euch dann euer wahres Eigentum geben?

Kein Knecht kann zwei Herren zugleich dienen; er wird entweder den einen hassen und den andern lieben, oder er wird zu dem einen halten und den andern verachten. Ihr könnt nicht beiden dienen, Gott und dem Mammon.“

(Lk 16,1-13; 25. Sonntag im Jahreskreis/Lesejahr C)

Dieses Evangelium erzählt eine Verbrechergeschichte. Es ist die Geschichte eines doppelten Betrugs. Sie spielt im damaligen Palästina. Soweit dort das Land fruchtbar war, gehörte es zur Zeit Jesu einigen wenigen sehr reichen Großgrundbesitzern. Viele von ihnen lebten im Ausland, in Antiochien, Alexandrien oder Rom, und ließen ihren Besitz von Geschäftsführern verwalten.

Der Verwalter in unserer Geschichte veruntreut die ihm anvertrauten Güter. Er wirtschaftet in die eigene Tasche. Der Besitzer hat offenbar keinen Überblick. Er wird von seinem Verwalter nach allen Regeln der Kunst betrogen. Irgendwann wird er aber doch mißtrauisch. Der betrügerische Verwalter bekommt einen Termin mitgeteilt, an dem eine Wirtschaftsprüfung stattfindet. Zu diesem Termin müssen alle Geschäftsunterlagen auf den Tisch.

Der Verwalter weiß, daß er seine Unterschlagungen nicht vertuschen kann. Er weiß auch, daß er seine Stelle verliert und keine Chance hat, eine neue Anstellung zu finden. Seine Zukunft scheint ruiniert. Deshalb betrügt er nun erneut – und jetzt noch dreister als zuvor: Er fälscht mit System eine größere Zahl von Schuldscheinen zuungunsten seines Arbeitgebers und verpflichtet sich auf diese Weise genügend Leute, die ihn später unterstützen werden, die er notfalls sogar erpressen kann. Selbstverständlich läßt er die Schuldner seines Herrn *einzeln* zu sich kommen; bei solchen Geschäften darf es keine Zeugen geben. Wie endet die Geschichte?

Fragen wir einmal anders: Wie würden wir sie heute enden lassen? Wahrscheinlich hochmoralisch. Auch der zweite Betrug fliegt auf, der Betrüger verliert alles und endet im Gefängnis. Moral: Verbrechen zahlen sich nicht aus! So hätte man die Geschichte jedenfalls im 18. und 19. Jahrhundert erzählt.

In den letzten Jahrzehnten allerdings hätte man ihr wahrscheinlich einen sozialen *touch* gegeben. Man hätte die Skrupellosigkeit der ausbeuterischen Großgrundbesitzer angeprangert, hätte das Verhalten des Verwalters und der verschuldeten Pächter als erbitterte Notwehr geschildert und aus der Kriminalgeschichte ein soziales Heldenstück gemacht. Hochmoralisch hätte die Geschichte auch in diesem Fall geendet. Das Verblüffende ist nun, daß die Geschichte bei Jesus überhaupt nicht moralisch ausgeht – weder im Sinn bürgerlicher noch antibürgerlicher Moral.

Wie wenig die Geschichte bei Jesus selbst auf eine Morallehre hinausläuft, sieht man daran, daß ihr Ende gar nicht erzählt wird. Der Ausgang bleibt offen. Er interessiert nicht. Offensichtlich kommt es in dem Gaunerstück auf etwas ganz anderes an. Jesus lobt den verbrecherischen Verwalter – „der Herr" ist selbstverständlich Jesus und nicht der geschädigte Großgrundbesitzer –, aber er lobt nicht sein Verbrechen, sondern die Konsequenz, den Einsatz und die Klugheit, mit der er seine Existenz rettet. Von seinen Voraussetzungen her hat der Verwalter ja durchaus konsequent gehandelt: Er hat sich keine Illusionen gemacht; er hat seine Möglichkeiten nüchtern erwogen; er hat seinen Verstand gebraucht; er hat seine ganze Phantasie eingesetzt und ist, nachdem er alles durchkalkuliert hat, schnell und äußerst wirkungsvoll vorgegangen.

Genauso, sagt Jesus, müßt *ihr* angesichts des Reiches Gottes handeln. Das Reich Gottes ist euch angeboten: jetzt, heute. Aber es kommt nur dann zu euch, wenn ihr euren Verstand einsetzt, eure Phantasie, eure Leidenschaft, eure ganze Existenz. Die beste Erläuterung zum Gleichnis vom verbrecherischen Verwalter bietet das letzte der Kommentarworte, die dem Gleichnis angehängt sind:

> *Kein Knecht kann zwei Herren zugleich dienen; er wird entweder den einen hassen und den andern lieben, oder er wird zu dem einen halten und den andern verachten.*

Das heißt: Wer im Reich Gottes leben will, kann nur Gott zum Herren haben. Nur ihm darf er dienen – mit seinem ganzen Wollen, mit all seiner Kraft, mit seinem ganzen Leben. Wenn er gleichzeitig noch andere Herren hat, ist er geteilt, ist er hin- und hergerissen, ist er antriebslos. Dann setzt er sich nicht wirklich ein, riskiert nichts, macht nur halbe Sachen. Dann fehlen seinem Leben jene innere Kraft und jener Glanz, die zur Gottesherrschaft gehören.

Der verbrecherische Verwalter hat keine halben Sachen gemacht. Er ging aufs Ganze. Er hat alles riskiert und alles eingesetzt. Darin, und nur darin, bewundert ihn Jesus und sagt: Wenn doch meine Jünger – unter ihren Voraussetzungen – genauso zur Sache gingen wie dieser Verwalter!

Eine letzte Beobachtung: Obwohl der Verwalter ein Verbrecher ist, hat seine Gaunerei etwas Bewundernswertes. Das Gleichnis erzählt nicht nur einen Kriminalfall, es erzählt auch ein Schelmenstück. Irgendwo ist da, trotz des Verbrecherischen, ein Hauch Faszination. Was für ein Glanz würde erst über der Kirche liegen, wenn die Kinder des Lichtes die Sache Gottes mit der Leidenschaft der Kinder dieser Welt betrieben!

Wir wollen nur selten, was Gott will

In jener Zeit sprach Jesus zu den Hohenpriestern und den Ältesten des Volkes: „Was meint ihr? Ein Mann hatte zwei Söhne. Er ging zum ersten und sagte: ‚Mein Sohn, geh und arbeite heute im Weinberg.' Der antwortete: ‚Ich gehe, Herr', ging aber nicht. Da wandte er sich an den zweiten Sohn und sagte zu ihm dasselbe. Dieser antwortete: ‚Ich will nicht.' Später aber reute es ihn, und er ging doch. Wer von den beiden hat nun den Willen seines Vaters erfüllt?" Sie antworteten: „Der zweite."

Da sagte Jesus zu ihnen: „Amen, das sage ich euch: Zöllner und Dirnen gelangen eher in das Reich Gottes als ihr. Denn Johannes ist gekommen, um euch den Weg der Gerechtigkeit zu zeigen, und ihr habt ihm nicht geglaubt. Aber die Zöllner und die Dirnen haben ihm geglaubt. Ihr habt ihren Glauben gesehen und seid auch dann nicht in euch gegangen, daß ihr Johannes geglaubt hättet."

(Mt 21,28-32; 26. Sonntag im Jahreskreis/Lesejahr A)

Jesus ist in seinen Gleichnissen unübertroffen. Er trifft mit ihnen nicht nur die Situation seiner damaligen Hörer, sondern genauso die unsere. Noch nach 2000 Jahren trifft er mitten in unser Leben. Man muß freilich genau hinhören. Im Gleichnis von den beiden ungleichen Söhnen kommt es auf jedes Wort an.

Ein Mann hat zwei Söhne. Sie sind im arbeitsfähigen Alter. Die Arbeit im Weinberg drängt. Wahrscheinlich ist Erntezeit. Der Vater verlangt nichts Ungebührliches. Er hat das Recht, seine Söhne zur Arbeit zu bitten. Er redet jeden der beiden einzeln an. Voll Zuwendung sagt er zum ersten: „Mein Sohn, geh und arbeite heute im Weinberg."

Der angesprochene Sohn hält sich an das Herkommen. Er antwortet höflich. Er gebraucht die Anrede, die damals im Orient der Sohn dem Vater schuldet. Er redet ihn mit „Herr" an. Und er verspricht volltönend, im Weinberg zu arbeiten. Man muß es auf sich wirken lassen, dieses „Ich gehe, Herr". Es klingt großartig, aber es sind leere Worte. Schon bald ist im Haus klar: Der erste der beiden Söhne geht nicht in den Weinberg. Er hat seine eigenen Pläne.

Der zweite Sohn wird von seinem Vater genauso gebeten. Er antwortet nicht glatt und höflich wie sein Bruder. Er reagiert grob. Er verstößt in seiner Redeweise gegen die Form und den Anstand. Die Form hätte geboten, daß er – wie der erste Sohn – seinen Vater mit „Herr" anredete. Er läßt jedoch aus Ärger, daß er im Weinberg arbeiten soll, die Anrede weg und sagt klipp und klar: „Ich will nicht." Im Lauf des Vormittags allerdings wird er nachdenklich. Sein Verhalten reut ihn. Er geht schließlich doch in den Weinberg und tut den Willen seines Vaters.

Ich hatte gesagt: Jesus trifft mit diesem Gleichnis mitten in unser Leben, mitten in unser eigenes Verhalten hinein. Denn es ist ja klar, was mit dem Weinberg gemeint ist: das, was Gott inmitten der Wüste der Welt bauen will – den blühenden, fruchttragenden Garten seines Volkes, der für die Welt ein Segen und eine Freude sein soll. Wir dürfen, um der Welt willen, in diesem Garten mitarbeiten. Wir dürfen mithelfen, die neue Welt Gottes aufzubauen als von Gott Berufene, als seine Söhne und Töchter. Und nun schildert das Gleichnis zwei Möglichkeiten, wie wir, die mit der Sache Gottes Vertrauten, auf seine Bitte antworten.

Es kann sein, daß wir sagen: „Ja, Herr, ich gehe." Es kann sein, daß wir sagen: „Ja, Herr, dein Wille geschehe", „Dank sei Gott, dem Herrn", „Lob sei dir, Christus", „Das ist würdig und recht" und wie die Formeln der Liturgie alle heißen. Wir reden in der Liturgie ständig so höflich und formvollendet wie der erste Sohn. Wir machen vor Gott die schönsten Worte. Aber wir gehen nicht in den Weinberg Gottes. Wir haben unsere eigenen Interessen, die uns viel wichtiger sind als der Plan Gottes. Das ist die erste Möglichkeit.

Das Gleichnis spricht aber noch von einer zweiten Möglichkeit. Es kann auch sein, daß wir das, was wir wirklich wollen, nicht mit schönen Worten verschleiern, sondern klar sagen: „Ich will nicht." Das ist dann die Wahrheit. Denn genaugenommen will der Mensch nicht, was Gott will. Er möchte lieber sein eigenes Leben führen. Er möchte in Ruhe gelassen werden. Er möchte, daß ihm keiner hineinredet in das, was er will. Er möchte sein eigener Herr sein. Martin Luther geht in einer scharfsichtigen Analyse des Menschen sogar so weit, daß er sagt:

> *Der Mensch kann von sich aus nicht wollen, daß Gott Gott sei. Vielmehr will er, daß er selbst Gott sei und daß Gott nicht Gott sei.*

Wenn der zweite Sohn ungeschminkt sagt „Ich will nicht", so ist das zwar hart, aber es ist die Wahrheit. Das „Ja, Herr" des ersten Sohnes hingegen vernebelt die Wahrheit und macht gerade deshalb eine Umkehr außerordentlich schwer. Das

„Ich will nicht" deckt die Situation des Menschen auf, und deshalb ist in ihm Hoffnung. Und so läuft die Geschichte dann ja auch. Der zweite Sohn hat offen ausgesprochen, wie die Dinge bei ihm stehen, einige Zeit später schämt er sich und geht doch noch in den Weinberg.

Wenn man auf das gesamte Gleichnis zurückblickt, könnte man resignieren. Gibt es denn für den Menschen nur diese beiden Möglichkeiten: entweder schöne Worte machen und den Willen Gottes nicht tun oder das harte „Ich will nicht" und dann vielleicht später doch noch umkehren? Gibt es nicht auch Menschen, die mit ehrlichem Herzen „Ja" sagen und freudig in den Weinberg gehen?

Es spricht für die Nüchternheit Jesu, der sich über den wahren Zustand des Menschen niemals Illusionen gemacht hat, daß er uns in dem Gleichnis, um das es hier geht, nur die beiden ersten Möglichkeiten vor Augen stellt. Jesus hat gewußt, wie unwillig und egoistisch, ja wie böse der Mensch ist.

Allerdings konnte Jesus bei anderer Gelegenheit auch ein ganz anderes Gleichnis erzählen. Es hat ebenfalls die harte Arbeit draußen im Feld als Hintergrund. Aber es läuft anders. Da findet ein Taglöhner mitten im Acker einen Schatz, geht voll Freude hin, verkauft alles, was er hat, und kauft den Acker (Mt 13,44). Das heißt: Es gibt auch den Fall, daß einer auf den ersten Blick sieht, wie kostbar das Werk Gottes in der Welt ist, und dann voll Faszination hingeht und alles einsetzt und nur noch will, was Gott will.

So war es bei Jesus. Und es gibt immer wieder Menschen, die Jesus in dieser Freude und ohne zu zögern nachfolgen. Wir können eigentlich nichts anderes tun als uns an ihrer Freude festhalten. Und wir können Gott nur bitten, daß er auch uns solche Freude an seinem Willen schenkt.

Glaube ist kein Überbau über die eigene Lebenskonstruktion

In jener Zeit sprach Jesus zu seinen Jüngern: „Wenn dein Bruder sündigt, weise ihn zurecht; und wenn er umkehren will, vergib ihm. Und wenn er sich siebenmal am Tag gegen dich versündigt und siebenmal wieder zu dir kommt und sagt: ‚Ich will umkehren', so sollst du ihm vergeben."

Da sprachen die Apostel zum Herrn: „Vermehre unseren Glauben!" Der Herr erwiderte: „Wenn euer Glaube auch nur so groß wäre wie ein Senfkorn, würdet ihr zu dem Maulbeerbaum hier sagen: ‚Heb dich samt deinen Wurzeln aus dem Boden, und verpflanz dich ins Meer!', und er würde euch gehorchen.

Wenn einer von euch einen Knecht hat, der pflügt oder das Vieh hütet, wird er etwa zu ihm, wenn er vom Feld kommt, sagen: ‚Nimm gleich Platz zum Essen?' Wird er nicht vielmehr zu ihm sagen: ‚Mach mir etwas zu essen, gürte dich, und bediene mich; wenn ich gegessen und getrunken habe, kannst auch du essen und trinken.' Und bedankt er sich etwa bei dem Knecht, weil der getan hat, was ihm befohlen wurde? So soll es auch bei euch sein: Wenn ihr alles getan habt, was euch befohlen wurde, sollt ihr sagen: ‚Wir sind unnütze Knechte; wir haben nur unsere Schuldigkeit getan.' "

(Lk 17,3-10; 27. Sonntag im Jahreskreis/Lesejahr C)

Wenn euer Glaube auch nur so groß wäre wie ein Senfkorn ...

Dieses Jesuswort ist der Urkirche offenbar besonders wichtig gewesen, denn sie zitiert es oft. Selbst Paulus, bei dem die

Tradition der Herrenworte noch keine sehr große Rolle spielt, kennt es (vgl. 1 Kor 13,2). Wenn Jesusworte in der Urkirche häufiger verwendet wurden, bildeten sich meist mehrere Fassungen. Das war auch hier der Fall. Bei Matthäus und Markus soll sich ein *Berg* ins Meer bewegen, bei Lukas ein *Baum*. Überlieferungsvarianten dieser Art zeigen, wie lebendig und überströmend die Jesustradition in der Urkirche noch war.

Lukas hat das Wort von der Macht des Glaubens in einen neuen Kontext gestellt. Er baut eine kleine Szene auf. Da sind, inmitten der Jünger, plötzlich die zwölf Apostel und bitten Jesus:

Vermehre unseren Glauben!

Als Antwort auf diese Bitte spricht Jesus das Wort vom bäumeversetzenden Glauben. In welchem Verhältnis stehen die Bitte der Apostel und die Antwort Jesu zueinander? Erfüllt Jesus die Bitte? Offensichtlich nicht. Er zeigt den Aposteln vielmehr, daß ihre Bitte nichts taugt. Sie ist gar nicht so gut, wie sie sich im ersten Augenblick anhört. Sie wirkt zwar fromm. Denn sie sagt: Unser Glaube ist zu klein; er muß größer werden. Aber sie sagt auch: So einiges an Glauben ist bei uns ja schließlich doch da. Deshalb: „Vermehre unseren Glauben!"

Wie gesagt: Das klingt fromm. Das klang in christlichen Ohren schon immer so fromm, daß Lk 17,5 in das Rosenkranzgebet übernommen wurde: „... der in uns den Glauben vermehre." In Wirklichkeit sieht Lukas die Bitte der Apostel keineswegs als eine berechtigte und fromme Bitte an. Er entlarvt sie geradezu. Der Sache nach läßt er Jesus nämlich antworten: Eure Voraussetzung stimmt nicht. Ihr sagt, euer Glaube sei noch zu klein – so daß er vermehrt werden müsse.

Genau das ist die Illusion, in der ihr lebt. Euer Glaube ist nicht zu klein, er ist noch gar nicht vorhanden. Wäre er als noch so kleiner Glaube vorhanden, würde er ja schon genügen. Selbst wenn euer Glaube so winzig wäre wie ein Senfkorn – ihr könntet mit ihm die Welt verändern und Unmögliches möglich machen.

Das nämlich meint das Bild von der Verpflanzung eines Maulbeerbaumes in das Meer. Maulbeerbäume haben besonders große und tiefgründende Wurzeln. Einen solchen Baum in den See Gennesaret zu verpflanzen ist unmöglich. Es ist gegen die Natur. Es ist gegen die Gesetze dieser Welt.

Und eben da knüpft Jesus an: Wenn ihr wirklich Glauben hättet – und wäre er auch noch so klein –, könntet ihr das Unmögliche möglich machen und die Welt mit ihren Gesetzen auf den Kopf stellen. Da euch das aber nicht gelingt, ist zu folgern: Ihr habt überhaupt noch keinen Glauben. Redet also nicht so fromm daher und sagt nicht, ich solle euren Glauben vermehren.

Ich denke, genau so läuft die Logik des Textes bei Lukas. Der Glaube wird in einem geradezu erschreckenden – man könnte aber auch sagen beglückenden – Maß radikalisiert. Glaube ist eine so grundlegende Neuorientierung des Lebens, daß es ein Mehr oder Weniger eigentlich gar nicht gibt. Es gibt nur die Alternative Glaube oder Unglaube.

Damit ist etwas Wesentliches über den Glauben gesagt. Er ist weder ein Überbau über die eigene Lebenskonstruktion noch etwas, das man allmählich steigern kann. Er ist eine völlige Neuausrichtung des Menschen, die ein Entweder-Oder verlangt. Entweder glaubt der Mensch, oder er glaubt nicht. Entweder er richtet sich auf die Gottesherrschaft aus, oder er bleibt auf seine alte Welt fixiert. Wenn er stehenbleibt, wo er steht, und nur ein wenig den Kopf nach dem Neuen dreht, glaubt er noch gar nicht.

Selbstverständlich ist damit noch längst nicht alles über den Glauben gesagt: Es bleibt zum Beispiel die Frage: Worauf bezieht er sich eigentlich? Was ist sein Objekt? Wenn man früher einen Christen, der seinen Katechismus noch kannte, gefragt hätte: „Woran glaubst du?“, hätte er wahrscheinlich geantwortet: „An Gott“ – und die Antwort wäre nicht falsch gewesen. Ein anderer hätte vielleicht gesagt: „Ich glaube als Christ daran, daß Jesus der Sohn Gottes ist“ – und auch das wäre richtig gewesen. Ein dritter hätte womöglich gesagt: „Ich glaube an die Auferstehung der Toten“ – und auch das wäre selbstverständlich nicht falsch. Das Verblüffende ist nur, daß unser Text eine ganz andere Antwort gibt. Die Jünger sollen durch ihren Glauben Berge beziehungsweise Bäume ins Meer versetzen, daß heißt, sie sollen die Welt auf den Kopf stellen und Unmögliches möglich machen. Offenbar ist also die Zielrichtung biblischen Glaubens eine veränderte Welt.

Was damit genauerhin gemeint ist, zeigt bei Lukas der Kontext. Bevor nämlich die Apostel um Vermehrung ihres Glaubens bitten, hat Jesus innerhalb der lukanischen Komposition gesagt:

> *Wenn dein Bruder sündigt, weise ihn zurecht; und wenn er umkehren will, vergib ihm. Und wenn er sich siebenmal am Tag gegen dich versündigt und siebenmal wieder zu dir kommt und sagt: „Ich will umkehren“, so sollst du ihm vergeben.*

Es ist klar, worum es in diesem Text geht. Es geht um die neue Gesellschaft Gottes, die auf ständiger Versöhnung aufbaut. Die Versöhnung ist geradezu ihr Wesen. Nicht nur einmal am Tag muß man seiner Schwester oder seinem Bruder in der

Gemeinde verzeihen, sondern siebenmal am Tag – also immer. Das ist der Kontext unmittelbar vor dem Wort vom bäumeversetzenden Glauben. Jesus fordert von seinen Jüngern unablässige, immer neu vollzogene Versöhnung.

Die Apostel sind Realisten. Sie denken mit Recht: So etwas geht nicht. Das schaffen wir nie. So sind wir nicht gebaut. Deshalb ihre Bitte an Jesus: „Vermehre unseren Glauben!" Die Antwort Jesu muß man folgendermaßen verstehen: Ihr habt recht. Aus einer Versöhnung zu leben, die den anderen immer neu annimmt, die ihm nichts nachträgt, die ihn stets mit den gütigen Augen Gottes anblickt – das ist dem Menschen tatsächlich unmöglich. Es ist genauso wenig möglich, wie es euch möglich ist, diesen Maulbeerbaum da in den See Gennesaret zu verpflanzen. Wenn ihr allerdings Glauben hättet, wäre es möglich. Dann wäre Gemeinde ohne Rivalitäten, ohne Klassen, ohne Machtkämpfe und ohne Unterdrükkungsmechanismen möglich. Wenn ihr Glauben hättet, gäbe es die versöhnte Gesellschaft. Dann würde die alte Gesellschaft auf den Kopf gestellt. Dann würden die Gesetze der alten Welt, die anscheinend so unabänderlich wie Naturgesetze sind, aufgebrochen zu dem ganz Neuen. Aber all das gelänge nur aus dem Glauben.

Lukas macht also durch die Zusammenstellung des Wortes von der unablässigen Vergebung mit dem Wort vom bäumeversetzenden Glauben deutlich: Die Zielrichtung des Glaubens ist nicht das Jenseits, nicht das Unsichtbare, nicht das Religiöse im Menschen, sondern das konkret Gesellschaftliche, das Sichtbare, das Hier und Heute. Der Glaube geht auf die neue Gesellschaft Gottes und in ihr auf versöhnte Welt.

Diesen Zusammenhang zwischen dem Wort von der Versöhnung und dem Wort vom bergeversetzenden Glauben hat das apokryphe Thomasevangelium noch viel deutlicher als Lukas herausgearbeitet. Es läßt nämlich die beiden Jesusworte, die ursprünglich getrennt überliefert worden sind, in einem einzigen Satz zusammenfließen:

Wenn in einem Haus zwei miteinander Frieden machen,
dann ist das, wie wenn sie zu einem Berg sagen: „Fall um!"
Der Berg wird umfallen (Thomasevangelium, Logion 48).

Sich zu der neuen Familie Gottes zu versöhnen ist also nur aus dem Glauben, ist nur aus einer völligen Umorientierung auf die Sache Gottes möglich. Wo es solchen Glauben gibt, fallen Berge zusammen und werden Bäume ins Meer versetzt, das heißt, dort werden die Gesetze der alten Welt durchbrochen auf die neue Welt Gottes hin.

Mit all dem hat Lukas Entscheidendes über das Wesen des Glaubens gesagt. Er hat aber wohl das Gefühl gehabt: Diese Aussagen über den Glauben sind noch immer nicht konkret genug. Sie könnten immer noch zu hoch über den Köpfen der Leser schweben. Deshalb fügt er ein Gleichnis hinzu, das deutlich machen soll, wie dieser berge- und bäumeversetzende Glaube in der Realität aussieht. Ich bin überzeugt: Das Gleichnis vom anspruchslosen Knecht ist von Lukas noch einmal als Illustration über das Wesen des Glaubens gedacht. Lukas will sagen: So vollzieht sich konkret jener Glaube, der die Welt aus den Angeln hebt. So spielt er sich ab. Es ist mit ihm wie mit einem Knecht, der seinem Herrn dient, ohne Ansprüche zu stellen.

Man muß sich die Verhältnisse im Gleichnis so anschaulich wie möglich vor Augen führen. Im Mittelpunkt steht ein Bauer mit einem relativ kleinen Betrieb. Er ist kein Großgrundbesitzer. Er kann sich nur einen einzigen Knecht leisten.

Der wohnt bei ihm und arbeitet für ihn vom frühen Morgen bis in die späte Nacht. Weil er der einzige Knecht ist, muß er alles machen: das Feld bearbeiten, die Tiere hüten und, wenn er am Abend todmüde heimkommt, auch noch den Tisch besorgen. Er kann sich nicht an einen gedeckten Tisch setzen, sondern er muß das Essen herrichten, sich dann ordentlich zurechtmachen (sich gürten) und seinem Herrn die Speisen vorsetzen. Erst wenn dieser gegessen und getrunken hat, wenn die Speisen abgeräumt sind und das Geschirr gespült ist, kann er an sich selbst denken.

Sein Herr bedankt sich nicht einmal. Er betrachtet den täglichen Dienst seines Knechtes als Selbstverständlichkeit. Und der Knecht betrachtet es genauso: als schlichte Selbstverständlichkeit. Der Herr wird in unserem Gleichnis nicht als grausamer Sklavenhalter geschildert und der Knecht nicht als ein Unterdrückter, der nach Befreiung schreit. Ganz unsentimental nimmt das Gleichnis die harten Arbeitsverhältnisse der antiken Gesellschaft so, wie sie sind, und macht aus ihnen ein Bild für den Glauben.

Das Gleichnis will in der Figur des Herrn also nicht Gott oder Christus schildern. Es will nicht sagen: So ist Gott! Für ihn muß man sich abschuften ohne Pause, bis einem die Zunge aus dem Hals hängt. Der Mensch ist das elende, geknechtete Arbeitstier Gottes, das nicht aufmucken darf.

Dies wäre gerade das Bild der Religionen von Gott; so schildert die Religion ihre Götter. Da sind die Menschen die rechtlosen Arbeitssklaven der Himmlischen, während diese ihre ewigen Feste feiern und als Recht festsetzen, was ihnen paßt. Goethe hat es im „Lied der Parzen“ unnachahmlich formuliert:

Es fürchte die Götter
Das Menschengeschlecht!
Sie halten die Herrschaft
In ewigen Händen
Und können sie brauchen,
Wie's ihnen gefällt.

Der fürchte sie doppelt,
Den je sie erheben!
Auf Klippen und Wolken
Sind Stühle bereitet
Um goldene Tische.

Erhebet ein Zwist sich,
So stürzen die Gäste,
Geschmäht und geschändet,
In nächtliche Tiefen
Und harren vergebens,
Im Finstern gebunden,
Gerechten Gerichtes.

Sie aber, sie bleiben
In ewigen Festen
An goldenen Tischen.
Sie schreiten vom Berge
Zu Bergen hinüber:
Aus Schlünden der Tiefe
Dampft ihnen der Atem
Erstickter Titanen,
Gleich Opfergerüchen,
Ein leichtes Gewölke.

Aber dieses Gottesbild der antiken Religionen deckt sich eben nicht mit dem Gottesbild Jesu. Bei Jesus ist der Mensch nicht der Sklave Gottes, sondern Gott macht sich zum Sklaven der Menschen.

> *Ich bin unter euch wie einer, der Sklavendienst tut,*

sagt Jesus beim Abendmahl. Und in Lk 12,37 ist der Stoff des Gleichnisses vom anspruchslosen Knecht geradezu auf den Kopf gestellt:

> *Selig die Knechte, die der Herr wachend findet, wenn er kommt. Amen, ich sage euch, er wird sich gürten, sie am Tisch Platz nehmen lassen und umhergehen und sie bedienen.*

Der Sohn Gottes richtet den Menschen das Fest und bedient sie bei Tisch wie ein Sklave – das ist das Gottesbild der Bibel. Wir dürfen also in dem Herrn unseres Gleichnisses, der sich am Abend von seinem müden Knecht bedienen läßt, gerade nicht eine Figuration Gottes oder Jesu sehen.

Worum es in unserem Gleichnis geht, ist vielmehr die Konkretisierung dessen, was Glaube ist. Lukas schildert, wie sich Glaube in der neuen Gesellschaft Gottes vollzieht. Glaube wird dabei definiert als reiner Dienst, der keine Forderungen stellt, keine Ansprüche geltend macht, nicht auf Anerkennung aus ist und nicht auf sein Recht pocht. Glaube wird geschildert als völlige Umorientierung von sich selbst weg, die so tief geht, daß der Glaubende nicht mehr über sich bestimmen will, sondern andere über sich bestimmen läßt. Er liefert sich wie ein Sklave fremdem Willen aus, tut also genau das Gegenteil von dem, was der Humanismus unserer Tage Selbstbestimmung und Selbstverwirklichung nennt.

Es ist sicher jedem klar, wie riskant und gefährdet ein so verstandener Glaube ist: Er könnte grausam ausgenutzt werden. Eben das ist ja auch unsere tiefste Angst: daß wir ausgenutzt werden, daß wir unsere Freiheit verlieren und mit der Freiheit uns selbst.

Genau aus diesem Grund ist der radikale Glaube, den das Evangelium fordert, von einem, der allein dasteht, auch nicht zu leisten. Er würde tatsächlich hemmungslos ausgenutzt werden. Der Glaube, den das Evangelium meint, ist nur möglich in einer Gemeinde, in der viele dasselbe wollen: nicht sich selbst, sondern die Sache Gottes. Der Glaube des Evangeliums ist nur möglich in einer Gemeinde, in der viele wie Knechte derselben Sache dienen: dem Heilsplan Gottes.

Dort aber, wo es diesen einmütigen Dienst gibt, steht die Welt auf dem Kopf. Dort fallen die Berge zusammen, wurzeln riesige Bäume mitten im Meer, wächst versöhnte Welt. Dort entsteht eine ungeheure Freiheit, in der jeder sich selbst findet und verwirklicht – aber eben nicht in dem Gefängnis, das er von sich selbst und von der Gesellschaft her ist, sondern in dem weiten, Atem schenkenden Raum der neuen Welt Gottes.

Hat Gott Israel verworfen, und ist die Kirche sein „neues" Volk?

In jener Zeit sprach Jesus zu den Hohenpriestern und den Ältesten des Volkes: „Hört noch ein anderes Gleichnis: Da war ein Gutsbesitzer, der legte einen Weinberg an, zog ringsherum einen Zaun, hob eine Kelter aus und baute einen Turm. Dann verpachtete er den Weinberg an Winzer und reiste in ein anderes Land.

Als nun die Erntezeit kam, schickte er seine Knechte zu den Winzern, um seinen Anteil an den Früchten holen zu lassen. Die Winzer aber packten seine Knechte; den einen prügelten sie, den andern brachten sie um, einen dritten steinigten sie. Darauf schickte er andere Knechte, mehr als das erstemal; mit ihnen machten sie es genauso. Zuletzt sandte er seinen Sohn zu ihnen; denn er dachte: Vor meinem Sohn werden sie Achtung haben. Als die Winzer den Sohn sahen, sagten sie zueinander: ‚Das ist der Erbe. Auf, wir wollen ihn töten, damit wir seinen Besitz erben!' Und sie packten ihn, warfen ihn aus dem Weinberg hinaus und brachten ihn um.

Wenn nun der Besitzer des Weinbergs kommt: Was wird er mit solchen Winzern tun?" Sie sagten ihm: „Er wird diesen bösen Menschen ein böses Ende bereiten und den Weinberg an andere Winzer verpachten, die ihm die Früchte abliefern, wenn es Zeit dafür ist." Und Jesus sagte zu ihnen: „Habt ihr nie in der Schrift gelesen: ‚Der Stein, den die Bauleute verworfen haben, er ist zum Eckstein geworden; das hat der Herr vollbracht; vor unseren Augen geschah dieses Wunder'? Darum sage ich euch: Weggenom-

men wird euch das Reich Gottes und einem Volk gegeben, das die Frucht des Reiches Gottes erbringt."

Als die Hohenpriester und die Pharisäer seine Gleichnisse hörten, merkten sie, daß er von ihnen redete. Sie hätten ihn gern verhaften lassen; aber sie fürchteten sich vor den Leuten, weil alle ihn für einen Propheten hielten.

(Mt 21,33-43.45-46; 27. Sonntag im Jahreskreis/Lesejahr A)

Jesus greift in seinem Gleichnis einen Text aus dem Alten Testament auf und erzählt ihn neu: das Weinbergslied des Jesaja (Jes 5,1-7). Dieses beginnt wie ein Liebeslied, das ein Liebhaber singt über die wunderbare Geschichte mit seiner Geliebten, – und schlägt dann plötzlich um zur furchtbaren Gerichtsrede. Gott wird die Mauern seines Weinbergs Israel niederreißen, damit ihn jeder zertreten und verwüsten kann.

Bei Jesaja bleibt am Ende offen, ob es für das Gottesvolk angesichts seiner Unfruchtbarkeit überhaupt noch eine Zukunft geben kann. Aber schon die Fortsetzer des Jesaja-Buches haben davon gesprochen, wie Gott sein Volk wieder zum Leben bringt.

Auch in dem Gleichnis Jesu scheint die Lage des Gottesvolkes hoffnungslos. Der Weinberg bringt zwar seine Frucht. Aber die Pächter wollen seinen Ertrag für sich selbst behalten, das heißt, sie wollen die Sache Gottes für sich selbst ausnutzen. Sie verweigern dem rechtmäßigen Besitzer, was ihm zusteht. Als der Herr des Weinbergs seinen eigenen Sohn schickt, bringen sie ihn um.

Jesus kann diese furchtbare Aktualisierung des alten Textes nur kurz vor seiner Passion als letzte Warnung an die Verantwortlichen im Gottesvolk gesprochen haben. Er sah voraus, was geschehen würde. Er wollte seine Gegner noch in letzter Stunde zum Umdenken und zur Umkehr bewegen.

Es ging ihm dabei nicht zuerst um sein persönliches Schicksal. Es ging ihm um die Sache Gottes. Das Gottesvolk muß Frucht bringen für die Welt, damit sie nicht zugrunde geht. Der Weinberg Israel soll der Welt guten Wein schenken, den Wein der Freude und Seligkeit, weil sonst die Welt an ihrer Freudlosigkeit verdirbt. Es hängt alles daran, ob Gott in der Welt ein Volk hat, in dem der Wein für die Hochzeit, die Gott mit der ganzen Welt feiern will, schon geerntet wird. Deshalb fügt Matthäus, nachdem er das Jesus-Gleichnis mit seinem negativen Ausgang erzählt hat, wie einen Kommentar den Satz hinzu:

Weggenommen wird euch das Reich Gottes
und einem Volk gegeben,
das die Frucht des Reiches Gottes erbringt.

Dieser Satz ist von vielen Christen in vielen Jahrhunderten so verstanden worden, als sei Israel aus der Heilsgeschichte herausgefallen, als habe Gott ihm die Erwählung weggenommen und als sei die Kirche als *neues* oder *zweites* Gottesvolk an die Stelle Israels getreten.

Weil man den Text in dieser Weise verstanden hat, glaubten viele Christen in Europa viele Jahrhunderte lang, sie dürften die Juden verachten, sie in Gettos einsperren und ihnen den Judenstern anhängen. Es geschehe den „Gottesmördern" – so sagte man – ja recht.

Nehmen wir einmal für einen Augenblick an, Matthäus hätte tatsächlich gemeint, daß Israel seine Erwählung verspielt und für immer verloren hätte. Selbst wenn er das gemeint haben sollte, hätte er Paulus gegen sich, der ja im Römerbrief drei Kapitel lang dieser Frage nachgeht (vgl. Röm 9-11) und mit größtem Nachdruck sagt: Israel hat seine Berufung nicht verloren. Denn unwiderruflich sind die Berufung und die Gnadengabe Gottes. Die Heidenkirche ist kein neues Volk, sondern sie ist eingepfropft in den alten Ölbaum Israel, und wenn sie überheblich wird, wird sie wieder herausgehauen werden. Das ist die Position des Paulus, und von ihr her wäre Matthäus zu lesen, sollte er wirklich gemeint haben, das Reich Gottes würde Israel in seiner Ganzheit weggenommen.

Es spricht aber vieles dafür, daß Matthäus nichts dergleichen gemeint hat. Er will vielmehr sagen: Das Reich Gottes wird denen in Israel, die Jesus abgelehnt und getötet haben, weggenommen und denen in Israel gegeben werden, die an Jesus glauben, und so wird aus dem gläubigen Teil Israels und aus den Heiden, die im Glauben zu Israel werden, das *wahre* Israel entstehen, das Volk, das die Frucht des Reiches Gottes erbringt. Es heißt bei Matthäus nämlich kurz davor:

Der Stein, den die Bauleute verworfen haben,
er ist zum Eckstein geworden;
das hat der Herr vollbracht,
vor unseren Augen geschah dieses Wunder.

Jesus wurde von den „Bauleuten", das heißt von den *Verantwortlichen* Israels nicht für tauglich gehalten. Er wurde verworfen und getötet. Doch gerade er, der Verworfene und Beiseitegeschaffte, wurde zum Richtmaß und Fundament des wahren Israel. Außerdem zeigt bei Matthäus der Anfang der gesamten Rede, daß sie an „die Hohenpriester und Ältesten des Volkes" gerichtet ist. Und am Ende der Rede heißt es ausdrücklich:

> *Als die Hohenpriester und die Pharisäer seine Gleichnisse hörten, merkten sie, daß er von ihnen redete.*

Matthäus spricht also keinesfalls von der Verwerfung ganz Israels, sondern er hat die damals Verantwortlichen des Volkes im Blick. Texte müssen genau gelesen werden. Liest man sie nicht genau, kann das verheerende Folgen haben. Liest man Mt 21,33-46 richtig, darf man sagen: Gott sucht sich in seinem Volk immer wieder die Menschen, bei denen sein Wille und sein Plan angenommen werden. Dort kann dann seine Geschichte weitergehen. Daß aber Gott stets aufs neue Menschen findet, die trotz ihrer Armseligkeit seine Geschichte weitertragen, ist – wie die Auferweckung Jesu und die österliche Sammlung der Jüngergemeinde – das eigentliche Wunder der Geschichte. Es ist ein Wunder, das allein Gott vollbringt. Er tut es auch vor unseren Augen.

Ein Außenseiter gibt Gott die Ehre

Auf dem Weg nach Jerusalem zog Jesus durch das Grenzgebiet von Samarien und Galiläa. Als er in ein Dorf hineingehen wollte, kamen ihm zehn Aussätzige entgegen. Sie blieben in der Ferne stehen und riefen: „Jesus, Meister, hab Erbarmen mit uns!“ Als er sie sah, sagte er zu ihnen: „Geht, zeigt euch den Priestern!“ Und während sie zu den Priestern gingen, wurden sie rein.

Einer von ihnen aber kehrte um, als er sah, daß er geheilt war, und lobte Gott mit lauter Stimme. Er warf sich vor den Füßen Jesu zu Boden und dankte ihm. Dieser Mann war aus Samarien.

Da sagte Jesus: „Es sind doch alle zehn rein geworden. Wo sind die übrigen neun? Ist denn keiner umgekehrt, um Gott die Ehre zu geben, außer diesem Fremden?“ Und er sagte zu ihm: „Steh auf und geh! Dein Glaube hat dich heil gemacht.“

(Lk 17,11-19; 28. Sonntag im Jahreskreis/Lesejahr C)

In diesem Evangelium geht es um das Thema Dankbarkeit. Aber nicht so, wie die Morgenandachten im Rundfunk, die „Zusprüche am Morgen“, und die „Gedanken zum Tag“ von Dankbarkeit reden. Dort wird uns gesagt, nur derjenige sei wahrhaft Mensch, der dankbar sei für die frische Luft, für das saubere Wasser, für das raschelnde Laub im Herbst und für das fröhliche Gesicht seines Gegenübers in der S-Bahn.

Gegen all das ist nichts einzuwenden. Es ist höchst erfreulich, wenn möglichst viele in diesem Sinn dankbare Menschen sind. Dankbar gegenüber ihren Mitmenschen, dankbar gegenüber dem Leben, dankbar gegenüber dem Dasein. Bedenklich wird es erst, wenn sich die Dankbarkeit der Christen nur dadurch von dieser humanistisch vagen Dankbarkeit unterscheidet, daß sie das Wort *Dasein* durch das Wort *Gott* ersetzt. Ich erinnere mich noch an den ersten kirchlichen Schlager, der lostönte: „Danke für diesen guten Morgen, danke für jeden neuen Tag". Seitdem gibt es tausend Ergießungen der gleichen Machart – allesamt weit weg von dem, was im biblischen Sinn Dankbarkeit heißt. Von dieser anderen, der christlichen Dankbarkeit, redet unser Evangelium.

Auffällig ist bereits, daß in der Geschichte von den zehn Aussätzigen, die Jesus rein gemacht hat und von denen nur ein einziger zu Jesus zurückkehrt, um dankzusagen, das Wort „danken" gar nicht im Mittelpunkt steht. Über den, der sich bei Jesus bedankt, heißt es nämlich:

Er lobte Gott mit lauter Stimme.

Und Jesus selbst sagt:

Ist denn keiner umgekehrt, um Gott die Ehre zu geben,
außer diesem Fremden?

Das Evangelium drückt also schon rein durch seine Sprache aus, daß es ihm um mehr geht als um ein allgemein-menschliches Gefühl. Die Heilige Schrift ist nicht interessiert an Dingen, die überall und jederzeit gelten, sondern sie berichtet von einer ganz bestimmten Geschichte, die ihren genauen Ort und ihre genaue Zeit hat. Sie erzählt von dem, was wir die „Geschichte des Heils" nennen. Innerhalb dieser konkreten Geschichte hat die Dankbarkeit, um die es hier geht, ihren Ort. Sehen wir uns die Erzählung daraufhin etwas genauer an.

Erstens: Die Heilung der zehn Aussätzigen geschieht nicht *irgendwo* in der Welt. Sie geschieht im Gottesvolk. Der Text ist sogar noch präziser: Das Wunder ereignet sich auf dem Weg von Galiläa nach Jerusalem im Grenzgebiet von Samarien. Eben weil der Ort des Geschehens das Gottesvolk ist, hat alles eine klar umrissene Bedeutung. Wenn Jesus dem Mann aus Samarien, der als einziger zurückgekommen ist, sagt: „Dein Glaube hat dich heil gemacht", so meint er nicht jenen Glauben, den Menschen überall auf der Welt ihren Ärzten entgegenbringen, sondern er meint den Glauben des Gottesvolkes, der vor Jahrhunderten mit Abraham begann und von Generation zu Generation weitergegeben wurde. Dieser Glaube rechnet jederzeit damit, daß Gott neu und wunderbar an seinem Volk handelt. Diesen Glauben hat der Samariter gehabt. In diesem Glauben ist er, wie Jesus es befohlen hatte, zu den Priestern gegangen, und in diesem Glauben ist er zu Jesus zurückgekehrt.

Zweitens: Das Evangelium erzählt auch nicht von *irgendeinem* Wundertäter. Schamanen, Heiler und Gesundbeter gibt es zu allen Zeiten, und wir haben keinen Grund zu der Annahme, daß sie niemals Erfolg hätten. Hier geht es um mehr. Es geht um den endzeitlichen Boten Gottes. Und es geht um die Erfüllung der Zusagen Gottes an Israel: Gott wird an seinem Volk handeln. Er wird die Krankheiten und Gebrechen Israels heilen. Er wird das ganze Land mit messianischem Heil erfüllen. Er wird alle Unreinheit von Israel wegnehmen und die Menschen im Gottesvolk wieder zueinander führen, damit es wenigstens einen Ort in der Welt gibt, an dem der Plan Gottes mit der Welt erkennbar wird.

Genau aus diesem Grund schickt Jesus die Aussätzigen auch zu den Priestern: Sie sollen sich bescheinigen lassen, daß sie wieder gemeinschaftsfähig sind. Es geht also nicht nur um ihre individuelle Gesundheit. Es geht um die messianische Zusammenführung und Heilung des ganzen Gottesvolkes.

Drittens: Die Undankbarkeit der neun Geheilten, die nicht zurückkommen, ist dementsprechend nicht *irgendeine* Undankbarkeit. Jesus klagt doch nicht wegen einer Ungezogenheit oder wegen eines menschlichen Defekts. Er klagt, weil Gott für sein Handeln an Israel nicht die Ehre gegeben wird. Was Israel seit langem ersehnt und erträumt hatte, daß nämlich Gott das Elend seines Volkes wende, daß er eingreife, daß er handle – genau das hat nun begonnen, und da kehrt von zehn Menschen, denen Heil geschehen ist, nur einer zurück, um sich niederzuwerfen und Gott zu preisen. Und dieser eine ist ein Samariter, also aus der Sicht der Rechtgläubigen ein Abgefallener, ja ein Götzendiener.

So muß man sagen: In der Geschichte, die uns das heutige Evangelium erzählt, versagen sämtliche Rechtgläubigen. Sie versagen Gott die geschuldete Ehre. Das aber heißt: Gottes Tun wird von ihnen nicht erkannt und nicht anerkannt. Es wird nicht im Lobpreis zu dem erhoben, was es ist: Gottes Handeln an seinem Volk. Und weil neun von zehn Geheilten Gott nicht „mit lauter Stimme loben“, können auch viele andere das Tun Gottes nicht erkennen und anerkennen.

Kehren wir am Ende noch einmal zu der Unterscheidung vom Anfang zurück. Wir können jetzt genauer sagen, was christliche Dankbarkeit ist. Sie ist etwas anderes als das, was landläufig unter Dankbarkeit verstanden wird. Sie ist Lobpreis Gottes für die Taten, die er heute in unserer Mitte tut.

Und weil „in unserer Mitte“ ein viel zu blasser Begriff ist, sage ich es ganz konkret: Die rechte Dankbarkeit, die das Evangelium von uns fordert, ist der Lobpreis Gottes für die

Taten, die er in unseren Versammlungen und in unseren Häusern tut: staunender Lobpreis für das Miteinander um den einen Tisch, das er uns geschenkt hat; Lobpreis dafür, daß unter uns immer wieder Glaubende sind, an die wir uns halten können; Lobpreis dafür, daß es unter uns immer wieder Geheilte gibt, deren Augen fröhlich geworden sind; Lobpreis schließlich dafür, daß wir uns jeden Sonntag zu dieser Feier versammeln dürfen, deren Mitte das eucharistische Hochgebet ist – die große, feierliche Danksagung der ganzen Kirche für die Taten, die Gott an uns getan hat.

Gott lieben
ist nicht in erster Linie Sache des Gefühls

So spricht der Herr: Einen Fremden sollst du nicht ausnützen oder ausbeuten, denn ihr selbst seid in Ägypten Fremde gewesen. Ihr sollt keine Witwe oder Waise ausnützen. Wenn du sie ausnützt und sie zu mir schreit, werde ich auf ihren Klageschrei hören. Mein Zorn wird entbrennen, und ich werde euch mit dem Schwert umbringen, so daß eure Frauen zu Witwen und eure Söhne zu Waisen werden.

Leihst du einem aus meinem Volk, einem Armen, der neben dir wohnt, Geld, dann sollst du ihm nicht wie ein Pfandnehmer werden. Ihr sollt von ihm keinen Zins fordern. Wenn du aber doch den Mantel deines Nächsten pfändest, sollst du ihn bis Sonnenuntergang zurückgeben; denn es ist seine einzige Decke, der Mantel, mit dem er seinen bloßen Leib bedeckt. Worin soll er sonst schlafen? Wenn er zu mir schreit, höre ich es, denn ich habe Mitleid.

(Ex 22,20-26; 30. Sonntag im Jahreskreis/Lesejahr A)

Gott lieben ist nach biblischem Verständnis etwas durchaus Nüchternes. Es ist gesättigt mit Realität. Gott lieben heißt, nach den Geboten Gottes zu leben. In unserem Text haben wir einen kleinen Ausschnitt aus der alttestamentlichen Sozialordnung vor uns. Sie ist so angelegt, daß vor allem die Schwachen im Volk geschützt werden, diejenigen, die sich selbst nicht helfen können.

Es werden genannt: die Fremden, die Witwen, die Waisen und die Armen. Diese vier Gruppen sind besonders gefährdet. Die Fremden leben fern von ihrer Sippe. Es fehlt ihnen also der verwandtschaftliche Rückhalt und Schutz. Den Witwen fehlt der Mann, der sie schützt, den Waisen der Vater. Den Armen fehlt das Geld, das man nicht nur braucht, um Lebensmittel zu kaufen, sondern auch, um einen Rechtsbeistand zu bezahlen.

Die Tora stellt deshalb die Fremden, Witwen, Waisen und Armen unter den besonderen Schutz Gottes. Sie dürfen nicht ausgenützt oder ausgebeutet werden. Schreien im Gottesvolk Witwen oder Waisen zu Gott, so wird er mit Sicherheit auf ihr Schreien hören und namenloses Leid über das ganze Volk bringen. Der Text sagt geradezu: Gott wird in diesem Fall die Israeliten mit dem Schwert umbringen.

Wir dürfen das folgendermaßen übersetzen: Die Gebote Gottes sind das Vernünftigste, was es gibt. Mißachtet das Gottesvolk die Vernunft der Gebote, so überläßt es sich der Unvernunft. Will das Gottesvolk nicht das Glück, das ihm aus dem Leben nach den Geboten erfließt, so bleibt ihm nur das Unglück. Wählt das Gottesvolk nicht das Leben, so wählt es den Tod.

Noch konkreter gesagt: Am Schutz ihrer Fremden und Armen, ihrer Witwen und Waisen lernt eine Gesellschaft das Miteinander und Füreinander. Beutet eine Gesellschaft hingegen ihre schwächsten Glieder aus, so erzieht sie ihre Kinder und Jugendlichen zum Egoismus, zur Habgier und – weil die Jugendlichen genau wahrnehmen, was da vor sich geht – zum Zynismus. Eine Gesellschaft aber, in der sich Egoismus, Habgier und Zynismus ausbreiten, zerstört sich selbst. Insofern kommt das Schwert Gottes über sie. Die furchtbare Aussage vom Schwert Gottes ist ein Bild für den Tod, den das Gottesvolk sich selbst bereitet, wenn es die Gebote Gottes mißachtet.

Im zweiten Teil unseres Textes wird ein Spezialproblem behandelt: Darlehen, Zins und Pfandnahme. Es geht dabei wieder um die Armen. Wenn im Orient ein Taglöhner keine Arbeit hatte oder wenn einem armen Bauern die Ernte mißraten war, mußten sich beide Geld oder Lebensmittel leihen, um bis zur nächsten Verdienstmöglichkeit durchzukommen. Dafür mußten sie hohe Zinsen zahlen und ihr Eigentum verpfänden. Beides trieb sie dann oft noch weiter ins Elend. Es war ein Mechanismus zunehmender Verelendung, der die Reichen immer reicher und die Armen immer ärmer machte.

Diesen Mechanismus der Verelendung darf es im Gottesvolk nicht geben. Die Tora jedenfalls duldet ihn nicht. Deshalb bestimmt sie an unserer Stelle, daß ein Reicher, der Geld verleiht, bei einem Armen auf das im Orient übliche Recht der Pfandnahme verzichten soll. In einer späteren Bearbeitung wird dieses Gesetz noch verschärft: Von einem Armen darf für ein Darlehen nicht einmal Zins gefordert werden. Für den Fall, daß aber doch eine Pfandnahme stattfindet, werden ihr scharfe Grenzen gezogen:

> *Wenn du aber doch den Mantel deines Nächsten pfändest, sollst du ihn bis Sonnenuntergang zurückgeben; denn es ist seine einzige Decke, der Mantel, mit dem er seinen bloßen Leib bedeckt. Worin soll er sonst schlafen?*

Der Text zeigt, wie eng die dörflichen Verhältnisse sind, um die es hier geht: Ein Pfand kann schnell hin- und hergetragen werden. Er zeigt aber auch die bittere Armut, die im Blick ist: Die verarmten und überschuldeten Kleinbauern haben nicht einmal eine Decke, um sich nachts zudecken zu können. Sie nehmen dafür ihren Mantel. Die Auflage, ihnen am Abend den verpfändeten Mantel zurückzugeben, will exemplarisch eine Grenze ziehen, über die hinaus sie nicht belastet werden dürfen. Diese Grenzziehung soll das Gottesvolk zur Sensibilität und Rücksichtnahme gegenüber seinen schwächsten Gliedern erziehen.

Dieser alttestamentliche Text, den wir jetzt etwas genauer betrachtet haben, ist die beste Erläuterung zum Gebot der Gottesliebe, die man sich denken kann. Gott lieben ist nach biblischem Verständnis etwas sehr Nüchternes. Gott lieben meint nicht eine ausschweifende Innerlichkeit, meint nicht einen Sturm von Gefühl. Gott lieben meint den Willen Gottes erkennen und tun. Gott lieben meint das Gottesvolk aufbauen, so daß in ihm keiner mehr ohne Hilfe ist. Gott lieben heißt, sich für die Sache Gottes einzusetzen, heißt, sich ständig zu fragen: Wie kann das Gottesvolk das werden, was Gott in der Welt mit ihm will: eine Lebensform, die so ist, daß die Menschen, die sie erleben, wieder zum Lobpreis Gottes finden?

In Mitteleuropa haben wir heute kaum noch wie damals in Israel Witwen ohne Rechtsbeistand, Waisen ohne Obdach oder Arme, die sich nachts mit ihrem Mantel zudecken müssen. Aber wir haben viele, die in tiefer seelischer Not leben. Und wir haben viele, denen die Freude des Glaubens erst wieder aufgeschlossen werden muß. Denn die eigene Berufung vergessen zu haben oder sie nur noch als Last zu erleben ist eine große Not – und dieser Not zu Hilfe zu kommen wäre vielleicht die wichtigste Form unserer Gottes- und Nächstenliebe.

Ein Pharisäer und ein Zöllner beten im Tempel

In jener Zeit erzählte Jesus einigen, die von ihrer eigenen Gerechtigkeit überzeugt waren und die anderen verachteten, dieses Beispiel:

„Zwei Männer gingen zum Tempel hinauf, um zu beten; der eine war ein Pharisäer, der andere ein Zöllner. Der Pharisäer stellte sich hin und sprach bei sich das folgende Gebet: ‚Gott, ich danke dir, daß ich nicht wie die anderen Menschen bin, die Räuber, Betrüger, Ehebrecher oder auch wie dieser Zöllner dort. Ich faste zweimal in der Woche und gebe dem Tempel den zehnten Teil meines ganzen Einkommens.' Der Zöllner aber blieb weit entfernt stehen und wagte nicht einmal, seine Augen zum Himmel zu erheben. Er schlug sich an die Brust und betete: ‚Gott, sei mir Sünder gnädig!'

Ich sage euch: Dieser kehrte gerechtgesprochen nach Hause zurück, der andere nicht. Denn wer sich selbst erhöht, wird erniedrigt, wer sich aber selbst erniedrigt, wird erhöht werden."

(Lk 18,9-14; 30. Sonntag im Jahreskreis/Lesejahr C)

Man verbaut sich den Zugang zu dieser Geschichte, wenn man den Pharisäer nur als aufgeblasenen Hohlkopf sieht und ihn dann mit einer Handbewegung abtut. So einfach liegen die Dinge nicht.

Denn der Mann tut ja zunächst einmal nichts anderes, als was in vielen Psalmen gepriesen wird: Er will als „Gerechter" das ganze Gesetz Gottes befolgen. Zugleich möchte er sich von den „Gottlosen" fernhalten. Der 1. Psalm, der dem Psalterium programmatisch vorangestellt ist, malt folgendes Ideal:

Selig der Mann,
der nicht dem Rate der Gottlosen folgt,
der Sünder Weg nicht betritt,
im Kreis der Spötter nicht sitzt;
vielmehr seine Freude hat am Gesetz des Herrn,
bei Tag und bei Nacht sein Gesetz vor sich hin murmelt.
Er ist wie ein Baum,
an Wasserbächen gepflanzt,
der Frucht hervorbringt zur rechten Zeit
und dessen Blätter nicht welken.
Alles, was er beginnt, gerät ihm wohl.

Nicht also die Gottlosen, nein, nicht so.
Wie Spreu sind sie, die der Wind verweht.
So werden die Gottlosen nicht im Gerichte bestehen,
die Sünder nicht in gerechter Gemeinde.

Der Herr umsorgt den Gerechten,
der Weg der Gottlosen aber führt in den Untergang.

Für den Pharisäer unseres Gleichnisses ist der Zöllner ein „Gottloser", weil er das Gesetz nicht hält. Er hält sich nicht an die Sozialordnung Gottes, weil er seine Glaubensbrüder finanziell ausbeutet, sich an ihnen bereichert, sie in Kollaboration mit der römischen Besatzungsmacht auspreßt. Diesen Weg der Ausbeutung und Unterdrückung will der Pharisäer nicht gehen. Er will lieber arm und gerecht sein als ein reicher Ausbeuter. Er will das Gesetz Gottes leben. Er will mit seiner ganzen Kraft Gott dienen.

Gegen all das ist nicht das geringste einzuwenden. Von diesem Eifer für Gott und seine Sache könnten wir selbst eine Menge gebrauchen. Der Fehler dieses Pharisäers liegt anderswo. Er liegt in seiner erschreckenden Selbstsicherheit, in seiner Überheblichkeit, in seiner Blindheit sich selbst gegenüber. Er hat gegen sich selbst nicht das geringste Mißtrauen. Er ist überzeugt, daß er Gott als seinem Herrn dient. In Wirklichkeit verhindert er mit seiner Überheblichkeit gerade, daß sich die Gottesherrschaft, die Jesus verkündet, ausbreiten kann.

Für diesen Mann ist alles klar. Er weiß genau, was er zu tun hat. Er weiß, was im Sinne Gottes gut und was schlecht ist. Er weiß, daß er gut und daß der *andere* schlecht ist. Er weiß, worauf es ankommt. Er weiß längst alles. Und genau aus diesem Grund wird er wohl nie etwas an sich heranlassen.

Solche Selbstsicherheit ist wie ein schwerer, harter Stein. Nichts kann ihn von der Stelle rücken. Nichts kann ihn erweichen. Jesus hat mit denen, die derart von sich selbst überzeugt waren, unsägliche Schwierigkeiten gehabt. Diese Leute haben sich der Sammlung des Gottesvolkes am meisten entgegengestemmt.

Mit Menschen wie dem Zöllner hingegen, die ihr ganzes Elend sahen, die wußten, wie sehr sie sich schuldig machten, und die wußten, daß sie aus eigener Kraft aus ihrer Schuld gar nicht herauskamen – gerade mit solchen Männern und Frauen konnte Jesus das Gottesvolk neu aufbauen.

Denn für den Aufbau des Volkes Gottes kommt es nicht darauf an, ob einer ein Gerechter oder ein Sünder ist, ob einer ein reines oder ein unreines Herz hat, ob einer heilig oder unheilig ist, sondern ob er mithilft bei dem Neuen, das Gott in der Welt schaffen will. Hilft er mit, dann wird sich sein Leben von selbst ändern. Jeder, der mithilft, hat Anteil an der

Heiligung der Welt, und hat er Anteil an der Heiligung der Welt, dann ist er in den Augen Gottes ein Gerechter. Er ist sogar schon in dem Augenblick gerechtgesprochen, da er sein eigenes Unvermögen eingesteht und sich ganz unter das Erbarmen Gottes stellt.

Zachäus setzt sein Leben dem Neuen aus

In jener Zeit kam Jesus nach Jericho und zog durch die Stadt. Dort wohnte ein Mann namens Zachäus; er war der oberste Zollpächter und war sehr reich. Er wollte gern sehen, wer dieser Jesus sei, doch die Menschenmenge versperrte ihm die Sicht; denn er war klein. Darum lief er voraus und stieg auf einen Maulbeerfeigenbaum, um Jesus zu sehen, der dort vorbeikommen mußte.

Als Jesus an die Stelle kam, schaute er hinauf und sagte zu ihm: „Zachäus, komm schnell herunter! Denn ich muß heute in deinem Haus zu Gast sein." Da stieg er schnell herunter und nahm Jesus freudig bei sich auf. Als die Leute das sahen, empörten sie sich und sagten: „Er ist bei einem Sünder eingekehrt." Zachäus aber wandte sich an den Herrn und sagte: „Herr, die Hälfte meines Vermögens werde ich den Armen geben, und wenn ich von jemand zu viel gefordert habe, werde ich ihm das Vierfache zurückerstatten."

Da sagte Jesus zu ihm: „Heute ist diesem Haus das Heil geschenkt worden, weil auch dieser Mann ein Sohn Abrahams ist. Denn der Menschensohn ist gekommen, um zu suchen und zu retten, was verloren ist."

(Lk 19,1-10; 31. Sonntag im Jahreskreis/Lesejahr C)

Das Evangelium vom Oberzöllner Zachäus geht uns ein wie ein gutes Mittagessen. Endlich einmal eine angenehme und entspannende Geschichte! Der kleine Mann oben auf dem

Ast; darunter Jesus in der Menge; die Art, wie Jesus sich selbst zum Abendessen einlädt; daß der Herr Oberzöllner sofort mitmacht; schließlich ein religiöses *happy end* – das scheint doch eine Geschichte zu sein, wie man sie sogar im Kindergarten ohne Schwierigkeiten erzählen kann.

Hinzu kommt noch, daß die Erzählung von Zachäus offenbar ausgezeichnet in unseren derzeitigen religiösen Zeitgeist hineinpaßt. Man könnte diesen Zeitgeist mit drei Sätzen beschreiben: 1. Nur niemanden ausgrenzen, jeder gehört dazu. 2. Nur keine Schuldzuweisungen! Du bist o.k., und Gott hat dich lieb – so, wie du bist. 3. Wenn jeder angstfrei mit dem anderen umgeht, lassen sich alle Probleme der Welt lösen.

Ich will nicht behaupten, diese drei Sätze seien einfachhin falsch. Die christliche Wahrheit schimmert selbst in solchem Modejargon immer noch durch. Natürlich dürfen wir niemanden ausgrenzen. Und es ist auch wahr, daß Gott uns liebt. Und es ist auch richtig, daß die Liebe – allerdings die Liebe, die von Gott kommt – die einzige Lösung ist für die Probleme der Welt. Nur: Wie kommt diese Liebe in die Welt? Und wer kann von sich sagen, er hätte diese Liebe? Und wie ergeht es dieser Liebe, wenn sie wirklich in die Welt kommt?

Wir dürfen ja nicht vergessen, daß Jesus auf dem Weg nach Jerusalem ist. Von Jericho aus ist es nur noch eine knappe Tagesreise bis nach Jerusalem. Und in Jerusalem wird Jesus wegen seiner Art, die Liebe Gottes zu leben, umgebracht werden. Unser Evangelium ist also nicht ganz so harmlos, wie es auf den ersten Blick aussieht. Was sich zwischen Jesus und Zachäus abspielt, ist keine Bilderbuchgeschichte, sondern ein Geschehen, bei dem es um Leben und Tod geht.

Wir haben auch keinerlei Grund, das Leben des Zachäus zu verharmlosen. Die Zöllner und Steuerpächter damals waren Instrumente der römischen Besatzungsmacht. Sie bereicherten sich in einem erschreckenden Maß an ihren Mitbürgern. Sie waren Ausbeuter. Sie waren mit daran schuld, daß andere im Volk dahinvegetierten. An solchen Dingen gibt es nichts zu beschönigen. Man kann durchaus verstehen, daß die Steuereinnehmer damals sozial isoliert waren, daß keiner mit ihnen zu tun haben wollte, daß keiner mehr mit ihnen redete. Wenn Jesus einen solchen Mann anspricht und ihm sagt:

Zachäus, ich muß heute in deinem Haus zu Gast sein,

ist das ein Durchbrechen aller gesellschaftlichen Regeln. Es mußte wie ein Schock wirken. Es war skandalös. Es ging dabei aber nicht nur um gesellschaftliche Regeln. Es ging um die Sozialordnung Gottes. Es ging um das Leben des Gottesvolkes. Sagte die Schrift denn nicht, man solle sich von den Gottlosen fernhalten, der Sünder Weg nicht betreten und in der Runde der Spötter nicht sitzen?

Wie konnte sich Jesus bei einem Mann, der die soziale Gerechtigkeit im Gottesvolk mit Füßen trat, selbst einladen? Wie konnte er mit einem zu Tisch sitzen, der sich an Israel verging? Hierin lag für die Juden, die Jesus in Jericho umdrängten, das eigentliche Ärgernis. Letztlich hat solches Verhalten Jesus das Leben gekostet. Er wurde vom obersten Gericht in Jerusalem als Volksverführer und Gotteslästerer zum Tode verurteilt. Es geht wirklich um Leben und Tod.

Aber auch in der Reaktion des Zachäus ist nichts nett oder harmlos. Daß Jesus bei ihm, dem sozial Isolierten, dem Verachteten und Gemiedenen, übernachten will, ist für den Mann unfaßbar. Jesus gibt ihm die verlorene Ehre wieder, indem er in seinem Haus Quartier nimmt und mit ihm und seiner Familie das Brot bricht.

Das überwältigt Zachäus. Es setzt bei ihm eine tiefe Freude frei, und diese Freude bringt unglaubliche Kräfte in Bewegung. Was alle Vorwürfe und alle Verachtung durch seine Mitbürger nicht erreicht hatten, das erreicht die Güte Jesu. Zachäus begegnet in Jesus der Gottesherrschaft und dem neuen Verhalten, das zur Gottesherrschaft gehört: dem Einander-Annehmen und Miteinander-an-einem-Tisch-sitzen-Dürfen, weil Gott alle Kinder Abrahams zusammenführen will – die Gerechten und die Sünder, die Starken und die Schwachen. Aus dieser neuen Erfahrung, der Zachäus bei Jesus begegnet, erwächst ihm die Freude, und diese Freude ist die eigentliche Kraft seiner Umkehr.

Zachäus war in der Ausbeutung seiner Mitbürger aufs Ganze gegangen. Jetzt geht er in seiner Umkehr genauso aufs Ganze. Er bekennt vor der Menschenmenge seine Schuld, und er legt sich öffentlich fest: Er wird in Zukunft die Hälfte seines Vermögens den Armen geben, und er wird jedem vierfach erstatten, was er von ihm in der Vergangenheit zu viel gefordert hat. Auch hier sieht man, daß diese Geschichte keine Idylle ist. Da bleibt nichts, wie es ist. Das ganze Leben gerät in Bewegung. Und genau das ist unser wunder Punkt.

Wir sind ja alle für Gott. Wir sind alle für Jesus. Und wir sind auch für die von Jesus gestiftete Kirche. Aber wir wollen doch nicht, daß sich dadurch in unserem Leben irgend etwas ändert. Wir möchten beides zugleich: die Sache Gottes – und unsere Ruhe. Die Sache Gottes soll Erfolg haben, und bei uns soll alles so bleiben, wie es ist. Und genau das geht nicht. Man kann nicht beides haben: Gott und bürgerliche Sattheit. Der große Bernhard von Clairvaux hat einmal gesagt:

Wer an das Reich Gottes glaubt, muß unruhig werden.

Zachäus ist Jesus begegnet – und in Jesus der lebendigen Geschichte Gottes mit seinem Volk, und er hat sich von dieser Begegnung unruhig machen lassen, er hat sich in Bewegung gesetzt. Zuerst bedeutete diese Bewegung nur, daß er auf einen Baum geklettert ist, um besser sehen zu können. Er wollte sehen. Er wollte wissen, was da vor sich ging. Dann aber hat sich sein ganzes Leben geändert. Wir ahnen, was das bedeutet: sein Leben dem Neuen aussetzen, es um der Sache Gottes willen verändern lassen.

Aber nun noch einmal das Entscheidende: Unser Leben ist doch eine träge Masse mit einem erstaunlichen Beharrungsvermögen. Wie nur bringt Gott es fertig, das Schwergewicht unseres Lebens zu verschieben, die schwere Materie unserer Existenz in Bewegung zu bringen? Das Geheimnis, mit dem Gott das gelingt, ist die Freude an der Geschichte, die er mitten in seinem Volk wirkt.

Zachäus nimmt Jesus voll Freude bei sich auf. Daß er sein Leben ändert, daß im Grunde sein ganzes Leben auf den Kopf gestellt wird, ist nichts Schweres, ist keine Last: weil es aus der Lust an Gott und seiner Sache geschieht.

Gott wird die Hülle der Trauer von den Völkern nehmen

In einem Requiem

Der Herr der Heere wird auf diesem Berg für alle Völker ein Festmahl geben mit den feinsten Speisen, ein Gelage mit erlesenen Weinen, mit den besten und feinsten Speisen, mit besten, erlesenen Weinen. Er zerreißt auf diesem Berg die Hülle, die alle Nationen verhüllt, und die Decke, die alle Völker bedeckt. Er beseitigt den Tod für immer. Gott, der Herr, wischt die Tränen ab von jedem Gesicht. Auf der ganzen Erde nimmt er von seinem Volk die Schande hinweg. Ja, der Herr hat gesprochen.

An jenem Tag wird man sagen: „Seht, das ist unser Gott! Auf ihn haben wir unsere Hoffnung gesetzt, er wird uns retten. Das ist der Herr, auf ihn setzen wir unsere Hoffnung. Wir wollen jubeln und uns freuen über seine rettende Tat."

(Jes 25,6-9)

Diese Lesung stellt uns eine unfaßbare Verheißung vor Augen. Sie sagt: Es kommt ein Tag, da wird Gott Herr sein, da wird seine Herrschaft anerkannt sein in der ganzen Welt. Wenn dieser Tag gekommen ist, wird die Macht des Todes vernichtet werden. Gott selbst wird den Tod für immer beseitigen. Denn Gott will nicht den Tod. Er will das Leben. Der Prophet schildert dann in Bildern dieses neue Leben, das sich im Glanz der Gottesherrschaft vollzieht. Anders als in Bildern ist es uns nicht zugänglich.

Das erste Bild, das er für das neue Leben verwendet, ist das eines Festmahls, das Gott selbst veranstaltet. Gott ist der

Gastgeber, und es ist ein königliches Mahl. Denn man feiert, daß Gott seine Königsherrschaft angetreten hat. Natürlich war er schon immer Herr. Aber nun wird seine Herrschaft überall in der Welt anerkannt.

Ich kenne kein schöneres Bild für das Leben unter der Gottesherrschaft als das des Mahles, bei dem man nicht nur abgespeist wird, sondern an einem Festessen teilnimmt, bei dem niemand mehr einsam ist. Alle freuen sich gemeinsam – in einer Freude, die kein Ende hat.

Das zweite Bild, das der Prophet verwendet, ist genauso groß und schön: Gott wird an jenem Tag die Hülle zerreißen, die alle Nationen verhüllt, und er wird die Decke beseitigen, die alle Völker bedeckt. Was ist damit gemeint?

Wir haben alle schon Bilder aus dem Orient gesehen – Bilder, auf denen Menschen in tiefer Trauer waren. Sie hatten sich ein Tuch über den Kopf gezogen. Sie hatten sich den ganzen Kopf verhüllt zum Zeichen ihres Grams. Wenn Jesaja also sagt: Eine Decke liegt über allen Nationen, dann heißt das: Trauer und Trostlosigkeit sind überall in der Welt – in allen Völkern, in jedem einzelnen. Und wenn er sagt: Gott wird diese Decke vernichten, dann heißt das: Gott selbst wird alle Trauer aus der Welt wegnehmen – die Trauer um die Toten, die Trauer über das unendliche Leid, die Trauer wegen der eigenen Schuld.

Dieses Wegnehmen aller Trauer ist etwas sehr Zartes, Behutsames: Gott selbst wird die Tränen von jedem Gesicht wegwischen, sagt Jesaja. Und dann fügt er noch hinzu:

Auf der ganzen Erde nimmt er von seinem Volk
die Schande hinweg.

Wie ist Israel im Laufe der Geschichte verhöhnt worden, wie oft ist es lächerlich gemacht worden, wie oft diskriminiert und verfolgt worden! An jenem Tag aber wird sich endgültig zeigen, daß Gott auf der Seite seines erwählten Volkes steht, auf der Seite all derer, die diesem Volk die Treue gehalten haben. Er wird jede Diskriminierung, jede Träne abwischen: zuerst und vor allem vom Angesicht seiner geliebten Braut.

Es sind unfaßliche Bilder, die uns da vor Augen gestellt werden: die Vernichtung des Todes, das Fest, das nie mehr zu Ende geht, die unendliche Freude der Völker, die Rechtfertigung des Gottesvolkes.

Und wann wird das alles sein?

Als die Fülle der Zeit gekommen war, sammelte einer in Israel Menschen um sich, und er versammelte sie um einen Tisch zum festlichen Essen, und er sagte ihnen: Heute fängt alles an, was die Propheten gesagt haben. Die Gottesherrschaft ist da. Gott hat seine Herrschaft angetreten. Das Festmahl seines Herrschaftsantritts hat bereits begonnen. Alle sind eingeladen. Alle können einander Brüder und Schwestern werden. Wer den Plan meines Vaters lebt, der ist mir Bruder, Schwester und Mutter.

Emilie Lang, die wir nach diesem Gottesdienst zu Grabe tragen, hat in ihrem Leben den Ruf Jesu ernst genommen. Sie ist immer wieder zum Tisch der Eucharistie gegangen, an dem das endzeitliche Mahl der Nationen, von dem Jesaja spricht, schon beginnt. Sie hat ein ganzes Leben lang der Kirche unerschütterlich die Treue gehalten. Und sie hat sich noch in ihrem Alter darauf eingelassen, mit neuen Brüdern und Schwestern zusammenzuleben, die sie vorher gar nicht gekannt hatte, und sie hat so Anteil erhalten an der neuen Familie, die Jesus gewollt hat.

Wir dürfen hoffen, daß Gott nun all das vollenden wird, was er in der Lebensgeschichte von Mutter Lang längst begonnen und gefügt hat; daß er alle Tränen von ihren Augen abwischen wird und daß sie mit vielen anderen in unsagbarer Freude sagen kann:

Seht, das ist unser Gott!
Auf ihn haben wir unsere Hoffnung gesetzt.
Er hat uns gerettet.

Das Priesteramt entspricht den Vorgaben des Neuen Testaments

Am 50. Jahrestag der Priesterweihe von Erzbischof Dr. Josef Stimpfle

Im Priesteramt bündeln sich fast alle Sorgen, die derzeit die Kirche umtreiben. Man könnte die Probleme um das Priesteramt natürlich breitgefächert und differenziert formulieren. Ich formuliere sie aber einmal ganz knapp und schlicht – so wie sie heute von vielen ausgesprochen werden:

Da wird erstens gesagt: Im Neuen Testament gibt es noch gar keine Priester. Die Kirche hat also das Recht, dieses Amt jeweils so zu gestalten, wie die Verhältnisse es erfordern.

Da wird zweitens gesagt: Wir leben nicht mehr in der patriarchalischen Welt des Vorderen Orients, in der die Frauen unterdrückt werden. Das Priesteramt muß endlich auch den Frauen offenstehen.

Da wird drittens gesagt: Das Charisma der Ehelosigkeit kann nicht zum Gesetz gemacht werden. Priester sollten deshalb, wenn sie es wollen, heiraten dürfen.

Da wird viertens gesagt: Jesus wollte nicht, daß seine Jünger unter schweren Lasten seufzen. In seiner jetzigen Form ist das Priesteramt aber zu einer unerträglichen Last geworden.

Ich versuche eine Antwort. Und zwar in der Form der These, der Antithese und der Synthese. Also erstens zur These! Sie lautet:

Das priesterliche Amt, ausgeübt durch den ehelosen Priester, entspricht den Vorgaben und der Sinnrichtung des Neuen Testaments.

Zur Begründung: Es gibt zwar im Neuen Testament selbst noch kein ausgeformtes Priesteramt, wie es schon wenige Jahrzehnte später überall in der Kirche zu finden ist. Aber es gibt die Theologie des Hebräerbriefs. Der Hebräerbrief betrachtet Christus als den Priester schlechthin, in dessen Leben und Sterben alles frühere Priestertum Israels seine Erfüllung gefunden hat.

Und nirgendwo im Neuen Testament wird Christus als reines Individuum gesehen. Er ist vielmehr über seine geschichtliche Einmaligkeit hinaus Urbild, Typos, Präfiguration. Das heißt aber: Er muß sich als Urbild in der Kirche abbilden und ausprägen. Er muß in der Kirche zur Gestalt kommen.

Die Frage, ob Jesus selbst schon Priester geweiht habe – womöglich im Sinne des Konzils von Trient –, geht an der Realität dessen, was Kirche ist, vorbei. Die Kirche ist Gottes neue Schöpfung in der Welt, und Schöpfung geschieht immer als Evolution, als lebendige Geschichte, als Sich-Herausbilden und -Herausformen dessen, was ihr von Gott eingestiftet ist.

Ein für allemal eingestiftet ist der Kirche Jesus Christus. Er ist das Haupt seines Leibes, und die Kirche, sein Leib, soll aufgebaut werden und hinwachsen zu ihrem Haupt. Der Epheserbrief hat das geradezu programmatisch formuliert (Eph 4,7-16).

Die entscheidende Frage ist deshalb nicht, ob Jesus Priester geweiht hat, ob beim Abendmahl auch Frauen anwesend waren oder ob Petrus schon so etwas wie der erste Papst war. Die entscheidende Frage ist vielmehr, wie das, was mit Christus endgültig in die Geschichte gekommen und in ihm neue Schöpfung geworden ist, sich nun in der Kirche abbildet und die richtige Form erhält. Darauf allein kommt es an.

Das Neue Testament sagt klar und eindeutig, daß Jesus Menschen braucht, die mit ihrem ganzen Leben bezeugen, was sie gehört und gesehen haben, und daß diese Zeugen zu Israel gesandt werden und über Israel in die ganze Welt:

> *Wie mich der Vater gesandt hat, so sende ich euch!*
> *(Joh 20,21)*

Für diese offizielle, amtliche Zeugenschaft steht im Neuen Testament die Figur der Zwölf. Die Person Jesu und die Figur der Zwölf sind das Neue am Neuen Testament. Es ist eben kein Zufall, daß Jesus sofort mit dem Beginn seines öffentlichen Wirkens Jünger um sich sammelt und aus diesen Jüngern dann zwölf Zeugen auswählt. „Er schuf die Zwölf", heißt es bei Markus (3,14).

Die Zeugenschaft der Zwölf findet in den kirchlichen Ämtern ihre Fortsetzung. Die Gemeinschaft der Bischöfe und die Gemeinschaft der Priester um ihren jeweiligen Ortsbischof haben sich seit dem Ende des 1. Jahrhunderts als die Form der offiziellen, der amtlichen Zeugen für Christus herausgebildet – und zwar in kürzester Zeit und für die gesamte Kirche.

Das 2. Vatikanum faßt eine uralte kirchliche Tradition zusammen, wenn es sagt, daß der Priester Repräsentant und Abbild Jesu Christi ist. Die entscheidende Formulierung lautet: Er handelt *in persona Christi capitis* – „in der Person Christi, des Hauptes" (Presbyterorum ordinis 2; vgl. Lumen Gentium 10). Diese Formulierung ist sehr glücklich, und sie ist ganz biblisch. Daß die Jünger, die Jesus als offizielle Zeugen zu ganz Israel aussendet, ihn selbst repräsentieren, ist bereits in Lk 10,16 ausgesprochen:

Wer euch hört, der hört mich,
und wer euch ablehnt, der lehnt mich ab;
wer aber mich ablehnt, der lehnt den ab, der mich gesandt hat.

Allerdings muß jeder Priester vor der Aussage, er handle in seinen priesterlichen Funktionen als Abbild Christi, zutiefst erschrecken. Denn er kennt seine eigene Schwäche und seinen Kleinglauben.

Für mich liegt die entscheidende Frage nun darin, was alles zu dem Bild Christi gehört, das durch seine Zeugen abgebildet werden soll. Hier wäre natürlich vieles aufzuzählen. Gehört dazu aber auch, daß Christus ehelos war und daß er ein Mann war? Gehört beides zu der Wirklichkeit der Person Christi, die der Priester abbildet?

Zunächst: Die Ehelosigkeit Jesu war kein bloßes Schicksal und erst recht kein Zufall, sondern sie hängt mit der Mitte seiner Sendung zusammen. Seine Ehelosigkeit war damals wie heute ein Ärgernis. So wie heute Autoren, die mit ihren Büchern das schnelle Geld machen wollen, nicht vor der Abgeschmacktheit zurückschrecken, Maria von Magdala zur Lebensgefährtin Jesu zu machen, schreckten damals seine Gegner nicht vor der Verleumdung zurück, er sei ein Kastrierter.

Jesus hat das böse Wort, er sei ja doch wohl ein Eunuch, aufgegriffen und umgedreht. Er hat gesagt: „Ja, es gibt Menschen, die sich selbst zu Verschnittenen gemacht haben (das heißt: es gibt freiwillig Ehelose) um der Gottesherrschaft willen, und wer es fassen kann, der fasse es" (Mt 19,12).

Jesu Ehelosigkeit ist also kein Randphänomen seiner individuellen Lebensgeschichte, sondern hängt mit seiner absoluten Hingabe an die Gottesherrschaft zusammen, die jetzt kommt. Die Ehelosigkeit gehört in die Personmitte Jesu – und gehört sie damit nicht auch zur Person des Bischofs und des Priesters, wenn es denn wirklich wahr ist, daß beide *in persona Christi* dem Mahl der Eucharistie vorstehen?

Und daß Jesus ein Mann war – ist es eine Beliebigkeit? Das Alte und das Neue Testament haben das Gottesvolk fast ausschließlich unter dem Bild der Frau dargestellt: Sie sprechen von der Jungfrau und Tochter Zion, von Israel als der Geliebten Gottes, von der Witwe Jerusalem und von der apokalyptischen Frau, die mit zwölf Sternen umkränzt ist.

Dieses Bildgefüge wird im Epheserbrief aufgegriffen. Christus, heißt es dort, liebt seine Kirche, wie ein Mann seine Frau liebt. Er will, daß sie schön ist, er ernährt sie und gibt sein Leben für sie hin (Eph 5,25-33). Ist das alles beliebig?

Die Entscheidung, wie man solche Bilder gewichten darf, hängt letztlich an der Frage, was eigentlich ein Zeichen, was ein Symbol ist. Der heutige Mensch tut sich mit Symbolen schwer. Sie bleiben für ihn Oberfläche, sind austauschbar, bewegen sich auf der Ebene bloßer Verkehrszeichen und Piktogramme, können nach Belieben manipuliert werden, so wie am Ende des 20. Jahrhunderts nahezu alles manipuliert werden kann. Die Möglichkeiten der Manipulation reichen von der Bildbearbeitung am Computer bis zur Geschlechtsumwandlung.

Die Bibel meint aber mit Zeichen und Symbol etwas anderes. Denken wir etwa an die Zeichenhandlungen Jesu. Sie sind mehr als nur pädagogische Hilfen. Sie stiften selbst neue Wirklichkeit, die Wirklichkeit der schon herbeikommenden Gottesherrschaft, in der die Schöpfung wieder ihren Glanz und ihre Integrität findet. Deshalb sind sie als Zeichen auch nicht beliebig, und sie dürfen nicht manipuliert werden.

Es müßte doch zu denken geben, daß die Kirche es niemals gewagt hat, an die eucharistischen Zeichen von Brot und Wein zu rühren. Sie hat selbst da an Brot und Wein festgehalten, wo sie schwer zu bekommen waren. Brot ist eben etwas anderes als Kuchen, und Wein etwas anderes als Coca Cola.

Es gibt offensichtlich in der Kirche Formen, die sich zwar geschichtlich entfaltet haben, in denen aber die Prägung, die der Kirche durch Jesus von Anfang an vorgegeben war, Gestalt geworden ist. Es liegt nicht in der Macht und im Belieben der Kirche, sie zu ändern. In seiner Ehelosigkeit soll der Priester die Ausschließlichkeit Jesu für die Gottesherrschaft widerspiegeln – und in seinem Geschlecht die Hingabe Jesu an die Kirche als an seine einzige Geliebte.

Soviel zur These! Aber nun kommt die Antithese:

Das ganze Volk Gottes ist ein priesterliches Volk. Alle Getauften und Gefirmten sind gesendet, und alle – Priester wie Laien – bilden in diesem Volk die „neue Familie Gottes".

Ich brauche diese Antithese nicht näher zu begründen, da wir uns hier wohl einig sind. Ich möchte aber auf die Konsequenzen hinweisen.

Was der Kirche von Jesus her eingeprägt ist, soll sich immer deutlicher entfalten und ausformen. Dies kann jedoch nicht bedeuten, daß alle konkreten Ausprägungen kirchlicher Institutionen ewig und unwandelbar sind. Es gibt auch hier geschichtliche Bedingtheiten und dringend Reformbedürftiges, ja es gibt tote Seitenäste der Evolution.

So gehört es mit Sicherheit nicht zum Wesen der Ehelosigkeit des Priesters, daß er als Single lebt. Im Gegenteil! Hier wird eine kranke Existenzform unserer derzeitigen Gesellschaft unreflektiert übernommen, die mit der Kirche als der

„neuen Familie Gottes“ nichts, aber auch gar nichts zu tun hat.

Und genauso wenig gehört es zum ewigen Wesen der Kirche, daß es für die Nachfolge Jesu einen eigenen Stand gibt, nämlich den Ordensstand, daß hingegen den sogenannten „Durchschnittschristen“ in den Pfarreien – Verheirateten wie Unverheirateten – keine Form angeboten wird, die ihnen ermöglicht, in der Nachfolge Jesu zu leben. Wenn wir schon von den Vorgaben sprechen, die Jesus dem Volk Gottes für immer eingestiftet hat, dann doch auch von dem, was er seinen Nachfolgern und Nachfolgerinnen verheißen hat:

> *Wer Haus, Brüder, Schwestern, Mutter, Vater, Kinder oder Äcker um meinetwillen und um des Evangeliums willen verlassen hat, der wird dafür das Hundertfache erhalten. Schon jetzt in dieser Welt: Häuser, Brüder, Schwestern, Mütter, Kinder und Äcker – wenngleich unter Verfolgungen ... (Mk 10,29-30).*

Wo wird es heute wahr, daß jeder, der Priester geworden ist und auf die Gemeinsamkeit in der Ehe verzichtet hat, dafür eine Gemeinde findet mit hundert Müttern, Brüdern, Schwestern und Kindern? Das war doch von Jesus real gemeint!

Und wo wird es wahr, daß sich Eheleute über ihren normalen Beruf hinaus der Kirche mit ihrem ganzen Leben zur Verfügung stellen können, ohne daß ihre Familie dabei zu kurz kommt, weil sie Hilfe haben und getragen sind von hundert anderen, von jener neuen Familie, die Jesus gemeint hat?

Vielleicht gibt es das aber doch! Und wo es das in der Kirche schon gibt – wie eine zarte und noch ständig gefährdete Pflanze –, zeigt sich etwas Merkwürdiges: Dann wird plötzlich deutlich, daß auf dem Boden der Nachfolge zwischen Verheiratetsein und Nicht-Verheiratetsein kaum mehr ein Unterschied besteht: Die Priester leben dann nicht mehr allein, und Eheleute leben nicht mehr nur für sich und ihre eigenen Kinder.

Und es zeigt sich dann handgreiflich, daß die Not der Verheirateten genauso groß ist wie die Not der Priester und daß die Freude der Priester genauso groß ist wie die Freude der Verheirateten.

Und es zeigt sich dann schließlich, daß sie gegenseitig ihre Lasten tragen können und es einfach nicht stimmt, daß die Nachfolge Jesu eine unerträgliche Last sei.

Ich hatte Mk 10 zitiert: „hundert Häuser, hundert Brüder, hundert Schwestern, hundert Mütter, hundert Kinder, hundert Äcker". Seltsamerweise werden im Nachsatz die Väter nicht mehr genannt. Das kann kein Zufall sein. Die Väter stehen in diesem Jesuswort für den Patriarchat, für die alte Gesellschaft, in der allein der Mann herrscht und bestimmt. Jesus hat seine Kirche nicht als Männerkirche gewollt. Er wollte nicht eine Herrschaft der Väter, wie sie im Orient selbstverständlich war.

Daß der Priester Mann sein muß, weil er Christus abbilden soll, kann also keinesfalls Männerherrschaft meinen. Der Priester darf vom Neuen Testament her gerade nicht der sein, der alles verfügt, alles weiß, alles kann, alles beherrscht. Er ist die Verdichtung, das Zeichen des dienenden Jesus inmitten seines Volkes. Ihm ist aufgegeben, *in persona Christi* vor der Gemeinde zu stehen – aber das heißt nun eben nicht, daß es neben ihm keine anderen Begabungen, keine Charismen, kein Heilswissen mehr gäbe. Er steht inmitten vieler anderer Frauen und Männer, die ihr Können und ihre Erfahrung in den Aufbau der Gemeinde einbringen.

Ich glaube, daß die Feministinnen mit ihrer Rebellion gegen eine reine Männerkirche recht haben. Aber ihre Therapie ist falsch. Die Therapie darf nicht heißen: „Alle Unterschiede nivellieren, alles Zeichenhafte der Schöpfung plattwalzen!", sondern: „Lebendige Gemeinden, in denen es viele Charismen gibt und Möglichkeiten der Nachfolge für alle!"

Unter dem Punkt Antithese wäre noch vieles zu sagen. Dazu fehlt mir die Zeit. Aber es ist wohl schon deutlich geworden: Wir dürfen uns nicht einbilden, so wie die Kirche heute ist, so wie unsere Gemeinden heute sind, wäre schon das erreicht, was Jesus der Kirche eingestiftet hat.

Und wie könnte nun drittens die Synthese aussehen?

In welche Richtung sie gehen müßte, ist schon angeklungen. Ich möchte über die notwendige Synthese deshalb nun nicht mehr theoretisch reden, sondern zum Schluß einfach ein Bild vor Augen stellen, das uns Lukas geschenkt hat.

Es stammt aus dem 1. Kapitel der Apostelgeschichte. Der Pfingsttag steht bevor. Die junge Gemeinde hat sich in einem Jerusalemer Festgemach versammelt und wartet auf den Heiligen Geist. Lukas zeichnet das Bild der Versammelten in einer wunderbar klaren und anschaulichen Sprache. Deshalb ist dieses Bild auch über die Jahrhunderte hin immer wieder gemalt worden.

Lukas macht mit diesem Bild keine historische Momentaufnahme. Er will der Kirche vielmehr ein Urbild vor Augen stellen, eine Präfiguration, an der sie stets Maß nehmen soll. Was zeigt das Bild?

Es zeigt zunächst einmal die Zwölf. Ihre Zahl ist durch die Zuwahl des Matthias wieder vervollständigt worden, denn sie sollen ja der Anfang und die Mitte des endzeitlichen Zwölf-

Stämme-Volkes sein. Die Zwölf sind von Jesus gesandt, Israel zu sammeln. Sie verkörpern also das Amt. Sie sind die Mitte der Versammlung, die Mitte der Ekklesia. Ihre Namen werden eigens genannt, denn die Sache Jesu, für die sie offizielle Zeugen geworden sind, kann nur von Angesicht zu Angesicht, von Person zu Person weitergegeben werden. Gott hat seine Kirche nicht auf Prinzipien, sondern auf Menschen gebaut.

Aber diese Zwölf sind eben nicht für sich, getrennt von den *anderen* – sozusagen in einem eigenen Tagungsraum. Um sie herum sind die anderen, insgesamt 120 Personen. Es ist also eine überschaubare Versammlung. Jeder kennt jeden. Jeder kennt die Schwächen, die Sorgen, die Not und auch die Freude der anderen.

Wichtig ist nun, daß Lukas, bei dem jedes Wort überlegt ist, nach der Aufzählung der Namen der Zwölf als erstes von „den Frauen" spricht und von Maria, der Mutter Jesu. Er meint vor allem die Frauen, die Jesus genau wie die übrigen Jünger schon von Galiläa her gefolgt waren, die sich seiner Sammlungsbewegung angeschlossen hatten und seine Sache mit ihrer ganzen Kraft unterstützt hatten (Lk 8,1-3).

Warum spricht Lukas sofort nach der Apostelliste von den „Frauen"? Offenbar will er mit allen Mitteln verhindern, daß man das Urbild von Ekklesia, das er zeichnet, als Männerkirche mißverstehen könnte. Die spätere Ikonographie hat diese Tendenz noch verstärkt, indem sie Maria in der Mitte der Versammlung sitzen läßt und die Zwölf im Kreis um sie herum.

Und dann wird noch eine dritte Gruppe genannt: die Verwandten Jesu. Auch sie sind jetzt dabei, obwohl es noch gar nicht lange her ist, daß sie versucht hatten, die öffentliche Wirksamkeit Jesu zu unterbinden und ihn in häuslichen Gewahrsam zu nehmen. Lukas will damit sagen: Der Tod und die Auferweckung Jesu haben alles verändert. Die Kirche als neue Schöpfung Gottes beginnt, und in ihr fügt sich auch die natürliche Familie in die neue Familie der Ekklesia ein, so daß auch sie verwandelt und erlöst werden kann.

In diesem Bild des Lukas steckt eine ganze Amtstheologie. Das apostolische Amt: nicht über der Kirche, nicht neben der Kirche, sondern inmitten der einen Versammlung, eingebaut in das neue Leben einer neutestamentlich gefügten Gemeinde.

Denn was Lukas da schildert, ist ja nicht nur eine Gebetsversammlung, die sich zu einer halbstündigen Novene am Abend getroffen hat. Es sind Menschen, die ihr Leben miteinander teilen und die all ihre Lasten gemeinsam tragen. Die Amtsträger bleiben Amtsträger, aber sie leben mitten in der Gemeinde und haben ihr Leben mit dem Leben der Gemeinde verknüpft. Dann, und nur dann, kann auch das Jesuswort vom sanften Joch und der leichten Bürde wahr werden. Dann wird es allerdings auch wahr.

Hochwürdigster, lieber Herr Erzbischof!

Bei dem, was ich gesagt habe, war sehr viel von Bildern und Symbolen die Rede. Ich glaube, daß ich es zum Schluß aussprechen darf: Sie sind immer mehr gewesen als nur ein Josef Stimpfle mit seinem Leben und seiner Geschichte – obwohl auch das sehr, sehr viel ist. Wir durften in Ihnen immer auch ein Bild sehen. Das Bild eines Bischofs, wie es sich in der Ekklesia ausgeprägt hat, eines Bischofs inmitten seiner Gemeinden, voll Zuneigung für die Menschen, voll Hingabe für die Sache Jesu und ein Trost für die Kirche. Wir danken Ihnen, und wir danken Gott für dieses Geschenk.

Augsburg 1996

Schriftstellenregister

Liturgisches Register

In derselben Reihe sind erschienen:

Piero Coda
Gott – Geheimnis und Nähe
Die dreifaltige Liebe
in Offenbarung, Erfahrung und Theologie
236 Seiten, gebunden, ISBN 3-87996-324-X

Piero Coda
Jesus von Nazareth
Die Geschichte einer Entdeckung
Eine theologisch anspruchsvolle Christologie
in verständlicher Sprache
232 Seiten, gebunden, ISBN 3-87996-287-1

Klaus Hemmerle
Wie Glauben im Leben geht
Schriften zur Spiritualität
308 Seiten, gebunden, ISBN 3-87996-331-2

Gérard Rossé
Christsein in Gemeinschaft
Bibeltheologische Reflexionen zu den johanneischen Schriften
144 Seiten, gebunden, ISBN 3-87996-367-3

VERLAG NEUE STADT MÜNCHEN · ZÜRICH · WIEN

Aus dem Programm des Verlags Urfeld:

Gerhard Lohfink
Braucht Gott die Kirche?
Zur Theologie des Volkes Gottes
(Koproduktion mit Herder)
432 Seiten, gebunden, ISBN 3-932857-16-X

Urfelder Reihe 1
Josef Kardinal Ratzinger
Die Vielfalt der Religionen und der Eine Bund
131 Seiten, gebunden, ISBN 3-932857-20-8

Urfelder Reihe 2
Chaim Seeligmann
Spuren einer stillen Revolution
Begegnungen eines Kibbuz-Mitgliedes mit der Katholischen Integrierten Gemeinde
137 Seiten, gebunden, ISBN 3-932857-21-6

Rebekka und Isaak
Ein biblisches Bilderbuch, von Kindern gemalt – für Kinder und Erwachsene
24 Seiten, gebunden, vierfarbig, ISBN 3-932857-15-1
